高等学校智能制造专业系列教材

智能物流技术

ZHINENG WULIU JISHU

鹿红娟　主编

西安电子科技大学出版社

内 容 简 介

　　智能物流技术是智能物流的重要内容，先进的物流技术和设备是保证现代物流智能、高效、优质的基础。本书根据智能物流技术的最新发展及其在现代物流系统中的应用，对智能物流技术的基本理论和应用实践进行了系统的、一体化的介绍。本书共 10 章，主要内容包括智能物流技术概述，智能物流中的数据采集与识别技术、电子数据交换技术、动态定位跟踪技术和物联网技术，智能仓储设施与设备，智能配送装备，智能拣选装备与技术，智能分拣输送设备以及智能物流中的智能计算技术。

　　本书既可作为高等学校物流管理、物流工程、工业工程、智能制造等相关专业的教材，也可作为智能物流技术相关行业人员的参考用书。

图书在版编目（CIP）数据

智能物流技术 / 鹿红娟主编. -- 西安：西安电子科技大学出版社, 2025. 6. -- ISBN 978-7-5606-7671-5

Ⅰ. F252

中国国家版本馆 CIP 数据核字第 20258W484Y 号

策　　划　　刘玉芳
责任编辑　　刘玉芳
出版发行　　西安电子科技大学出版社（西安市太白南路 2 号）
电　　话　　（029）88202421　88201467　　　邮　　编　710071
网　　址　　www.xduph.com　　　　　　　　电子邮箱　xdupfxb001@163.com
经　　销　　新华书店
印刷单位　　陕西天意印务有限责任公司
版　　次　　2025 年 6 月第 1 版　　　　　　　2025 年 6 月第 1 次印刷
开　　本　　787 毫米×1092 毫米　1/16　　　印　　张　12
字　　数　　278 千字
定　　价　　32.00 元
ISBN 978-7-5606-7671-5
XDUP 7972001-1
*** 如有印装问题可调换 ***

前　言

伴随着第四次工业革命的全面兴起，社会经济开始进入智能化的新时代，以云计算、大数据、物联网、人工智能等为代表的新一代信息技术，促使实体经济和虚拟经济高度融合。在各种智能技术的不断融合、叠加、迭代和进步中，智能物流应运而生。物流技术和物流装备作为智能物流的重要组成部分，其智能化水平也在大幅提升。智能物流成为现代物流业发展的必然趋势，而相应地，培养具有智能物流技术等相关知识的人才变得尤为重要。编者根据相关教学经验和长期积累编写了本书，从案例导入、基础概念、技术与设备、运作创新等方面系统地介绍了智能物流技术的相关内容。

本书内容基于智能物流技术相关行业、政策的发展需求，具有以下特点：

(1) 充分体现应用型物流人才的培养目标和要求。编者结合工业工程及物流管理相关专业的人才培养目标，以理论与实践一体化的理念设计本书内容，满足对物流人才培养的需求。

(2) 结构合理务实。本书内容依照"案例导入、理论跟进、实践补充"的原则，循序渐进地组织安排。

(3) 结合智能物流的发展及企业的实际需求，知识点具有应用性、适用性和实用性。本书着重讲解应用型人才培养所需的内容和关键点，与时俱进，让读者学而有用，学而能用。

(4) 案例式教学。本书引入最新的实例以及操作性较强的案例，并对实例进行有效的分析，加深读者对理论知识的理解。

全书共 10 章。第 1 章主要介绍智能物流与智能物流技术的相关概念及理论；第 2～5 章主要介绍智能物流技术中的信息技术，包括射频识别技术、电子数据交换技术、定位跟踪技术(GPS、北斗、GIS)和物联网技术，并对其原理应用进行了深入的阐述与分析；第 6～9 章主要介绍智能物流设施与设备，包括智能仓储、智能配送装备、智能拣选装备与智能分拣输送设备，同时对其结构和工作原理进行了论述；第 10 章主要介绍智能物流中的智能计算技术，包括大数据技术、区块链技术、云计算和人工智能，对其相关理论进行了阐述并分析了它们在物流业中的应用。

本书获杭州电子科技大学教材立项出版资助，由杭州电子科技大学管理学院鹿红娟编写。在编写本书的过程中，编者参阅了一些国内外相关教材、专著和期刊等文献资料，借鉴和吸收了国内外众多学者的研究成果，在此谨向相关作者和单位表示感谢。

由于编者水平有限，本书难免有不足之处，恳请广大读者批评指正。

编　者

2025 年 3 月

目　录

第1章　智能物流技术概述 1

案例导入 1

1.1　智能物流 1

　　1.1.1　智能物流的起因 2

　　1.1.2　智能物流的概念 3

　　1.1.3　智能物流的特点 4

　　1.1.4　智能物流与智慧物流 5

1.2　智能物流技术 6

　　1.2.1　智能物流技术的框架 6

　　1.2.2　智能物流技术的特征 8

1.3　智能物流技术的作用及发展趋势 9

　　1.3.1　智能物流技术对物流发展的作用 ...9

　　1.3.2　智能物流技术的发展趋势 10

习题 10

第2章　智能物流中的数据采集与识别技术 11

案例导入 11

2.1　条码技术 12

　　2.1.1　条码的基础知识 12

　　2.1.2　条码的码制 14

　　2.1.3　条码符号结构 15

　　2.1.4　条码技术的特点 16

2.2　物流条码技术 16

　　2.2.1　物流条码体系 17

　　2.2.2　物流条码技术的应用 19

2.3　射频识别技术 21

2.3.1　射频识别技术的基础知识 21

2.3.2　射频识别系统的组成 22

2.3.3　射频识别技术的工作原理 24

2.3.4　射频识别技术与智能跟踪 25

2.3.5　射频识别技术在智能物流中的

　　　　应用 26

习题 28

第3章　智能物流中的电子数据交换(EDI)

　　　　技术 29

案例导入 29

3.1　EDI 概述 30

　　3.1.1　EDI 的基本概念 30

　　3.1.2　EDI 的分类 31

　　3.1.3　EDI 的优势 31

3.2　EDI 系统结构及工作流程 32

　　3.2.1　EDI 系统结构 32

　　3.2.2　EDI 系统的工作流程 34

3.3　EDI 标准 36

　　3.3.1　EDI 标准概述 36

　　3.3.2　EDI 标准的内容 37

　　3.3.3　EDI 标准的分类 37

3.4　物流 EDI 技术的应用 38

　　3.4.1　物流 EDI 概述 38

　　3.4.2　物流 EDI 在物流领域中的应用 40

　　3.4.3　物流 EDI 的优势 43

习题...44

第4章　智能物流中的动态定位跟踪技术....45

案例导入...45

4.1　全球定位系统(GPS)...........................46

4.1.1　GPS 的定义...............................46

4.1.2　GPS 的功能...............................46

4.1.3　GPS 的特点...............................47

4.1.4　GPS 的组成...............................48

4.1.5　GPS 的工作原理.......................50

4.1.6　GPS 在现实生活中的应用........51

4.2　北斗卫星导航系统.............................52

4.2.1　北斗卫星导航系统的发展历程...52

4.2.2　北斗卫星导航系统的组成........53

4.2.3　北斗卫星导航系统提供的服务...54

4.2.4　北斗卫星导航系统的特色和优势...55

4.2.5　其他卫星导航定位技术...........56

4.3　地理信息系统(GIS)...........................57

4.3.1　GIS 在我国的发展....................57

4.3.2　GIS 的组成................................58

4.3.3　GIS 的功能................................61

4.3.4　GIS 的工作流程........................62

4.3.5　GIS 在物流中的应用................64

4.4　北斗、GPS 与 GIS 在物流领域的

　　　应用...65

4.4.1　全球定位技术与 GIS 在物流领域

　　　　应用的优势.........................65

4.4.2　北斗、GPS 在物流领域的应用...65

4.4.3　GIS 在物流领域的应用............67

习题...68

第5章　智能物流中的物联网技术............69

案例导入...69

5.1　物联网概述...70

5.1.1　物联网的概念与特征................70

5.1.2　物联网的工作原理....................71

5.2　物联网的关键技术与架构.................72

5.2.1　物联网的关键技术....................72

5.2.2　物联网的系统架构....................74

5.2.3　物联网的基本结构特点............75

5.2.4　物联网技术的实施条件............76

5.3　物联网技术在物流中的应用.............76

5.3.1　物流领域应用物联网技术的

　　　　必要性.................................76

5.3.2　物流领域应用物联网技术的意义.....77

5.3.3　物联网技术在运输中的应用............78

5.3.4　基于物联网技术的

　　　　物流仓储系统架构.................79

习题...80

第6章　智能仓储设施与设备...................81

案例导入...81

6.1　智能仓储...81

6.1.1　仓储概述....................................81

6.1.2　智能仓储概述............................82

6.2　智能仓储设施与设备.........................84

6.2.1　智能仓储设施与设备的概念........84

6.2.2　智能仓储设施与设备的特征........84

6.3　自动化立体仓库.................................85

6.3.1　自动化立体仓库概述................85

6.3.2　自动化立体仓库的类型............87

6.3.3　自动化立体仓库的构成............91

6.3.4　堆垛机..92

6.3.5　堆垛机平均作业周期的计算........95

6.3.6　自动化立体仓库的出入库

　　　　能力计算.................................97

6.4　自动化立体仓库应用实例.................99

习题 100

第 7 章　智能配送装备 101

案例导入 101

7.1　智能配送装备概述 101

　7.1.1　智能配送装备的概念 101

　7.1.2　智能配送装备的特征 102

　7.1.3　典型的智能配送装备 102

7.2　无人配送车 103

　7.2.1　无人配送车概述 103

　7.2.2　无人配送车的关键技术及

　　　　 工作流程 104

　7.2.3　无人配送车的应用与国内

　　　　 无人配送车 105

7.3　无人机 107

　7.3.1　无人机概述 107

　7.3.2　无人机的分类 109

　7.3.3　无人机的关键技术及技术难点 ... 110

　7.3.4　无人机在物流行业中的应用 ... 111

7.4　智能签收设备 112

　7.4.1　智能驿站塔 112

　7.4.2　智能小盒 113

　7.4.3　智能快递柜 114

7.5　地下智能物流系统 116

　7.5.1　地下智能物流系统概述 116

　7.5.2　地下智能物流系统的发展

　　　　 模式及构成 117

　7.5.3　地下智能物流系统的行业应用 ... 118

习题 119

第 8 章　智能拣选装备与技术 120

案例导入 120

8.1　智能拣选装备 120

　8.1.1　智能拣选装备概述 120

8.1.2　智能拣选装备的分类 121

8.2　"人到货"拣选系统 121

　8.2.1　RF 拣选系统 122

　8.2.2　语音拣选系统 123

　8.2.3　电子标签拣选系统 124

　8.2.4　智能穿戴拣货设备 126

　8.2.5　智能拣货台车 128

8.3　"货到人"拣选系统 129

　8.3.1　"货到人"拣选系统的基本构成

　　　　 130

　8.3.2　Miniload 拣选系统 131

　8.3.3　Multi-Shuttle 多层穿梭车拣选系统

　　　　 132

　8.3.4　类 Kiva 机器人拣选系统 133

　8.3.5　AutoStore 系统 135

　8.3.6　旋转货架拣选系统 137

习题 139

第 9 章　智能分拣输送设备 140

案例导入 140

9.1　智能分拣输送设备系统概述 141

　9.1.1　分拣及智能分拣输送设备系统的

　　　　 概念 141

　9.1.2　智能分拣输送设备系统的

　　　　 工作原理 142

　9.1.3　智能分拣输送设备系统的

　　　　 基本构成 143

9.2　输送装置 145

　9.2.1　带式输送机 146

　9.2.2　链式输送机 149

　9.2.3　辊子输送机 152

　9.2.4　垂直输送机 154

9.3　自动分拣装置 155

9.4 智能分拣输送设备系统的适用条件与
选用原则 160

9.5 我国智能分拣输送设备系统的
发展趋势 162

习题 163

第10章 智能物流中的智能计算技术 164

案例导入 164

10.1 大数据技术 165

10.1.1 大数据概述 165

10.1.2 大数据技术概述 166

10.1.3 大数据技术在物流中的应用 167

10.2 区块链技术 169

10.2.1 区块链技术概述 169

10.2.2 利用区块链和物联网提升企业
供应链绩效 171

10.2.3 区块链技术在智能物流中的
应用 172

10.3 云计算 174

10.3.1 云计算概述 174

10.3.2 物流云服务 175

10.4 人工智能 177

10.4.1 人工智能在物流业的应用现状 177

10.4.2 人工智能技术赋能物流 178

习题 181

参考文献 182

第 1 章

智能物流技术概述

案例导入

方太未来工厂的物流智能化升级与管理改善

高端厨电领导品牌方太紧跟行业发展趋势，沿着数字化、网络化和智能化路径推动企业"智造"升级，聚焦高端化、智能化与绿色化发展需求，建设了方太智能厨电未来工厂。智能工厂通过引入物联网技术、自动化设备和智能仓储系统，整体以 2H 看板后拉式触发生产，同时集成智能物流设备及信息化系统，实现智慧物流生产、储位级的物料管控；通过物流自动化设备(AGV、无人叉车等)，实现厂内物流过程全覆盖(生产工序间、跨楼层、存储区)；同时，实施 WMS + WCS 以及引进 AGV、智能立库、空中输送线等智能物流设备，打通各个工序间的物流断点，实现仓流业务一体化、仓流管控智能化，把仓储物流划分成粒度合适的场景，通过转运、接力运输等方式串联全厂物流，提高了整个生产流程的效率和灵活性。

1.1　智　能　物　流

物流(Logistics)是供应链活动的一部分，是以满足客户需求为目的，利用现代物流理论和技术，运用市场机制整合社会运输、仓储、装卸、搬运、加工、信息等功能，为提高原材料、在制品、制成品以及相关信息从供应地到消费地的流动和存储的效率与效益而进行的计划、执行和控制的过程。物流相应的功能性活动包括需求预测、订单处理、客户服务、分销配送、物料采购、存货控制、运输、仓库管理、流通包装、流通加工、物资搬运、零配件和技术服务支持、退货处理、废弃物和废弃产品的回收处理等。

随着"互联网+"、大数据与云计算、人工智能、物联网等技术的飞速发展，现代物流业迎来了空前的发展机遇，包括人工智能在内的各种现代先进技术手段都在逐步地被运用到其中，以提升物流管理水平。物流技术已经进入了智能化时代，智能化是现代物流的必然趋势。

1.1.1 智能物流的起因

从当今世界的整体商业环境来看，生产和流通的模式正在往两个不同的方向发展，即规模化和定制化。规模化需要极致的效率提升，而定制化需要极致的柔性部署。智能物流系统的搭建为规模化和定制化商业的发展提供了支撑。

1. 规模化商业与物流

规模化商业的本质是通过大规模、标准化的生产和服务来实现单件成本的最小化，同时也能实现生产和服务效率的最大化。生产制造型企业依靠大型规模化的制造模式，才能使生产成本降低、效率提高，才能在残酷的市场竞争中立于不败之地，而电子信息、计算机技术和机器人技术促进了规模化生产的发展。

产品大规模生产加工的对象是各种原材料和半成品，可统称为物料。规模化生产发展的过程也是生产环节对物流系统不断提出新要求的过程。对于工艺简单的生产制造，通过一定的辅助设施(如叉车)就基本可以完成物流要求。而随着工业化进程的飞速发展，生产加工工艺的复杂度逐步上升，多属性物料需要在几十个甚至上千个工位之间进行周转流动，这显然对物流管理提出了非常高的要求。

同样，商业流通企业也随着近年来互联网技术的发展发生了深刻的变革，并朝着规模化运营的方向发展。数以千万计的商品被聚集到京东、阿里巴巴、苏宁等企业的仓储物流中心，海量的碎片化订单同时集中到物流中心，电商模式的迅速发展促使物流服务转型升级。以京东为例，单日订单峰值超过 150 万个，这对于传统的物流作业方式来说是无论如何也无法完成的。

与规模化生产发展的方式类似，驱动工业革命的各种技术也被充分运用到了物流环节。电力驱动的皮带输送机、柴油发动机驱动的叉车在各行业生产物料的输送搬运过程中起了很大的作用；自动化的 PLC(Programmable Logic Controller，可编程逻辑控制器)被广泛地应用到了各种仓储物流设施与设备上，使这些设施与设备可以实现更加复杂的物流作业。

当面对现代规模化生产和流通带来的新问题时，常规传统的物流系统显然是不能满足这种超高效生产、海量碎片化订单的服务需求的。智能化物流系统是解决规模化物流服务需求的唯一手段。

2. 定制化商业与物流

规模化的生产模式确实给人们带来很多好处，让绝大多数的普通人可以以很低的价格享受到各种工业化生产的商品。不过，随着人类社会工业化的发展，越来越多的年轻一代对定制化产品的需求越来越强烈。我国年轻一代的消费理念与上一代人相去甚远，他们需要更加个性化、带有自我标签的商品。

例如，小米手机以尊重用户和"粉丝"著称。小米公司在生产下一代产品的时候通常会事先在网上发布调研问卷，投票结果会影响新产品的设计和生产。未来个性化的商品生产可能不再需要投票这种形式，用户甚至可以在线去配置并参与自己最想要的产品的设计和生产。定制化生产在未来将会迎来大发展，越来越多的人追求与众不同的、能符合自己个性需求的产品和服务。未来的工业产品很多都将是由消费者本人设计的，而工厂只扮演一个代工的角色。

与规模化生产不同的是，定制化是小批量生产的，它会带来高成本和长周期的问题。具有全面数字化、智能化、柔性化的智能制造可解决这个难题。

智能制造背景下的定制化生产，对工厂内参与生产的各要素有了新的要求，需要生产设施与设备高度柔性化，以应对"定制"造成的各种参数调整后的产品生产、加工、搬运、存储等需求。因此，在定制化工厂中，一定会充斥着大量个性化的原材料、零配件、半成品、成品等，并且伴随着生产工艺的动态调整。

传统的自动化物流系统都是基于给定的物料单元、效率要求、搬运路线等设计的，而定制化生产会导致物料的尺寸、重量、外形、节拍、效率等动态变化，这就给厂内物流系统带来了挑战。

定制化生产模式下的物流系统要能够自适应各种变化的物料单元和搬运工艺，只有智能化、数字化、网络化、柔性化的物流系统才能匹配个性化的生产节奏。

3. 现代技术的发展

第三次工业革命以来，自动化技术、计算机信息技术伴随着工业化进程不断地向前发展，并在各行各业得到了非常广泛的应用。2000 年后，大数据、物联网、云计算、人工智能、区块链、虚拟现实等技术逐步成熟，并由幕后走到了台前。新技术在当前社会的方方面面都有了深入的应用，包括物流领域。

从近 20 年的社会发展过程来看，各种前沿技术与迅猛崛起的电商业务有了很好的结合和应用成果，尤其是在物流业务方面。

自 2016 年以来，与物流相关的国家政策和规划密集出台，倡导以科技为导向、软硬件相结合来降本增效。硬件方面主要体现在智能制造，比如加强智能物流设施与设备的研发和应用；而在软件方面，大数据、物联网、云计算、人工智能等技术在信息管理方面的重要性被提升到了战略高度，全面推进智能化物流体系的建立。

1.1.2　智能物流的概念

2011 年年底，我国工信部发布了《物联网"十二五"发展规划》，该规划指出，"十二五"期间，我国将积极开展应用示范，在 9 个重点领域完成一批应用示范工程，力争实现规模化应用。这 9 个重点领域分别为智能工业、智能农业、智能物流、智能交通、智能电网、智能环保、智能安防、智能医疗和智能家居。智能物流理念的提出，顺应历史潮流，也符合现代物流业发展的新趋势。

许多专家和研究机构从不同角度对智能物流进行了定义。

李蔚田认为，智能物流是指从供应者向需求者智能移动的过程，包括智能运输、智能仓储、智能配送、智能包装、智能装卸以及智能信息的获取、加工和处理等多项基本活动，为供方提供最大化的利润，为需方提供最佳的服务，同时也应消耗最少的自然资源和社会资源，最大限度地保护好生态环境，从而形成完备的智能社会物流管理体系。

李芏巍认为，智能物流是将互联网与新一代信息技术应用于物流业中，实现物流的自动化、可视化、可控化、智能化、信息化、网络化，从而提高资源利用率的服务模式和提高生产力水平的创新形态。

综上可以看出，智能物流是利用智能化技术，使物流系统能模仿人的智能，具有思维、感知、学习、推理判断和自行解决物流中某些问题的能力，从而创造出更好的社会效益和经济效益的物流新业态、新模式。智能物流在物流作业过程中采用现代信息技术、大数据和人工智能等先进技术，使整个物流系统能够实时收集并处理信息，作出最优决策，实现最优布局，以物流管理为核心，实现物流过程中搬运、存储、拣选、分拣、包装、装卸等环节的一体化和智能化。

1.1.3　智能物流的特点

智能物流具有传统物流所不具备的能力，而这种能力主要是由智能物流信息技术和智能物流设施与设备实现的，主要体现在数字化、智能化、网络化和柔性化 4 个方面。

1. 数字化

数字化是智能化的基础和前提，没有数字化就谈不上智能化。一方面，当前各类智能技术都是基于信息技术对现实中采集的数据进行运算，最后得出决策指令；另一方面，物流由一系列的上下游组合而成，形成系统性、全流程的物流服务功能。如果没有全流程数字化的支持，同样无法打造出智能物流系统。例如，物料单元通过条码技术、RFID 技术使其具有数字属性，对于单机物流机械(如叉车、单机皮带等)，则可以通过加装传感器使其具有数字化的能力，为整体物流系统的管理、运行、决策提供数据支持。

智能物流系统的发展是建立在数字化基础之上的，而数字化为物流行业走向智能化提供了强有力的支持。

2. 智能化

智能化是智能物流服务过程中的核心特征。智能物流通过信息技术、人工智能、自动识别和控制，智能化地获取、传递、处理、利用信息，使智能物流设备能进行感知、学习、推理、判断和自行解决物流中的某些问题。

智能物流设施与设备首先通过各类传感器技术采集实际物流作业过程中产生的数据，感知物流系统运行中的动态信息，如当前物料的体积大小、条码编号、在输送系统上的位置等。在这些感知到的数据的基础上，借助一定的算法(如作业调度算法、蚁群算法等)得出物流作业过程中的推理决策，如库存水平的确定、搬运路线的选择、海量订单的分拨、自动导引车的运行轨迹和作业控制、自动分拣机的运行规则、物流中心经营管理的决策支持等。在智能运算和决策后，智能物流系统将执行指令发送给现场物流设施与设备中的各种执行机构，从而完成作业中的搬运、包装、上架、入库等动作。例如，AGV(Automated Guided Vehicle，自动导引车)完成不同工位间托盘物料的搬运，自动包装机完成快递包裹的装盒封箱贴码工作，高位堆垛机完成从入库口到 20 m 高货位的物料存放。

3. 网络化

一个完整的物流过程包括卸货、搬运、加工、存储、拣选等一系列环节，每个环节互相关联形成物流网络。要想实现智能物流的高质量物流服务，需要提高所有物流环节上的物流服务水平。因此，实现各物流环节的一体化才是真正的智能化。

　　智能物流通过万物互联实现各类物流设施与设备、物料、人员、相关生产设施等信息孤岛之间的通信，促成整体从微观到宏观的协作，从而实现一体性的智能化，这就要求智能物流系统内各子系统从设计之初就需要有开放互联的属性。智能物流系统都会连接到共同的信息化管理平台，也就是说，在分享自我数据的同时，在智能制造背景下的工厂内部，贯穿整个工厂物流各环节的收货、入库暂存、出库、分拣、打包、发货等的所有物流设施与设备都要并入统一的信息化管理平台中，实现贯穿式的联网数字化集中整合。工厂内部由智能物流设施与设备反馈的数据会被用来服务于关键生产环节，最终实现厂内物流设施与设备的最佳资源利用率，为工厂生产提供最优的物流服务。

　　智能物流系统内的各种物流设施与设备和系统的互联互通，对于物流设施与设备供应商来说也包含着巨大的商业价值。各种新技术(如 5G、NB-IoT 等相关的物联网赋能技术)的快速发展都有助于物流要素互联互通的落地与实现。

4. 柔性化

　　消费升级引起的制造业个性化、定制化的生产方式要求制造业物流系统具有柔性化的特征，海量碎片化订单的商业物流也需要物流配送中心的物流系统具有足够的柔性化特征。

　　传统制造业领域的自动化物流系统都是基于给定的物料单元、效率要求、搬运路线等设计的。由于未来制造业有很大一部分生产资源要满足个性化的生产需求，因此在未来工厂中，一定会有大量个性化的原材料、零配件、半成品和成品。从工厂物流的角度来看，未来定制化生产工厂里的物料是动态变化的，个性化的生产会导致物料的尺寸、重量、外形，物流的节拍、效率，订单的周期数量，库存的大小等随时调整。因此，这就要求厂内物流系统能自适应各种变化的物料单元的存储、搬运任务，即物流系统也需要充分的柔性化。

　　商业流通领域中，随着近年来电商的快速发展，海量、碎片化的订单特点和物流业务随着季节变化呈现的不均衡性，都要求柔性化的物流系统来满足这些需求。柔性化的智能物流可以完成物流系统的快速搭建和部署，以应对随时调整的物流业务，可以方便快捷地进行灵活配置以实现最佳的物流设施与设备投资。

1.1.4　智能物流与智慧物流

　　智慧物流是一种以信息技术为支撑，在物流的运输、仓储、包装、装卸搬运、流通加工、配送、信息服务等环节实现系统感知、全面分析、及时处理及自我调整功能，实现物流规整智慧、发现智慧、创新智慧和系统智慧的现代综合性物流系统。

　　未来的社会生产强调利用物流信息系统将生产中的供应、制造以及销售信息数据化和智慧化，最后达到快速、有效、个性化的产品供应。对于未来的物流科技而言，就是要整合传统和新兴科技，用互联网、大数据、云计算、物联网等现代信息技术提升物流智能化程度，增强供应链柔性，最终实现智慧物流。智慧物流是物联网、云计算、大数据环境下的智能物流，是智能物流发展的一个更高级的阶段。

　　与智能物流不同的是，智慧物流是指通过智能硬件、物联网、大数据等智慧化技术手段，提高全局物流系统分析决策和智能执行的能力，提升整个物流系统的智能化、自动化水平。由中国物流与采购联合会和京东物流联合发布的《中国智慧物流 2025 应用展望》中提到，智能物流强调的是能力，需要通过新技术的不断发展、创新来进行更新和迭代；而智慧物流则是一种整体模式和框架，强调的是系统的互联互通及深度协同。智能物流是物流系统向智慧化物流进化的重要阶段，是智慧物流体系实现的重要基础。

现阶段的物流能力处在智能物流的初级水平，离智慧物流还有很远的路要走。物流能力发展过程如图 1-1 所示。

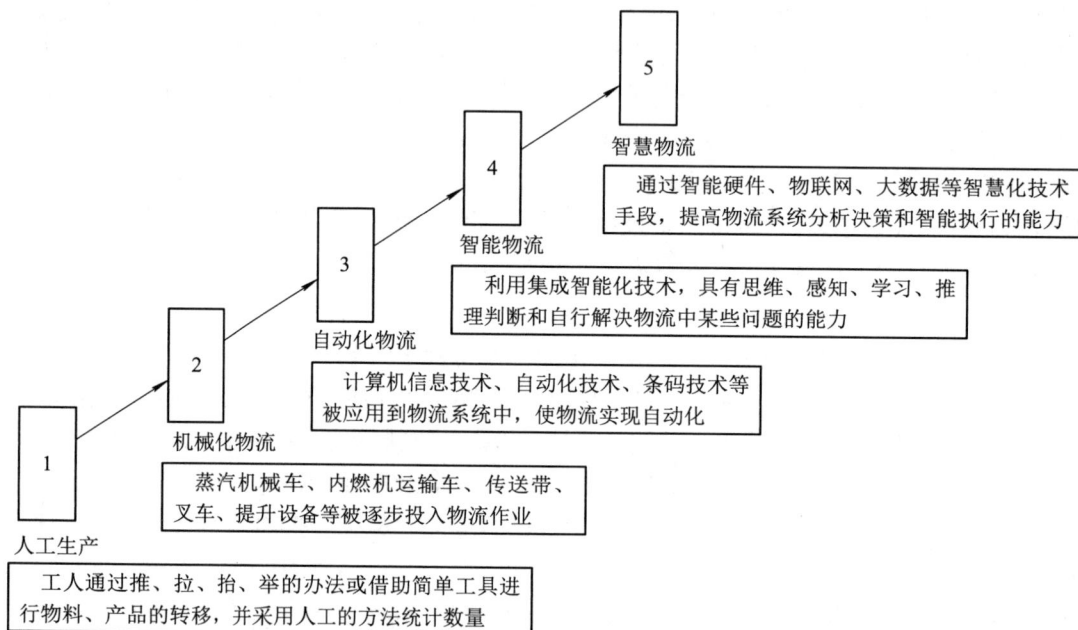

图 1-1   物流能力发展过程示意图

智慧物流系统是指在物联网与大数据环境下，以信息运动为主线，综合运用先进的现代物流技术、信息技术、自动化技术、系统集成技术，特别是人工智能技术，通过全面感知、信息集成、大数据处理，将物流信息、物流活动、物流制品、物流资源及物流规范有机整合，并优化运行的实时、高效、绿色的物流服务体系。它能够有效地提高企业的市场应变能力和竞争能力，为客户提供方便、快捷、及时、准确的服务。

1.2   智能物流技术

1.2.1   智能物流技术的框架

智能物流技术是信息化技术、自动化技术、大数据和云计算技术的深度融合。例如，条码技术、电子数据交换技术、射频技术、感应识别技术及全球定位技术等物流信息技术构成了智能物流的基本技术支撑。这些技术能对物流各环节中的信息，如信号、数据、消息、情况等，利用大数据和云计算技术进行系统的智能采集和分析处理，实现管理的高效化和决策的科学化，进而降低物流成本，提高企业的核心竞争力。智能物流技术的架构如图 1-2 所示。

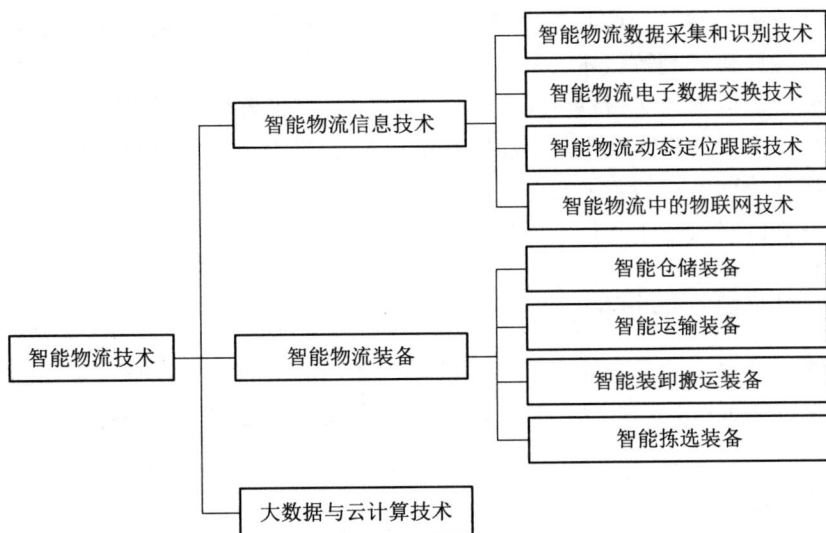

图 1-2　智能物流技术的架构

从构成要素上看，智能物流信息技术是智能物流技术的重要组成部分。智能物流信息技术同现代信息技术一样，其基本要素可以分为 4 个层次。

1. 物流信息基础技术

物流信息基础技术即有关元件、器件的制造技术，如微电子技术、光子技术、光电子技术、分子电子技术等，它是整个信息技术的基础。

2. 物流信息系统技术

物流信息系统技术即有关物流信息的获取、传输、处理、控制的设备和系统的技术。它是建立在信息基础技术之上的，是整个信息技术的核心。其内容主要包括物流信息获取技术、物流信息传输技术、物流信息处理技术及物流信息控制技术。

3. 物流信息应用技术

物流信息应用技术即基于管理信息系统(Management Information System，MIS)技术、优化技术和计算机集成制造系统(Computer Integrated Manufacturing System，CIMS)技术而设计出的各种物流自动化设备和物流信息管理系统，如自动化分拣与传输设备、自动导引车(AGV)、集装箱自动装卸设备、仓库管理系统(Warehouse Management System，WMS)、运输管理系统(Transportation Management System，TMS)、配送优化系统、全球定位系统(Global Positioning System，GPS)、地理信息系统(Geographic Information System，GIS)等。

4. 物流信息安全技术

物流信息安全技术即确保物流信息安全的技术，主要包括密码技术、防火墙技术、病毒防治技术、身份鉴别技术、访问控制技术、备份与恢复技术和数据库安全技术等。

智能物流在作业技术、作业设施与设备方面都已发生了翻天覆地的变化，出现了以多层穿梭车密集存储系统为核心的智能化仓储技术，以微光导引、图像识别、智能驱动为核心的智能搬运系统，如利用贴覆在地面的二维码导航的 AGV 搬运货物甚至货架，以智能拣选机器人、无线网络信息导引技术为核心的智能拣选及信息导引拣选技术，以自动信息采集、变频调速驱动技术为核心的环保绿色节能输送技术，以快速交叉带和智能移动机器人为核心的智能分拣分类等技术。特别是在小件分拣作业中，利用穿梭车从货架上将装有商品的货箱取下，放上传送带供分拣机器人分拣。分拣机器人利用 3D 视觉系统，从周转箱中识别出客户需要的货物，通过手部吸盘拣选货物并转移到订单周转箱中，拣选完成后，通过输送线将订单周转箱传输至打包区，打包完成后的包裹通过快速交叉带分拣机或者利用智能移动分类机器人运送到指定区域。

1.2.2   智能物流技术的特征

智能物流以其快速的反应能力和高度的柔性化适应了物流行业竞争重心的转移。智能物流技术的特征体现在其系统性和集成性以及信息化、标准化与模块化、绿色化与节能化程度的提高上。

1. 系统性和集成性

智能物流将各种信息化技术、自动化技术、机械化技术以及各种设备应用在各种大型物流设施中，形成一个更大的物流系统，如现代化的物流中心、配送中心、分拨中心等。集成性智能物流是将各种高新技术和产品集成在一起，实现物流的自动化、合理化、智能化、快捷化、网络化、信息化和集成化。

2. 信息化

随着智能物流信息技术的发展及其在物流领域的广泛应用，智能物流信息技术逐渐成为智能物流技术及设施与设备的核心。智能物流设备和设施已与智能物流信息技术紧密结合在一起，通过信息技术可以实现对物流全过程的跟踪、识别、认证、控制和反馈。信息技术已从条码发展到二维码、IC 卡(Integrated Circuit Card，集成电路卡)、电子标签、无线标志、数字加密、数字水印等技术。高档商品的管理将引入指纹、声纹、视网膜等识别技术，视觉识别、GIS 技术、GPS 技术也在物流系统中得到了应用。

越来越多的物流设施与设备供应商已从单纯提供硬件设施与设备转向提供包括控制软件在内的整体物流系统，并且在物流设施与设备上加装计算机控制装置，实现了对物流设施与设备的实时监控，大大提高了其运作效率。智能物流设施与设备和智能物流信息技术的完美结合，是智能物流系统集成商追求的目标，也是其竞争力的体现。

3. 标准化与模块化

当前，经济全球化特征日渐明显，国际化进程在国内进一步加快。物流设施与设备也需要走向全球化，只有实现了标准化和模块化，才能与国际接轨。因此，标准化、模块化成为智能物流设施与设备发展的必然趋势。

标准化既包括硬件设施与设备的标准化，又包括软件接口的标准化。通过实现标准化，可以轻松地与其他企业生产的物流设施与设备或控制系统对接，为客户提供多种选择和系统实施的便利性。而模块化可以满足客户的多样化需求，客户可按不同的需求自由选择不同的功能模块，灵活组合，增加了智能物流系统的适应性。

4. 绿色化与节能化

随着全球环境的恶化与人们环境保护意识的增强，对物流技术、设施与设备环保节能指标的要求也越来越高。有远见的物流设施与设备供应商开始关注环保问题，生产和开发对环境污染小的绿色产品或节能产品。例如，采用新的装置与合理的设计，降低设备的振动、噪声与能量消耗资源量等。

发展智能物流，构建高效的智能物流系统，离不开智能物流技术及智能物流设施与设备，如自动化立体仓库、输送分拣系统等。智能物流设施与设备已经从烟草、汽车、电子、医药等部分行业应用到几乎所有行业，市场前景越来越好。

1.3　智能物流技术的作用及发展趋势

1.3.1　智能物流技术对物流发展的作用

智能物流技术对物流发展的作用主要体现在 5 个方面。

1. 有利于提高物流活动的有效性

智能物流技术的应用促进了物流信息的充分获取和有效利用，充分的物流信息使物流活动更加有效，有利于物流活动由无序趋向于有序。

在信息不充分的情况下，物流活动得不到足够的信息支持，会造成物流活动不经济。例如，货物不必要的流动造成资源浪费，或者货物运输不是选择最短路径或最合理的路径，做了很多无用功。而在信息充分的情况下，物流活动更容易被科学地计划或控制，从而使得物品具有最合理的流动，整个物流活动经济、有序。物流的有序化使原先的"盲目调度"的情况降到最低程度，促使物流资源充分利用、货物周转次数大大减少，位移的平均运距缩短，减少不协调与浪费现象，使得物流活动的有效性大大提高。

2. 有利于提高物流效率

物流系统是一个复杂的庞大的系统，其中包含很多子系统，同时各系统密切交织在一起，且联系紧密。只有充分应用信息技术，才能使整个物流系统的运作合理化；只有提高物流系统各环节、各子系统的信息化水平，才能提高整个物流系统的运行效率。

智能物流设施与设备是组织智能物流活动的物质基础，其中自动分拣机、自动引导车(AGV)、智能运输设备等，极大地减轻了人们的劳动强度，提高了现代物流的运作效率和服务质量，降低了物流成本，在智能物流中起着重要作用。

3. 有利于现代物流服务能力的提升

信息技术特别是互联网的广泛应用，将整个生产、流通、消费环节有效地整合为一体，打破了传统意义上的地域限制、时区限制，扩大了物流服务的范围，同时也能为客户提供更优质的服务。

由于及时、全面地获取与加工物流信息，供需双方可以充分地交互和共享信息，使得物流服务更准确、客户满意度更高；同时，顾客可以选择更多自我服务功能，例如决定何时、何地、以何种方式获得定制的物流服务；另外，在提供物流服务的同时，可以为顾客提供信息、资金等双赢的和有效的增值服务。

4. 有利于提高物流运作的透明度

物流经常被称作"经济领域的黑暗大陆"和"物流冰山"，智能物流技术的应用使得物流过程中货物的状态和变化透明化，物流成本和费用的实际情况更容易被掌握，从而增强了信息的准确性，使人们能更清楚地认识物流。同时由于对动态信息的及时掌握，所以可以根据实际情况作出快速且有效的反应，实现物流运作的动态决策。企业在不明订货状况和库存量的情况下，要作出正确的决策和部署是很困难的，若勉强作出决策则不容易达到最佳效果。为此，需要确保整个物流过程的货物状态透明，并根据状态变化作出反应。

5. 有利于促进物流服务与技术的创新

智能物流的发展离不开智能物流技术的推进，智能物流的发展和智能物流技术的发展相辅相成。智能物流技术为智能物流服务提供了有力的工具，使为顾客提供及时、准确、周到的物流服务成为可能，促进了物流的发展；物流服务水平的提高和新需求的不断涌现也为智能物流技术提出了新的课题和挑战，促进了智能物流技术的推陈出新和在物流领域的深入应用。

1.3.2 智能物流技术的发展趋势

智能物流技术的发展趋势主要体现在以下几个方面。

1. 人工智能和机器学习的应用

人工智能和机器学习在智能物流中扮演着越来越重要的角色。通过分析历史数据和识别模式，人工智能和机器学习可以帮助优化仓库运营、预测设备故障、提高物料处理效率等。例如，通过分析设备性能数据，可以在设备故障发生前进行维护，减少停机时间，提高设备使用寿命。

2. 自动化和智能装备的发展

智能仓储设备、自动分拣装备、智能搬运装备等智能物流装备在物流行业中得到了广泛应用。这些装备通过集成感知、传感、信息化和人工智能技术，实现了物流装备的智能化升级，提高了物流作业的自动化和智能化水平。

3. 数据驱动的决策和优化

智能物流系统通过收集和分析大量数据，实现了决策的智能化。例如，预测性分析可以帮助企业优化库存管理、处理订单和提高仓库效率。

习 题

1. 简述智能物流技术的特征。
2. 简述智能物流技术的作用。
3. 讨论智能物流和智慧物流的区别与联系。

第 2 章

智能物流中的数据采集与识别技术

案例导入

海澜之家 RFID 技术的数字化转型之路

2020 年数据显示，海澜集团年销售各类服装 1.6 亿件，不仅是中国男装龙头，旗下还有各类女装、童装等品牌，服装业务的体量很大。为了更好地清点和管理这些服装，海澜之家从 2014 年就开始搭建 RFID 流水化读取系统。该系统采用"通道机"模式，流水化读取 RFID 芯片信息，将成箱服装商品信息批量扫描、实时上传、比对与分类处置。

把数以亿计销往全国的服装联网，其核心就是每件商品携带的一个芯片和一个天线。将超高频 RFID 标签嵌入服装吊牌，通过 RFID 发卡器在 RFID 电子标签上写入商品的品号、色号、规格、数量等 SKU(Stock Keeping Unit，库存量单位)信息，形成 RFID 标签吊牌后，交由服装生产商将带有 RFID 标签的吊牌缝制或绑到服装上，这样就初步实现了海澜之家服装的智能化。2015 年海澜之家的"衣联网"正式投运时，仅秋冬两季的服装就订购了 8000 万片标签，也就是 8000 万颗 RFID 芯片。

库存管理本就是一项烦琐的活，以往扫条码，必须靠近至几厘米的距离，用过超市自助收银台的朋友都知道，一次只能扫一件，有时还会失灵，繁杂又耗时，而 RFID 可以同时向多个读取器传输数据，大大提高了库存管理的效率。RFID 智能仓储管理系统为服装贴上 UHF(Ultra High Frequency，超高频)RFID 电子标签，采用"通道机"模式，流水化读取服装 RFID 信息，完成仓库的整箱收发货、移库、整理库和退货入库等工作。其中，RFID 通道 KA-3 设备与德马泰克全自动传送线结合，完成仓库的整箱发货和退货；RFID 通道 KB1 设备完成仓库的散件发货和电商专用发货；RFID 通道 KD1 设备完成对标签的检验；RFID 通道 KNI 设备与吊挂系统结合，完成仓库的挂装收货。

在海澜之家全国超 6000 家的零售门店内，工作人员只需手持射频识别阅读器，在几米外一次性读取货架上数百件服装的信息，通过无线电波与读写器通信，产品的各类数据得到即时存储和处理，数秒内就可完成货品清点。

在发货高峰期，如"双 11"当日，使用 RFID 通道机发货超过 100 万件，其性能流畅、稳定、便捷，完全解决了供应链端的后顾之忧。另外，因不再需要开箱，每年节约数百万纸箱成本。

从海澜之家的 RFID 实践应用来看，RFID 技术将推动海澜之家的供应链管理上升一个新的高度，并帮助海澜之家实现线下交易客户的可触达、可识别、可运营。RFID 技术让海澜之家每一件商品都带有身份标识，有力地夯实了海澜之家新零售基础。未来，RFID 技术或在海澜之家智慧门店广泛应用，例如顾客拿过、试过的商品信息将被自动记录在案，每家门店后台系统将汇总分析信息并据此调整门店商品布局。

智能物流中的自动识别与数据采集(Auto Identification and Data Collection，AIDC)是一项通用的技术手段，它包括不通过键盘而把数据直接录入到计算机系统的方法，如条码扫描、射频识别、语音识别以及电子代码技术等。自动识别技术在物流领域的应用日益广泛，其中又以条码技术与 RFID 技术的应用为主流。

2.1 条 码 技 术

条码(Bar Code)技术也称为 BC 技术，是在计算机应用中产生和发展起来的，并广泛应用于商业、邮政、图书管理、仓储、工业生产过程控制、交通等领域的一种自动识别技术，具有输入速度快、准确度高、成本低、可靠性强等优点，在当今的自动识别技术中占有重要的地位。在物流业中，利用条码技术可对物品进行识别和描述，从而解决数据录入和数据采集的问题，为供应链管理如 ECR(Efficient Consumer Response，有效客户反应)、QR(Quick Response，快速反应)、ACEP 等提供有力支持，所以说条码是实现销售点(Point of Sale，POS)系统、电子数据交换(Electronic Data Interchange，EDI)、电子商务、供应链管理的技术基础，是使物流管理现代化、提高竞争力的重要技术手段。

2.1.1 条码的基础知识

条码技术是 20 世纪中叶发展并广泛应用的集光、机、电和计算机技术于一体的高新技术，它打破了计算机应用中数据采集的"瓶颈"，实现了信息的快速准确获取与传递。就经济活动而言，物流和信息流是其重要的两个方面，条码解决了商品、产品、物流单元的标识，它为实物流和信息流的同步提供了技术手段，既经济又实用，近乎零成本，受到各国青睐。

20 世纪 70 年代，条码技术为 POS 的自动扫描结算和信息的快速获取提供了方便、快捷、准确、可靠的途径，引领了一场商业革命。目前，在全球范围内，已经有 100 多个国家采用条码技术进行商业 POS 结算，上百万家公司或企业采用了条码技术。条码技术已经作为一种关键的信息标识和信息采集技术，不仅在商业 POS 中得到应用，而且已经被广泛地应用于全球各个行业，成为各国信息化建设中的一个重要部分。

1. 条码技术的产生与发展

早在 20 世纪 40 年代后期，美国人就发明了"公牛眼"条码，形状为同心靶环。20 世纪 60 年代后期，北美铁路系统开始采纳条码系统。1967 年，美国的超市安装了第一套条码扫描零售系统。1973 年，美国统一代码委员会(Uniform Code Council，UCC)建立了 UPC(Universal Product Code，商品统一代码)商品条码应用系统。同年，UPC 条码标准宣布实施。1977 年，欧洲在 12 位的 UPC-A 商品条码的基础上，开发出与 UPC-A 商品条码兼容的欧洲物品编码系统，简称 EAN 系统，并正式成立了欧洲物品编码协会(European Article Numbering Association，EAN)。UCC/EAN-128 条码于 1981 年被推荐应用，以标识物流单元。这样，EAN 和 UCC 将条码技术从单独的物品标识推向了整个供应链管理和服务领域。20 世纪 80 年代，人们开始研制二维条码。目前，条码技术已被应用在计算机管理的各个领域。

2. 条码的概念及基本术语

条码是由一组粗细不等、黑白或彩色相间的条、空及其相应的字符、数字、字母组成的标记，用以表示一定的信息。它是利用光电扫描阅读设备来识读并实现数据输入计算机的一种特殊代码。

在条码技术的应用过程中，经常会接触到一些基本术语，为了方便理解和使用，表 2-1 给出了一些常用的条码技术术语的名称、英文表示以及相应的定义。

表 2-1　常用的条码技术术语

术语名称	英文表示	定　　义
条码	Bar Code	由一组规则排列的条、空及其对应字符组成的标记，用以表示一定的信息
条码系统	Bar Code System	由条码符号设计、制作及扫描识读组成的系统
条	Bar	条码中反射率较低的部分
空	Space	条码中反射率较高的部分
空白区	Clear Area	条码起始符、终止符两端外侧与空的反射率相同的限定区
起始符	Start Character	位于条码起始位置的若干条与空
终止符	Stop Character	位于条码终止位置的若干条与空
保护框	Bearer Bar	围绕条码且与条反射率相同的边或框
条码字符	Bar Code Character	为字符或符号的若干条与空
条码数据符	Bar Code Data Character	特定信息的条码字符
条码校验符	Bar Code Check haracter	校验码的条码字符
条码填充符	Bar Code Filler Character	不表示特定信息的条码字符
条码长度	Bar Code Length	从条码起始符前缘到终止符后缘的长度
条码密度	Bar Code Density	单位长度条码所表示的条码字符的个数
模块	Module	模块组配编码法组成条码字符的基本单位
单元	Unit	构成条码字符的条或空

2.1.2　条码的码制

条码的码制是规定条码用条和空的排列规则表达数据的编码体系。各种条码符号都是由符合规定编码规则的条和空组合而成的,具有固定的编码容量和条码字符集。

1. 一维条码

一维条码只是在一个方向(一般是水平方向)表达信息,而在垂直方向不表达任何信息,其一定的高度通常是为了便于阅读器的对准。

一维条码按条码的长度可分为定长条码和非定长条码,按排列方式可分为连续型条码和非连续型条码,按校验方式可分为自校验型条码和非自校验型条码,按应用场合可以分为商品条码和物流条码。

1) 商品条码

商品条码是以直接向消费者销售的商品为对象、以单个商品为单位使用的条码。最常见的是 UPC 和 EAN 条码,用于在世界范围内唯一标识一种商品。UPC 条码是美国统一代码委员会制定的一种商品用条码,主要在美国和加拿大使用,用于工业、医药、仓储等领域。EAN 条码是在国际物品编码协会的 UPC 码的基础上制定的一种商品用条码,全球通用。EAN 条码是当今世界上广为使用的商品条码,已成为电子数据交换(EDI)的基础。只要用条码阅读器扫描该条码,便可以了解该商品的名称、型号、规格、生产厂商、所属国家或地区等丰富信息。

2) 物流条码

物流条码是物流过程中以运输商品为对象,以集合包装的商品为单位使用的条码。物流条码中常用的码制有 Code128 码、Code39 码、25 码和库德巴(Codebar)码等。部分物流条码如图 2-1 所示。

| 0123456789 | BJ100080 | 6008000 6 |
| Code128 码 | Code39 码 | Codebar 码 |

图 2-1　物流条码

(1) Code128 码:广泛应用在企业内部管理、生产流程、物流控制系统方面的条码码制。由于其优良的特性在管理信息系统的设计中被广泛使用,Code128 码是目前应用最广泛的条码码制之一。

(2) Code39 码:因其可采用数字与字母共同组成的方式而在各行业内部管理上被广泛使用。

(3) 25 码:又称为交叉二五条码,主要用于运输包装,是印刷条件较差且不允许印刷 EAN-13 和 UPC-A 条码时应选用的一种条码。

(4) Codebar 码:可表示数字和字母信息,主要用于医疗卫生、图书情报、物资等领域的自动识别。

2．二维条码

在水平和垂直方向的二维空间存储信息的条码称为二维条码。二维条码是一种比一维条码更高级的条码格式。二维条码在水平和垂直方向都可以存储信息，能存储汉字、数字和图片等信息，众多的信息表达依赖于商品数据库的支持，离开了预先建立的数据库，二维条码将无法使用。因此二维条码的应用领域要广得多。

与一维条码一样，二维条码也有许多不同的编码方法，即码制。根据码制的编码原理不同，二维条码分为以下两种类型：

(1) 线性堆叠式二维条码：又称为堆积式二维条码或层排式二维条码，如图 2-2(a)所示，其编码原理是建立在一维条码基础之上，按需要堆积成二行或多行。它在编码设计、校验原理、识读方式等方面继承了一维条码的一些特点，识读设备和条码印刷与一维条码技术兼容。但由于行数的增加，需要对行进行判定，其译码算法与软件也不完全相同于一维条码。代表性的层排式二维条码有 Code16K、Code49、PDF417、MicroPDF417 等。

(2) 矩阵式二维条码：又称为棋盘式二维条码，如图 2-2(b)所示，它是在一个矩形空间通过黑、白像素在矩阵中的不同分布进行编码的。在矩阵相应元素位置上，用点(方点、圆点或其他形状)的出现表示二进制"1"，点的不出现表示二进制的"0"，点的排列组合确定了矩阵式二维条码所代表的意义。矩阵式二维条码是建立在计算机图像处理技术、组合编码原理等基础上的一种新型图形符号自动识读处理码制。代表性的矩阵式二维条码有 CodeOne、MaxiCode、QRCode、DataMatrix 等。

(a) 线性堆叠式二维条码　　　　　　　　　　　(b) 矩阵式二维条码

图 2-2　二维条码

2.1.3　条码符号结构

一个完整的条码符号由两侧静区、起始符、数据符、校验符和终止符组成。以一维条码为例，其条码符号结构如图 2-3 所示。

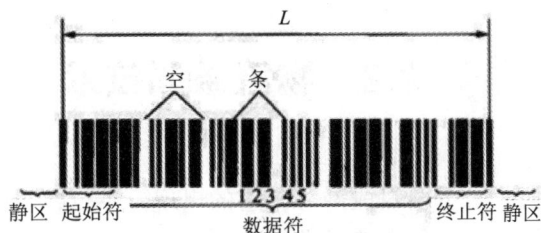

图 2-3　一维条码符号结构

(1) 静区：没有任何印刷符或条码信息，它通常是白的，位于条码符号的两侧。静区的作用是提示阅读器(即扫描器)准备扫描条码符号。

(2) 起始符：条码符号的第一位字符是起始符，它的特殊条、空结构用于识别一个条码符号的开始。阅读器首先确认此字符的存在，然后处理由扫描器获得的一系列脉冲。

(3) 数据符：由条码字符组成，用于代表一定的原始数据信息。

(4) 终止符：条码符号的最后一位字符是终止符，它的特殊条、空结构用于识别一个条码符号的结束。阅读器识别终止字符，便可知道条码符号已扫描完毕。

(5) 校验符：在条码码制中定义了校验符。有些码制的校验符是必需的，有些码制的校验符则是可选的。校验符是通过对数据字符进行一种算术运算而确定的。

2.1.4 条码技术的特点

条码技术作为一种图形识别技术，与其他识别技术相比，有如下特点：

(1) 简单、易于制作、可印刷。条码标签易于制作，对印刷技术设备和材料没有特殊要求，被称为"可印刷的计算机语言"。

(2) 信息采集速度快。对于普通计算机的键盘录入速度最快的是每分钟 200 个字符，而利用条码扫描录入信息的速度是键盘录入的 20 倍。

(3) 采集信息量大。利用条码扫描一次可以采集十几位字符的信息，而且可以通过选择不同码制的条码增加字符密度，使录入的信息量成倍增长。

(4) 可靠性高。键盘录入数据的误码率为三百分之一，利用光学字符识别技术录入数据的误码率约为万分之一，而采用条码扫描录入方式，其误码率仅为百万分之一，首读率可达 98%以上。

(5) 设备结构简单、成本低。与其他自动化识别技术相比较，条码符号识别设备的结构简单，操作容易，无须专门训练，所需费用较低。

(6) 灵活、实用。条码符号作为一种识别手段可以单独使用，也可以和有关设备组成识别系统实现自动化识别，还可和其他控制设备联合起来实现整个系统的自动化管理。同时，在没有自动化识别设备时，也可实现手工键盘输入。

(7) 自由度大。识别装置与条码标签相对位置的自由度要比 OCR(Optical Character Recognition，光学字符识别)大得多。条码通常只在一维方向上表达信息，而同一条码上所表示的信息完全相同并且连续，这样即使是标签有部分缺欠，仍可以从正常部分得到正确的信息。

2.2 物流条码技术

物流条码是条码中的一个重要组成部分。它的出现，不仅在国际范围内提供了一套可靠的代码标识体系，而且也为贸易环节提供了通用语言，为 EDI 和电子商务奠定了基础。因此，物流条码标准体系的建设在推动各行各业的信息化、现代化建设进程和供应链管理的过程中起到了不可估量的作用。

2.2.1　物流条码体系

物流条码是指专门应用于物流领域的条码。在这里，所要研究的对象仅仅是指商品在贸易链中的物流过程，即商品从生产出来到消费者和用户手中的这个过程。当然，物流条码会随着商品经济的发展而不断完善，最终应用于整个物流系统之中。

在商品从生产厂家到运输、交换，整个物流过程中都可以通过物流条码来实现数据共享，使信息的传递更加方便、快捷、准确，从而提高整个物流系统的经济效益。

按照"物流"的广义和狭义之分，物流领域可以这样划分：作为商品的物质资料在生产者与消费者之间发生空间位移时，它属于流通领域内的经济活动；除此之外，还包括物质资料在生产过程中的运动，它既包括流通领域又包括生产领域。"物流"中的"物"指所有的物质资料，在社会化大生产和商品经济的条件下，商品是物流的主体，自然资源、废弃物等也是"物"的范畴。

物流是生产和消费之间的联系纽带，为了实现以最少的投入获得最大的经济效益，就要使物流过程更加快速、合理、高效，将物流、商流、信息流综合考虑，发挥物流系统的功能效用。物流条码可以使我们更好地实现这一目标。

表示物流标识编码的条码符号有不同的码制，有的码制只能标识一个内容，有的码制则能标识很多内容。本书着重介绍专门用于表示物流编码的条码码制，现行通用的主要有EAN 通用商品条码、储运单元条码和贸易单元 128 条码等。

1. EAN 通用商品条码

EAN 通用商品条码的结构包括 13 位和 8 位条码结构，其中 13 位条码结构最常见。

1) EAN-13 商品条码的符号结构

EAN-13 商品条码的符号结构如图 2-4 所示。

图 2-4　EAN-13 商品条码的符号结构

标准版商品条码所表示的代码由 13 位数字组成，它们分别是厂商识别代码、商品项目代码和校验码，具体组成如下：

(1) 厂商识别代码。厂商识别代码由国家(或地区)编码组织统一分配管理，由 7～9 位数字组成，用于对厂商的唯一标识。厂商识别代码是 EAN 编码组织在 EAN 分配的前缀码的基础上分配给厂商的代码。前缀码是标识 EAN 编码组织的代码，由 EAN 统一管理和分配，其中世界各国家(或地区)的前缀码如表 2-2 所示。

表 2-2　世界各国家(或地区)的前缀码

前缀码	编码组织所在国家(或地区)	前缀码	编码组织所在国家(或地区)
000～019		600～601	南非
030～039	美国	640～649	芬兰
060～139		690～695	中国
300～379	法国	700～709	挪威
400～440	德国	730～739	瑞典
450～459	日本	754～755	加拿大
490～499		760～769	瑞士
460～469	俄罗斯	789～790	巴西
471	中国台湾	800～839	意大利
480	菲律宾	840～849	西班牙
489	中国香港特别行政区	870～879	荷兰
500～509	英国	900～919	奥地利
540～549	比利时和卢森堡	930～939	澳大利亚
570～579	丹麦	958	中国澳门特别行政区

(2) 商品项目代码。商品项目代码由 3～5 位数字组成，由厂商自行编码。在编制商品项目代码时，厂商必须遵守商品编码的基本原则，即唯一性和无含义性。在 EAN 系统中，商品编码仅仅是一种识别商品的手段，而不是商品分类的手段。

(3) 校验码。校验码是商品条码中的最后 1 位数字，用于校验厂商识别代码和商品项目代码的正确性。

2) 中国商品条码的代码结构

中国商品条码的前缀码为 690～695。

(1) 当前缀码为 690、691 时，EAN-13 的代码结构如图 2-5 所示。

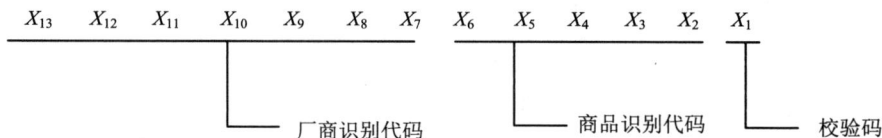

$$X_{13} \quad X_{12} \quad X_{11} \quad X_{10} \quad X_9 \quad X_8 \quad X_7 \quad X_6 \quad X_5 \quad X_4 \quad X_3 \quad X_2 \quad X_1$$

厂商识别代码　　　　商品识别代码　　　校验码

图 2-5　EAN-13 的代码结构

(2) 当前缀码为 692～695 时，EAN-13 的代码结构如图 2-6 所示。

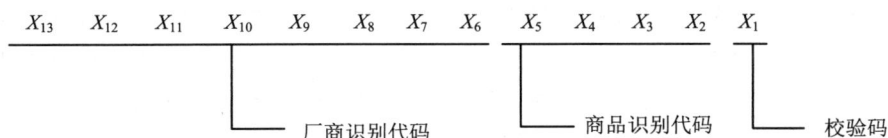

$$X_{13} \quad X_{12} \quad X_{11} \quad X_{10} \quad X_9 \quad X_8 \quad X_7 \quad X_6 \quad X_5 \quad X_4 \quad X_3 \quad X_2 \quad X_1$$

厂商识别代码　　　　商品识别代码　　　　校验码

图 2-6　EAN-13 的代码结构

2. 储运单元条码

储运单元条码是专门表示储运单元编码的一种条码，通俗地说就是商品外包装箱上使用的条码标识，它可以在全球范围内唯一地识别某一包装单元的物品，从而便于在物品的运输、配送、订货、收货中跟踪和统计，保证数据的准确性和及时性。储运单元一般由消费单元组成的商品包装单元构成，可分为定量储运单元(由定量消费单元组成的储运单元)和变量储运单元(由变量消费单元组成的储运单元)。使用储运单元条码可以使企业方便地实现进、销、存自动化管理，商业批发、零售则可以实现物流、配送的自动化，大大提高工作效率，降低企业成本。

定量储运单元一般采用 13 位或 14 位数字编码。当定量储运单元同时又是定量消费单元时，应按定量消费单元进行编码，如电冰箱等家用电器，其定量消费单元的编码等同于通用商品编码。定量消费单元代码是指包含在定量储运单元内的定量消费单元代码去掉校验字符后的 12 位数字代码。当含相同种类的定量消费单元组成定量储运单元时，可给每一个定量储运单元分配一个区别于它所包含的消费单元代码的 13 位数字代码，也可用 14 位数字进行编码。

3. 贸易单元 128 条码

贸易单元 128 条码简称 128 条码，是一种连续型、非定长、有含义的高密度代码，其字符集包括全部 ASCII(American Standard Code for Information Interchange，美国信息交换标准代码)字符，通过应用标识符可标识所有物流信息。128 条码是物流条码实施的关键，它能够更多地标识贸易单元的信息，如产品批号、数量、规格、生产日期、有效期、交货地等，使物流条码成为贸易中的重要工具。128 条码的信息结构如图 2-7 所示。

(12)3457

图 2-7　128 条码的信息结构

2.2.2　物流条码技术的应用

物流条码技术在各个领域的广泛使用，大大提高了系统的运作效率，降低了出错率，为物流运作的现代化和自动化奠定了良好的基础。下面介绍几个典型的物流条码技术的应用领域，以体现物流条码的重要作用。

1. 分拣运输

铁路运输、航空运输、邮政通信等许多行业都存在货物的分拣与搬运问题，大批量的货物需要在很短的时间内准确无误地装到指定的车厢或航班中；一个生产厂家如果生产上百个品种的产品，并需要将其分门别类，以送到不同的目的地，那么就必须扩大场地，增加人员，还常常会出现人工错误。解决这些问题的办法就是应用物流条码技术，使包裹或产品自动分拣到不同的运输机上。我们所要做的只是将预先打印好的条码标签贴在要发送的物品上，并在每个分拣点上装一台条码扫描器。

为了实现物流智能化，出现了很多配送中心。这些配送中心为了提高吞吐能力，采用自动分拣技术更是十分必要的。

典型的配送中心的作业从收货开始。送货卡车到达后，叉车司机在卸车时用手持式扫描器识别所卸的货物，条码信息通过无线数据通信技术传给计算机，计算机向叉车司机发出作业指令，将其显示在叉车的移动式终端上，例如，要求把货物送到某个库位存放，或者直接把货物送到拣货区或出库站台。在收货站台和仓库之间一般都有运输机系统，叉车司机把货物放到输送机上后，输送机上的固定式扫描器识别货物上的条码，计算机确定该货物的存放位置，然后输送机沿线的转载装置根据计算机的指令把货物转载到指定的巷道内。随即，巷道堆垛机把货物送到指定的库位。出库时，巷道堆垛机取出指定的托盘，由运输机系统送到出库台，叉车司机到出库台取货，首先用手持式扫描器识别货物上的条码，计算机随即向叉车司机发出作业指令，例如把货物直接送到出库站台，或者为拣货区补充货源。拣货区有多种布置形式，如普通重力式货架、水平循环式货架、垂直循环式货架等。拣货员在手持式终端上输入订单号，计算机通过货架上的指示灯指出需要拣货的位置；拣货员再用手持式扫描器识别货品上的条码，计算机确认无误后，在货架上显示出拣选的数量；然后拣货员拣出的货品并放入货盘内，将其连同订单一起运到包装区。包装工人进行检验和包装后，将实时打印的包含发运信息的条码贴在包装箱上。包装箱在通过分拣机时，根据扫描器识别的条码信息被自动拨到相应的发运线上。

2. 仓储配送

仓储配送是产品流通的重要环节。

以美国最大的百货公司 WalMart(沃尔玛)为例，该公司在全美有 25 个大型配送中心，一个配送中心要为 100 多家零售店服务，日处理量约为 20 万个纸箱。每个配送中心分三个区域，分别为收货区、拣货区、发货区。在收货区，一般用叉车先把货堆放到暂存区，工人用手持式扫描器分别识别运单上和货物上的条码，确认匹配无误才能进一步处理，有的要入库，有的则要直接送到发货区，称为直通作业，以节省时间和空间。在拣货区，计算机在夜班打印出隔天需要向零售店发运的纸箱的条码标签。白天，拣货员拿着一叠标签打开一只只空箱，在空箱上贴上条码标签，然后用手持式扫描器识读，计算机随即发出拣货指令。在货架的每个货位都有指示灯，用于表示需要拣货以及拣货的数量。当拣货员完成该货位的拣货作业后，单击"完成"按钮，计算机就可以更新其数据库。装满货品的纸箱经封箱后被运到自动分拣机，在全方位扫描器识别纸箱上的条码后，计算机会发出指令使拨叉机构把纸箱拨入相应的装车线，以便集中装车运往指定的零售店。

在国内，在加工制造和仓储配送业中也已有了条码的应用。例如，红河烟厂中，成箱的纸烟从生产线下来，汇总到一条运输线，在送往仓库之前，先要用扫描器识别其条码，登记完成生产的情况，纸箱随即进入仓库，被运到自动分拣机，然后另一台扫描器会识读纸箱上的条码。如果这种品牌的烟正要发运，则该纸箱被拨入相应的装车线。如果需要入库，则由第三台扫描器识别其品牌，然后将其拨入相应的自动码托盘机，码成整托盘后通知运输机系统入库储存。条码的功能在于极大地提高了成品流通的效率，而且提高了库存管理的及时性和准确性。

物流条码技术给仓储现代化带来了更多的方便，它不仅使保管者提高效率、减少劳动，也为客户带来了间接的经济效益。

3. 机场通道

当机场的规模达到一个终端要在 2 h 内处理 10 个以上的航班时，就必须实现自动化，否则会因为来不及处理行李导致误机。当 1 h 必须处理 40 个航班时，实现自动化就是必不可少的了。

在自动化系统中，物流条码技术的优势就充分体现出来了，人们只需将条码标签按需要打印出来，系在每件行李上即可。根据国际航空运输协会(International Air Transport Association，IAIA)标准的要求，条码应包含航班号和目的地等信息。当运输系统把行李从登记处运到分拣系统时，一组通道式扫描器(通常由 8 个扫描器组成)会包围运输机的上下、前后和左右等侧面。扫描器对准每一个可能放标签的位置，甚至是行李的底部。为了提高首读率，通常会印制两个相同的条码，这两个条码在标签上互相垂直。当扫描器读到条码时，会将数据传输到分拣控制器中，然后根据对照表，行李就被自动分拣到了目的航班的传送带上。

在大的机场，每小时可能要处理 80~100 个航班，这使得首读率特别重要。任何未被扫描器读出的行李都将被分拣到人工编码点，由人工输入数据，速度是每分钟 10~20 件。对于印刷清晰、装载有序的自动分拣系统，首读率应该大于90%。

2.3　射频识别技术

2.3.1　射频识别技术的基础知识

1. 射频识别技术的概念

射频(Radio Frequency，RF)技术也称为无线射频技术或无线电射频技术，是一种无线电通信技术，其基本原理是电磁理论，利用无线电波对记录媒体进行读写。RF 技术以无线信道作为传输媒介，具有建网迅速、通信灵活的特点，可以为用户提供快捷、方便、实时的网络连接，是实现无线通信的关键技术之一。

射频识别(Radio Frequency Identification，RFID)技术是指利用射频信号及其空间耦合(交变磁场或电磁场)和传输特性进行非接触双向通信，实现对静止或移动物体的自动识别，并进行数据交换的一项自动识别技术。

简单地说，RFID 技术就是利用无线电波读写并交换数据信息的一种自动识别技术。自动识别技术有两种形式，即特征识别和定义识别。RFID 技术属于定义识别技术，它是一种通过人为地赋予人或物一个具有唯一性代码的自动识别技术。

2. 射频识别技术的特点

RFID 技术在本质上是物品标识的一种手段，它被认为将最终取代现今应用非常广泛的传统条码，成为物品标识的最有效方式，它具有一些非常明显的优点。RFID 技术与条码技术在各个功能方面的对比如表 2-3 所示。

表 2-3　RFID 技术与条码技术在各个功能方面的对比

功　能	RFID 技术	条码技术
读取数量	可以同时读取多个 RFID 标签资料	只能一次读取一个
远距离读取	不需要光线就可以读取或者更新	读取条码时需要光线
资料容量	存储资料的容量大	存储资料的容量小
读写能力	电子资料可以反复读取	条码资料不可更新
读取方便性	隐藏在包装内仍可读取	读取时条码应清晰可见
资料正确性	正确性高	条码要靠人工读取，有人为错误的可能
对环境的要求	在恶劣和污染放射的环境下仍可读取	环境要整洁
高速读取	可以进行高速移动读取	移动时读取有所限制

2.3.2　射频识别系统的组成

RFID 系统因应用不同其组成会有所不同，但基本都是由电子标签、读写器和天线组成的。

1. 电子标签

电子标签(Tag)又称为射频标签、应答器或射频卡，其附着在待识别的物品上。每个电子标签都具有唯一的电子编码，电子编码是 RFID 系统真正的数据载体。从技术角度来说，射频识别系统的核心是电子标签，读写器是根据电子标签的性能而设计的。在 RFID 系统中，电子标签的价格远比读写器低，但电子标签数量很大，应用场合多样，其组成、外形和特点也各不相同。RFID 技术以电子标签代替条码，对物品进行非接触自动识别，可以实现自动收集物品信息的功能。电子标签具有确定的使用年限，使用期内不需要维修。

1) 电子标签的基本组成

一般情况下，电子标签由电子标签专用的芯片和天线组成，以维持被识别物品信息的完整性，并随时可以将信息传输给读写器。芯片用来存储物品的数据，天线则用来收发无线电波。电子标签的芯片很小，厚度一般不超过 0.35 mm；而天线的尺寸一般要比芯片大许多，天线的形状与工作频率等有关。封装后的电子标签尺寸可以小到 2 mm，也可以像身份证那么大。根据电子标签类型和应用需求的不同，电子标签能够携带的数据信息量有很大差异，范围从几比特到几兆比特。电子标签与读写器之间通过电磁波进行通信，电子标签可以看成一个特殊的收发信机。电子标签中各组成部分的功能如下：

(1) 电子标签芯片具有一定的存储容量，可以存储被识别物体的相关信息。电子标签芯片对标签接收的信号进行解调、解码等各种处理，并对标签需要返回的信号进行编码、调制等各种处理。

(2) 电子标签天线用于收集读写器发射到空间的电磁波，并把标签本身的数据信号以电磁波的形式发射出去。

2) 电子标签的结构形式

电子标签可能是独立的标签形式，也可能与诸如汽车点火钥匙等一样集成在一起进行制造。电子标签的外形会受到天线形状的影响，是否需要电池也会影响电子标签的设计。为了满足不同的应用需求，电子标签的结构形式多种多样，主要有卡片型、标签类和植入式等。

(1) 卡片型电子标签。如果将电子标签的芯片和天线封装成卡片形状，就制成了卡片型电子标签。卡片型电子标签也常称为射频卡。例如，我国第二代身份证、城市一卡通、门禁卡和银行卡等都属于卡片型电子标签。

(2) 标签类电子标签。标签类电子标签形状多样，有条型、盘型、钥匙扣型和手表型等，可用于物品识别和电子计费等。

(3) 植入式电子标签。与其他电子标签相比，植入式电子标签的体积很小。例如，动物跟踪标签的直径比铅笔芯还小，该标签可以被嵌入动物的皮肤下。将 RFID 电子标签植入动物的皮肤下，称为"芯片植入"，这种方式近年来得到了很大的发展。这种电子标签采用玻璃封装，然后通过注射的方式植入狗或猫的皮下，以此来代替传统的狗牌或猫牌进行信息管理。

2. 读写器

读写器也称为阅读器或询问器(Reader)，是对 RFID 标签进行读写操作的设备，如图 2-8 所示。它通常由耦合模块、收发模块、控制模块和接口单元组成。读写器是 RFID 系统中最重要的基础设施。一方面，RFID 标签返回的微弱电磁信号通过天线进入读写器的射频模块中，并转换为数字信号，再经过读写器的数字信号处理单元对其进行必要的加工整形，最后从中解调出返回的信息，完成对 RFID 标签的识别或读写操作；另一方面，上层中间件及应用软件与读写器进行交互，实现操作指令的执行和数据汇总上传。未来的读写器将更加智能化、小型化和集成化，还将具备更加强大的前端控制功能。在物联网中，读写器将成为同时具有通信、控制和计算功能的核心设备。

图 2-8　读写器

3. 天线

天线(Antenna)是 RFID 标签和读写器之间实现射频信号空间传播和建立无线通信连接的设备，如图 2-9 所示。RFID 系统中包括两类天线：一类是 RFID 标签上的天线；另一类是读写器天线，既可以内置于读写器中，也可以通过同轴电缆与读写器的射频输出端口相连。目前的天线产品多采用收发分离技术来实现发射和接收功能的集成。

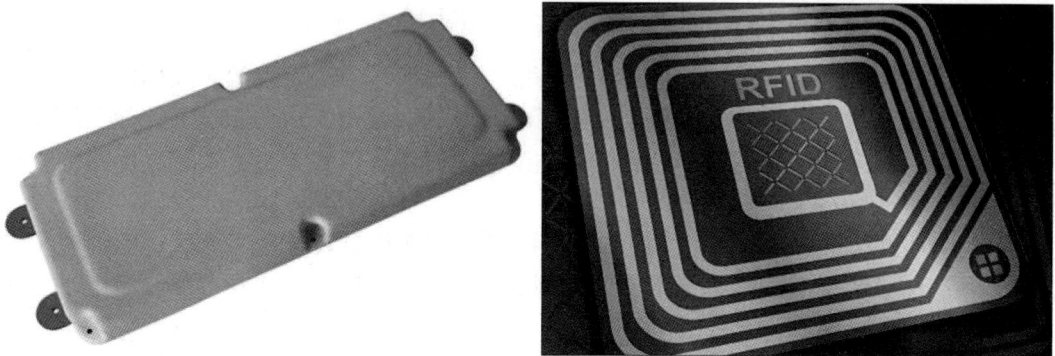

图 2-9   天线

2.3.3 射频识别技术的工作原理

射频识别技术的基本原理是电磁理论，利用无线电波对记录媒体进行读写。射频识别技术利用无线射频方式在阅读器和射频卡之间进行非接触双向数据传输，以达到目标识别和数据交换的目的。

射频自动识别装置发出微波查询信号时，安装在被识别物体上的电子标签将接收到的部分微波的能量转换为直流电，供电子标签内部电路工作，而将另外部分微波通过自己的微带天线反射回电子标签读出装置。由电子标签反射回的微波信号携带了电子标签内部储存的数据信息，反射回的微波信号经读出装置进行数据处理后，将得到电子标签内储存的识别代码信息。射频识别技术的工作原理如图 2-10 所示。

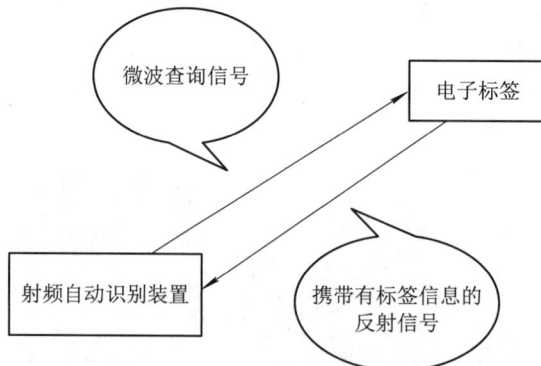

图 2-10   射频识别技术的工作原理

一般情况下，可以用两个参数来衡量数据在空气介质中的传播，即数据传输的速度和数据传输的距离。由于标签的体积和电能有限，所以从标签中发出的无线信号是非常弱的，信号传输的速度与距离就很有限。为了实现数据高速、远距离传输，必须把数据信号叠加在一个规则变化的且信号比较强的电波上，这个过程叫作调制，规则变化的电波叫作载波。在 RFID 系统中，载波电波一般由读写器或编程器发出。有多种方法可以实现数据在载波上的调制，例如，用数据信息改变载波的波幅叫作调频，用数据信息改变载波的相位叫作调相。

　　在实际应用中，影响数据传输距离的首要因素是载波信号与标签中数据信号的强度，载波信号的强度受读写器功率大小控制，标签中数据信号的强度由标签自带电池功率(主动式标签)或标签可以产生的电能(被动式标签)大小决定。一般来说，读写器和标签的功率越大，载波信号和数据信号越强，数据传输的距离就越远。无线电波在空气介质中传播，随着传播的距离越来越远，信号的强度会越来越弱。从理论上说，无线电波的衰减程度与传输距离的平方成正比。在系统实际应用中应该注意的是，不能为了加大数据传输的距离而无限制地提高读写器和标签的功率，因为与载波频率一样，无线电波的功率是受到政府管制的。除了系统功率影响数据传输的距离，空气介质的性质和数据传输的路径也显著影响数据传输的距离。空气介质的性质包括空气的密度、湿度等。一般来说，采用的载波频率越高，空气性质越不同，对数据传输距离的影响越明显。空气的湿度越大或者空气的密度越高，对无线电波的吸收越严重，数据传输的距离就越小。另外，如果数据传输路径中有许多障碍物，也会显著影响数据传输的距离，因为当无线电波碰到障碍物时，物体一般都会对无线电波产生吸收和反射作用，考虑到受空气的性质和数据传输中障碍物的影响，无线电波衰减的程度有时可以达到与传输距离的四次方成正比。影响数据传输距离的因素还包括发射、接收天线的设计和布置，噪声干扰等。

　　随着 RFID 与通信技术的进一步发展，商业无线数据传输打破了传统窄带传输方式的限制，不再使用比较单一的载波频率传输数据，而广泛使用扩频技术，即有一定范围的频率来传输数据。使用宽带频率传输数据最明显的优势是数据传输的速度进一步加快，还有就是，当一个频率的载波线路繁忙或出现故障时，可以通过别的频率载波线路传输，因而可靠性更高。

2.3.4　射频识别技术与智能跟踪

　　随着社会的不断发展，人们对于商品的要求越来越高，主要体现在商品质量方面。要想保障商品质量，企业就需要掌握整个商品的全部运转过程。但是通常对于商品质量的监督检查都是在采购过程及销售过程中进行的，而对于中间的物流过程则很难掌握，这无形中使得对商品的全方位掌控成为难题。

　　智能跟踪系统是各种数据采集、存储、传输、处理、信息解释和信息发布技术以及物流管理思想的综合集成。通过建立这样一个系统，可以实时跟踪货物在途情况(货物位置、状态、装卸送达等)，提供一些增值性物流服务，从而满足现代商务对物流的需求。在智能跟踪系统中，设备不仅能收集自己的数据，而且能对其进行分析，快速找出问题所在，并自主执行必要的行动。

通常，对于产品流通过程可采取信息跟踪模式。在这一信息跟踪系统中，产品从产地经过批发、零售等环节，最终到达消费者手中的全过程，都受到跟踪和监控。这一过程涉及仓储、运输、装卸、搬运等一系列环节。

以往，对于有较高质量要求的商品实行全方位监控，通常通过人工记录的方式来进行。其做法是，在固定的时间间隔(或者在不同的操作阶段)，由工作人员对物品的温度、湿度等需要掌控的数据进行检测、记录，从而形成一个过程记录文件，以供企业使用。这种方式，虽然能够在一定程度上解决在物品物流过程中的监控问题，但是费时、费力，而且还可能出现破坏商品环境以及人为修改数据的现象，导致对物品的监控过程不够有效。

RFID 技术的产生，为这一问题提供了很好的解决方案。由于 RFID 技术能够在较远的距离(与条码技术相比较)内实现对物品的监控，并且可以对物品所处环境的温度进行检测，这就为商品的智能跟踪提供了可能。

在对物品进行跟踪时，RFID 标签可以自动记录物品所处环境的各种状态数据，如温度、湿度、时间等，并与相应的数据库相连。通过系统对标签的响应时间进行设定，RFID 标签就会在相应的时间内做出各种数据记录，并传给数据库，这样就省掉了每次需要人工检测记录的程序，并且没有存储设备的开关过程，也就不会破坏商品环境。同时，可以对数据库的信息进行设定，使其不能被修改，这样就可以保证数据的准确性，从而使得对物品整个过程的监控科学有效。

由于与 RFID 相关的很多行业标准尚未统一，并且与条码相比，RFID 的成本相对较高，因此，目前 RFID 对于物品的智能跟踪的应用，仅限于一些价值高、质量要求严格的物品，而对于更多的物品则没有实现这种智能跟踪。但我们相信，随着技术的不断发展以及应用范围的不断扩大，RFID 达到规模生产之后，其成本会降低到一个合理的、能够被承受的价格，为 RFID 发挥其智能跟踪作用提供成本优势；并且随着各行业、各部门的不断努力，RFID 技术的相关行业标准会很快被建立，为 RFID 的应用提供更好的标准基础。

2.3.5 射频识别技术在智能物流中的应用

RFID 技术在智能物流中各个环节的应用，有效地解决了供应链上各项业务过程的控制与跟踪，以及减少出错率等难题，从质量控制、自动化管理到装箱销售、出口验证、到港分发、零售上架等各个物流环节都因 RFID 的应用实现了前所未有的便利和高效。RFID 在物流领域的应用主要体现在 6 个方面。

1. 生产方面

无线射频技术在生产方面主要应用于自动化生产线的运作。在自动化生产过程中通过应用 RFID 技术，可以利用标签快速准确地从种类繁多的库存中找出适当工位所需的原材料和零部件，并结合运输系统及传输设备，实现物料的转移，从而实现对原材料、零部件、半成品以及最终成品在整个生产过程中的识别与跟踪，降低人工识别的成本和出错率，从而提高生产效率和企业效益。同时，应用 RFID 技术还能对生产过程实现自动监控，及时根据生产进度发出补货信息，从而协助生产管理人员实现对流水线均衡协调，确保稳步生产。另外，通过应用 RFID 技术也可以加强对产品质量的控制与追踪。

2．存储方面

RFID 技术在存储方面主要应用于货物存取与库存盘点。可将标签贴在每个货物的包装上或盘上，并在标签中写入货物的相关信息。同时，在货物进出仓库时可在标签中写入货物存取的相关信息，在仓库内和各经销管道设置阅读器，以实现货物存取控制与库存盘点。也就是说，RFID 系统可以自动记录入库、出库信息，入库时仓储管理系统会给出一个适当的储存位置，出库时仓储管理系统可以知道货物出自哪个存储位置、由哪辆车运走。利用标签中提供的相关产品现有库存情况的准确信息，管理人员可快速识别并统计现有库存状况，从而实现快速盘点。同时，可以使商品的登记自动化，在盘点时无须人工检查或条码扫描，使盘点工作更加快速准确。因此，应用 RFID 技术既增强了作业的准确性和快捷性，提高了服务质量，降低了成本，又节省了劳动力和库存空间。

3．运输方面

很多货物在被运输时，我们都需要准确地知道它的位置，如危险品、高值物品等。为运输的货物和车辆贴上 RFID 标签，沿线安装的 RFID 设备可跟踪运输的全过程，在途运输并结合 GPS 系统，企业可以实时掌握货物的位置。状态及运输进度，从而及时调整运输计划，应对突发情况。将 RFID 标签的信息和生产供应商发来的数据进行比较，立即就能知道来货是否有误、是否差数，从而可以采取拒收或查验等措施，避免货物的丢失和发错货。同时，更新标签上的信息(如商品的存放地点和状态)，把更新后的信息传回中央数据库，并进行记录，就可以随时了解货物的实际位置以及其他相关信息。

4．配送方面

在配送环节，采用射频识别技术的主要目的是加快配送的速度和提高拣选与分发过程的效率及准确率，并能减少劳动力需求、降低配送成本。如果到达中央配送中心的所有商品都贴有 RFID 标签，在进入中央配送中心时，托盘通过一个阅读器就可以读取所有货箱上的标签内容。系统将这些信息与发货记录进行核对，以检测出可能的错误，然后将 RFID 标签更新为最新的商品存放地点和状态。

5．销售方面

RFID 技术可以改进零售商的库存管理，实现适时补货，有效跟踪运输与库存，提高效率，减少出错。同时，RFID 标签还能对某些时效性强的商品的有效期限进行监控。在销售商品时，商店还能利用 RFID 系统在付款台实现自动扫描和计费，从而取代人工收款。

在集中式数据中心货物流转过程中所发生的每个位置变化被传回中央数据库，并进行记录，可实时了解货物的实际位置，并可全程追踪所有的流转环节。通过全程追踪可改善丢货、错货的问题，还能节省相关成本，从而赢得市场空间。而且全程追踪可使企业实时了解商品的销售、仓储等动态数据。

6．回收方面

当发现缺陷或不合格的产品时，就可以很容易地找到问题的来源，便于回收有问题的产品。例如，当顾客买到一件不合格的商品时，他可以找零售商换取合格的商品；然后零售商通过 RFID 标签查询到该商品的生产地，就可以将这个不合格的商品退回到生产商处；

生产商再通过 RFID 标签对产品路径跟踪系统进行查询，就可以知道该产品在哪个工序中出了问题，从而对该产品进行改造，也可以让生产商避免再犯同样的错误。

习　题

1. 结合实例说明条码技术在物流领域中的应用。
2. 什么是射频识别技术？
3. RFID 系统的分类有哪些？
4. 简述 RFID 技术在物流领域的应用。

第 3 章

智能物流中的电子数据交换(EDI)技术

案例导入

中远国际货运有限公司 EDI 系统

中远国际货运有限公司具有良好的计算机应用基础。该公司对大量的货物运输数据等全部业务都用计算机来处理，即从客户提交数据到公司签发提单给客户，全部采用计算机处理。传统的订舱方式是客户利用传真和信件的方式来传递双方的大量数据，该方式存在很多缺点，主要有：货代公司收到传真或信件传来的数据后，需要将其输入公司内部信息系统，工作量非常大，必须投入大量人力来处理这些数据；对如此大量的数据重新输入，很容易出现差错，出错后就会引起货代公司与客户之间业务上的纠纷，给公司带来麻烦和经济损失。

1997 年年初，上海中远国际货运有限公司开始用电子订舱的方式逐步取代传统的传真和信件方式，最终成功开发了中远国际货运有限公司 EDI 系统。在上海中远国际货运有限公司 EDI 系统开发成功的基础上，进一步将其推广到中国远洋集团公司所属在各港口城市的中远国际货运有限公司。各地中远国际货运有限公司在互联网上建立公司网址(如上海中远国际货运有限公司网址为 www.cosfresh.com)，开发基于互联网的 Web 页，主要提供下面4 种功能：

(1) 信息发布。公司在网上发布公司的各航线、航期和运价等。

(2) 网上查询。根据公司网上发布的信息，客户可以通过互联网进行查询，就能够进行比较，选择不同的公司运价和航期。

(3) 网上订舱。客户可以通过互联网来实现订舱。

(4) 订舱反馈。订舱的客户可以通过互联网查询到货物的现状，跟踪其货物。

客户还可通过互联网得到公司的反馈，既快捷又方便。如果客户需要运输一批货物，出发地是长春，目的地是汉堡，则货物所走路线为：长春→大连→上海→香港→台湾→巴生→鹿特丹→汉堡。客户可将这批货物的数据，如名称、品种、重量、日期、目的地等，通过互联网告知中远国际货运有限公司，中远国际货运有限公司就会为客户办理单证，包括订舱、运输、报关、收费等，然后给客户签发提单。提单相当于收据，具有法律效力。客户将提单传给汉堡的收货人，收货人就可凭提单在汉堡提货。

中远国际货运有限公司 EDI 系统的主要功能如下：

(1) 货运公报。货运公报用于发布船期更改等与货运有关的信息。

(2) 船期表。可以在系统中查询所需的船期表信息。系统会提供详细的船期信息，包括航次、装货港、卸货港、预计到港时间等。

(3) 运价。运价是指中远国际货运有限公司公布的从上海(或大连、天津、青岛等)到世界各地的海运费、中转费、附加费和内陆运输的包干费用。

(4) 订舱。可直接输入/更改货运订舱委托数据，并查询委托受理的船名、航次、提单号以及运费、流转情况等信息。

(5) 货物跟踪。目前，中远国际货运有限公司 EDI 系统可以提供按月提单号或箱号查询中远集装箱承运上海港进、出港(包括中转)委托货物信息。

中远国际货运有限公司 EDI 系统投入运行后，给企业带来的各方面效益是非常明显的，提升了企业形象和增强了企业竞争力。同时，企业通过采用新的信息技术，完善了对客户的信息服务功能，也提高了服务质量。

3.1　EDI 概述

3.1.1　EDI 的基本概念

EDI(电子数据交换)是 20 世纪 80 年代发展起来的一种新兴的电子化贸易工具，是计算机、通信和现代管理技术相结合的产物，是一种在公司之间传输订单、发票等作业文件的电子化手段。它通过计算机通信网络将贸易、运输、保险、银行和海关等行业信息，用一种国际公认的标准格式，完成各有关部门、各公司或各企业之间的数据交换与处理，实现以贸易为中心的全部交易过程。由于使用 EDI 可以减少甚至消除贸易过程中的纸面文件，因此 EDI 又被人们通俗地称为"无纸贸易"。

国际标准化组织(ISO)将 EDI 定义为："将商业或行政事务处理，按照一个公认的标准，形成结构化的事务处理或信息数据格式，从计算机到计算机的电子传输方式。"国际电信联盟远程通信标准化组织(ITU-T)将 EDI 定义为："从计算机到计算机之间的结构化的事务数据互换。"总之，EDI 指的是按照协议对具有一定结构特征的标准经济信息，通过电子数据通信网，在商业贸易伙伴的计算机系统之间进行交换和自动处理的全过程。

从上述定义中，可以归纳出以下几点：

(1) EDI 技术是计算机系统之间所进行的电子信息传输。

(2) EDI 技术是标准格式和结构化电子数据的交换。

(3) EDI 技术是由发送者和接收者达成一致的标准和结构。

(4) EDI 技术是由计算机读取而无须人工干预的。

(5) EDI 技术是为了满足商业用途的。

从上述 EDI 的定义和解释中可以看出，EDI 的实现需要 3 个方面的条件，即计算机应用、通信网络和数据标准化。其中，计算机应用是 EDI 的前提，通信网络是 EDI 的基础，数据标准化是 EDI 的特征，这 3 个方面相互衔接、相互依存。

3.1.2　EDI 的分类

根据 EDI 的作用和功能，可将 EDI 分为 4 类。

1. 贸易数据交换类 EDI

贸易数据交换类 EDI 是一种最基本、应用范围最广的 EDI，主要用电子数据文件来传输订单、货票、发票、通知等。这种 EDI 系统又称为订货信息系统或者贸易数据交换系统(Trade Data Interchange，TDI)。

2. 电子金融汇兑类 EDI

电子金融汇兑类 EDI 最通常的表现形式是电子资金转账(Electronic Funds Transfer，EFT)系统，即在应用 EDI 的企业与银行间进行电子费用的汇兑。目前，EFT 系统正与电子订货系统进行有效的整合，以形成自动化水平更高的订货、支付一体化系统。

3. 交互式 EDI

交互式 EDI 也称为交互式应答系统(Interactive Query Response，IQR)。这种 EDI 在应用时需要先咨询一些与订货相关的内容，然后根据需要再确定具体的条款。这种系统的运用十分广泛，它可以被应用在旅行社或者航空公司作为机票预订系统，旅客可以直接通过交互式 EDI 询问到达某一地的航班，并且打印机票。交互式 EDI 系统能够准确获知系统信息，无须查阅就立即显示，这不仅加快了运作速度，还有效地降低了客户的询问成本，被称为真正的便民服务系统。

4. 图形传送类 EDI

图形传送类 EDI 就是将带有图形的资料进行 EDI 传送，最常见的是将计算机辅助设计(Computer Aided Design，CAD)的图形进行传输。将交互式 EDI 和图形传送类 EDI 结合，就可以实现异地的同步设计。例如，设计公司完成一个厂房的平面布置图，将其平面布置图传输给厂房的主人，请主人提出修改意见；一旦设计被认可，系统将自动输出订单，发出购买建筑材料的报告，并且在这些建筑材料购买后自动开具收据。

3.1.3　EDI 的优势

EDI 传递的数据能被不同贸易伙伴的计算机系统识别和处理，其关键就在于其数据格式的标准化，即 EDI 标准。EDI 标准包括 EDI 网络通信标准、EDI 处理标准、EDI 联系标准和 EDI 语义语法标准等。

EDI 与其他通信手段，如传真、用户电报和电子邮箱等有着很大的区别，主要表现在以下几个方面：

(1) EDI 传输的是格式化的标准文件，并具有格式校验功能，而传真、用户电报和电子邮箱等传输的是自由格式的文件。

(2) EDI 能实现计算机到计算机的自动传输和自动处理，这是因为其对象是计算机系统，而传真、用户电报和电子邮箱等的用户是人，接收到的报文必须人为干预或人工处理。

(3) EDI 对于传送的文件具有追踪、确认、防篡改、防冒领、电子签名等一系列安全保密功能，而传真、用户电报和电子邮箱等没有这些功能。

(4) EDI 文件具有法律效力，而传真文件和电子邮箱文件没有法律效力。传真建立在电话上，用户电报建立在电报网上，而 EDI 和电子邮箱都建立在分组数据通信网上。

综上所述，EDI 的优势主要有以下几点：

(1) EDI 可以使企事业单位降低成本、提高工作效率。采用 EDI 之后，客户之间就完全可以通过计算机和网络来进行自动传输，尤其是单证的自动传输，使得客户之间的沟通更加快速，大大提高了工作效率。

(2) EDI 可以提高质量的管理模式。EDI 可以将企业内的诸多系统进行集成，如订单处理系统、自动订货系统、库存管理系统等，集成之后，可以对各种单证或者订单等进行快速的、自动的处理，同时还可以随时更新库存信息，如货品的数量等。

(3) EDI 已成为商业发展的标杆。目前，多数企业和公司都有对于 EDI 的技术要求，它已经成为企业进行商业竞争的一个利器。

3.2 EDI 系统结构及工作流程

3.2.1 EDI 系统结构

通过对 EDI 的定义进行分析可知，EDI 包含了 3 个方面的内容，即数据标准化、EDI 软件及硬件和通信网络，这 3 个方面共同构成了 EDI 的基础框架。

要想实现 EDI，需要配备相应的 EDI 软件和硬件。EDI 软件具有将用户数据库系统中的信息翻译成 EDI 的标准格式，以供传输交换的能力。由于 EDI 标准是由各企业、各地区代表共同讨论、制定的电子数据交换共同标准，可以使各组织之间的不同文件格式通过共同的标准达到彼此之间文件交换的目的。它具有足够的灵活性，可以适应不同行业的众多需求，所以，每个公司可有其自己规定的信息格式。因此，当需要发送 EDI 报文时，必须用某些方法从公司的专有数据库中提取信息，并把它翻译成 EDI 标准格式进行传输，这就需要 EDI 相关软件的帮助。EDI 软件包括转换软件、翻译软件和通信软件。EDI 硬件设备包括计算机、调制解调器及通信线路。

通信网络是实现 EDI 的手段。EDI 通信方式有多种，但归结起来可分为直接连接和通过增值网络连接两大类。

综上所述，EDI 系统结构如图 3-1 所示。

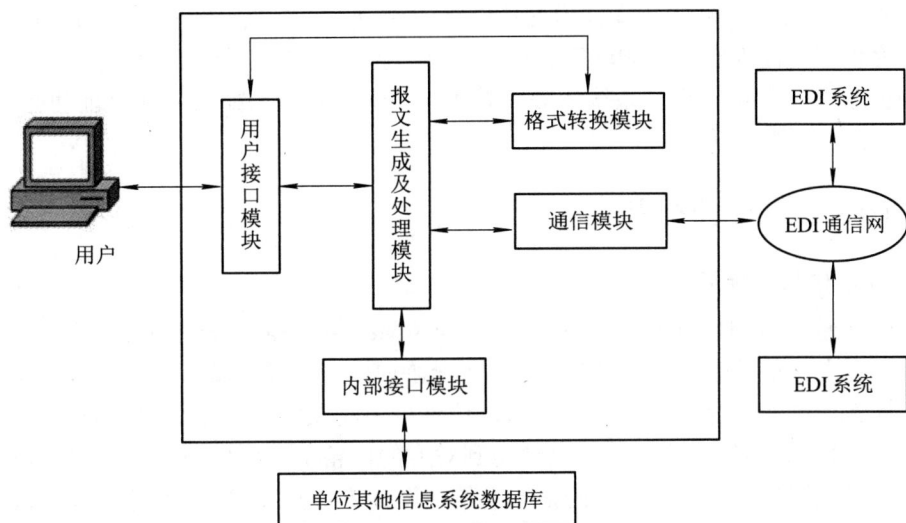

图 3-1　EDI 系统结构

由图 3-1 可知，EDI 系统的功能模块主要有用户接口模块、内部接口模块、报文生成及处理模块、格式转换模块和通信模块等。

1. 用户接口模块

业务管理者可利用用户接口模块进行输入、查询、统计、中断、打印等操作，及时了解市场变化，调整策略。

2. 内部接口模块

内部接口模块是 EDI 技术系统和本单位内部其他信息系统及数据库的接口，一份来自外部的 EDI 系统报文在经过技术处理之后，大部分相关内容都需要经过内部接口模块送往其他信息系统，或查询其他信息系统才能给对方 EDI 系统报文以确认的答复。

3. 报文生成及处理模块

报文生成及处理模块主要有以下两个功能：

(1) 该模块可以接收来自用户接口模块和内部接口模块的命令及信息，然后按照 EDI 技术标准生成订单、发票等各种 EDI 技术报文和单证，经格式转换模块处理之后，由通信模块发给其他 EDI 系统用户。

(2) 该模块可以自动处理由其他 EDI 系统发来的报文。在处理过程中要与本单位信息系统相连，从而获取必要信息并给其他 EDI 系统答复，同时将有关信息发送给本单位其他信息系统。例如，因特殊情况不能满足对方的要求，经双方 EDI 系统多次交涉后不能妥善解决时，则会把这一类事件提交给用户接口模块，由人工干预决策。

4. 格式转换模块

所有的 EDI 技术单证都必须转换成标准交换格式,在格式转换过程中要进行语法检查,对于语法出错的 EDI 技术报文应拒收并通知对方重发。

5. 通信模块

通信模块是 EDI 系统与 EDI 技术通信网络的接口，具有执行呼叫、自动重复、合法性和完整性检查、出错报警、自动应答、通信记录、报文拼装和拆卸等功能。

除以上功能模块外，EDI 系统还必须具备一些基本功能，如命名和寻址功能、安全功能、语义数据管理功能等。

3.2.2 EDI 系统的工作流程

1. EDI 通信与交换原理

当今世界通用的 EDI 通信网络是建立在 MHS(Message Handling System，消息处理系统)数据通信平台上的信箱系统，其通信机制是信箱间信息的存储和转发。它是通过在数据通信网上加挂大容量信息处理计算机，然后在计算机上建立信箱系统来实现的，通信双方需申请各自的信箱，其通信过程就是把文件传到对方的信箱中。文件交换由计算机自动完成，在发送文件时，用户只需进入自己的信箱系统。图 3-2 为 EDI 通信与交换原理示意图。

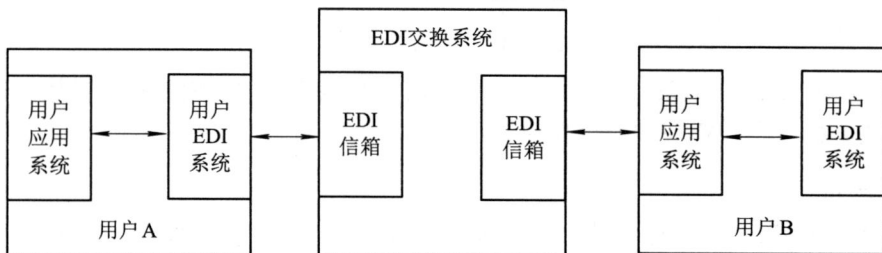

图 3-2　EDI 通信与交换原理

2. EDI 系统的工作流程

EDI 的实现过程就是用户将相关数据从自己的计算机信息系统传送到有关交易方的计算机信息系统的过程。该过程因用户应用以及外部通信环境的差异而不同。在有 EDI 增值服务的条件下，EDI 的实现过程如图 3-3 所示。

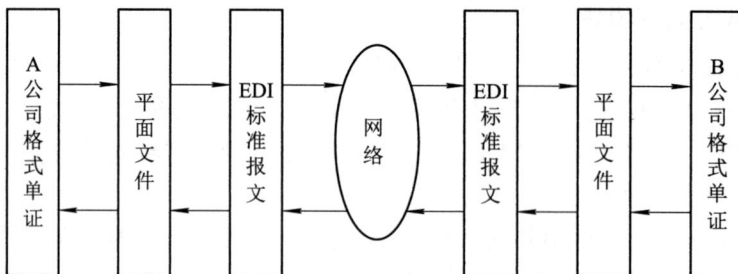

图 3-3　EDI 的实现过程

由图 3-3 可知，EDI 的实现过程如下：

(1) 发送方将要发送的数据从信息系统数据库提出，转换成平面文件(亦称为中间文件)。

(2) 报文生成及处理模块将平面文件翻译成标准的 EDI 文件。

(3) 通过网络发送 EDI 文件。

(4) 接收方从 EDI 信箱中收取文件。

(5) 将 EDI 文件拆开并翻译成平面文件。

(6) 格式转换模块将平面文件转换并在接收方信息系统中进行处理。

由于 EDI 服务方式不同,格式转换和翻译可能在不同位置(用户端、EDI 增值中心或其他网络服务点)进行,但基本步骤保持不变,其中后 3 步是前 3 步的逆过程,将前半部分的内容进行整合,即可得到 EDI 系统的工作流程,如图 3-4 所示。

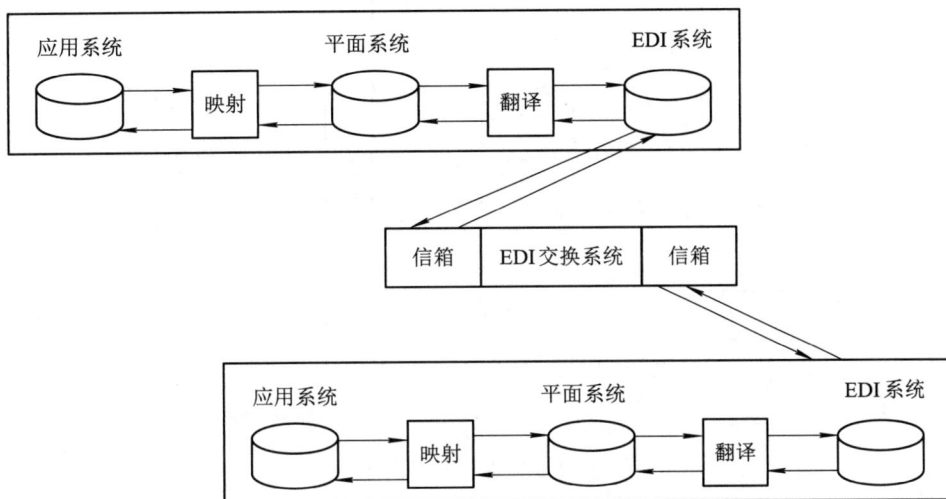

图 3-4　EDI 系统的工作流程

EDI 系统的工作流程主要包括映射、翻译、通信、EDI 文件的接收和处理等过程。

1. 映射(Mapping)——生成 EDI 平面文件

EDI 平面文件是通过应用系统将用户的应用文件(如单证、票据)或数据库中的数据映射成的一种标准中间文件,可直接阅读、显示和打印输出,这个过程称为映射。

2. 翻译(Translation)——生产 EDI 标准格式文件

翻译功能是将平面文件通过翻译软件(Translation Software)生成 EDI 标准格式文件。EDI 标准格式文件就是所谓的 EDI 电子单证,又称为电子票据,它是 EDI 用户之间进行贸易和业务往来的依据。EDI 标准格式文件是一种只有计算机才能阅读的 ASCII 文件。它是按照 EDI 标准的要求,将单证文件(平面文件)中的目录项加上特定的分割符、控制符和其他信息,生成的一种包括控制符、代码和单证信息在内的 ASCII 码文件。

3. 通信

这一步由计算机通信软件完成。用户通过通信网络接入 EDI 信箱系统,将 EDI 电子单证投递到对方的信箱中。EDI 信箱系统则自动完成投递和转接,并按照 X.400(或 X.435)通信协议的要求,为电子单证加上信封、信头、信尾、投送地址、安全要求及其他辅助信息。

4. EDI 文件的接收和处理

接收和处理过程是发送过程的逆过程。首先需要接收方通过通信网络接入 EDI 信箱系统,打开自己的信箱,将来函接收到自己的计算机中,经格式校验、翻译、映射还原成应用文件，然后对应用文件进行编辑、处理和回复。

图 3-5 是一家贸易公司用 EDI 系统实现报关的工作流程示意图。

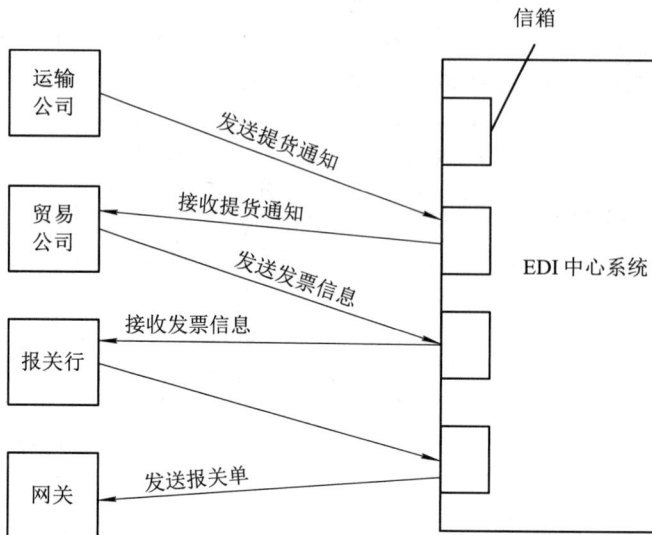

图 3-5　EDI 系统实现报关的工作流程

3.3　EDI 标准

3.3.1　EDI 标准概述

EDI 系统传递的数据能被不同贸易伙伴的计算机系统识别和处理，其关键就在于其数据格式的标准化，即执行 EDI 标准，这是整个 EDI 系统最关键的部分。由于 EDI 是以事先商定的报文格式进行数据传输和信息交换，因此制定统一的 EDI 标准至关重要。

20 世纪 60 年代就有国际组织开始研究 EDI 标准了。1987 年，联合国欧洲经济委员会综合了经过 10 多年实践的美国 ANSI X.12 系列标准和欧洲流行的贸易数据交换系统(TDI)标准，制定了用于行政、商业和运输行业的电子数据交换(EDI For Administration, Commerce and Transport，EDIFACT)标准。该标准的特点主要有：一是包含了贸易中所需的各类信息代码，适用范围较广；二是包括了报文、数据元、复合数据元、数据段、语法等，内容较完整；三是可以根据自己的需要进行扩充，应用比较灵活；四是适用于各类计算机和通信网络。因此，该标准被广泛应用。

目前，欧洲主要使用 EDIFACT 标准。欧洲汽车业、电子业和石油天然气等行业也于 1991 年全部采用 EDIFACT 标准。此外，建筑、保险等行业也宣布将放弃其行业标准，转而采用 EDIFACT 标准。然而，在北美则使用 ANSI X.12 标准，它已经遍及北美各个行业，并且已经有 100 多个数据交易集。

3.3.2　EDI 标准的内容

标准化的工作是实现 EDI 互联互通的前提和基础。EDI 标准包括 EDI 网络通信标准、EDI 处理标准、EDI 联系标准和 EDI 语义语法标准等。

1. EDI 网络通信标准

EDI 网络通信标准用于解决 EDI 通信网络应该建立在何种通信网络之上的问题，以保证各类 EDI 用户系统的互联。目前，国际上主要采用 MHX(X.400)作为 EDI 通信网络协议，以解决 EDI 的支持环境。

2. EDI 处理标准

EDI 处理标准是要研究那些不同地域和不同行业之间的各种 EDI 报文相互共有的"公共元素报文"的处理准则。它与数据库管理信息系统(如 MPRII)等接口有关。

3. EDI 联系标准

EDI 联系标准用于解决 EDI 用户所属的其他信息管理系统或者数据库与 EDI 系统之间的接口问题。

4. EDI 语义语法标准

EDI 语义语法标准又称为 EDI 报文标准，用于解决各种报文类型格式、数据元编码、字符集和语法规则以及报表生成应用程序设计语言等问题。这里的 EDI 语义语法标准又是 EDI 技术的核心。

将上述这些标准组合起来就形成了 EDI 标准化系统。

3.3.3　EDI 标准的分类

EDI 标准共有 4 种，分别为企业专用标准、行业标准、国家标准和国际标准。

1. 企业专用标准

当某一公司采用计算机进行管理时，就需要使输入计算机的数据或文件具有一定的格式。这种标准专门适用于某个公司的情况，并将该公司的数据都纳入这个标准中。

2. 行业标准

企业各自维持互不相通的数据标准，在 EDI 应用于商务领域的初期是在所难免的。但随着 EDI 应用的发展，各个企业都认识到，如果能把各个不同的企业专用标准统一成一个标准，就会给企业带来巨大的便利。在此共同的认识下，企业克服了在建立统一标准问题上的分歧，从而形成该行业中各企业共同采用的行业标准。

3. 国家标准

行业标准的出现和企业专有标准相比，是一个巨大的进步，但它还不是最终解决问题的方法。当一个公司的业务不限于本行业，还需要和其他行业有业务来往时，行业标准就有局限性了，这个公司可能被迫维持多种标准。于是，正如不同的企业专用标准最终会产生一个统一的行业标准那样，不同的行业标准也会促使大家去开发一种适用于各个行业的国家标准。国家标准具有足够的灵活性，以满足各个行业的需要。

4. 国际标准

20 世纪 90 年代是各国寻求实现一个世界范围内的 EDI 标准的时代。如果能有一种全球范围内的标准，其好处是十分明显的。目前，世界上通用的 EDI 标准有两个，即 ANSI X.12 标准和 EDIFACT 标准。近年来，联合国鉴于 EDI 有助于推动国际贸易程序与文件的简化，经有关标准化组织的工作，EDIFACT 已被作为事实上的 EDI 国际标准。目前，ANSI X.12 标准和 EDIFACT 标准已经被合并成为一套世界通用的 EDI 标准，可以使现行 EDI 客户的应用系统有效地移植过来。

3.4 物流 EDI 技术的应用

3.4.1 物流 EDI 概述

物流是最早应用 EDI 技术的行业之一，电子物流系统也是目前发展比较完善的 EDI 系统。利用 EDI 技术将运输、商检、报关、货物检查和跟踪等国际物流过程整合优化为一个有机的物流体系，给企业带来了巨大的经济效益。

1. 电子提单

EDI 系统可处理的物流单据包括电子提单、运输单据、贸易单据、海关单据、商检单据和其他有关单据。电子提单是利用 EDI 系统对在海运途中货物所有权进行转让的数字化物权证明。

1) 电子提单的优点

电子提单主要具有以下几个优点：

(1) 传送速度快。EDI 是使用网络交换电子信息的通信方式，提单背书和传送速度快，因而可以瞬间实现所有权的转移。在近海运输中，电子提单的使用有效地解决了货到港而装船单据未到给进口商造成滞提的问题。

(2) 可靠性强。出口商往往利用纸面提单传送速度快的特点在交货时间上做文章，通过 EDI 系统，进出口双方都可以监视电子提单的内容和跟踪物流动态，有效地防止了利用电子提单的欺诈行为。

(3) 使用安全。电子提单的信息是以加密方式传输的，其背书、交付和收取也要通过口令对当事人进行身份合法性验证，可避免误交和冒领。

2) 使用电子提单所需的条件

虽然电子提单有上述优点，但其使用和普及还受到一些客观条件的影响，主要表现在各国经济发展水平的差异以及由此产生的计算机和网络普及程度、物流设施、管理人员水平和法律方面的不协调。国际组织加强了对 EDI 的立法工作，《INCOTERMS 1990》及《跟单信用证统一惯例》等的出台为 EDI 合法化创造了条件，电子提单是电子商务发展的必然趋势。

2. 物流 EDI

EDI 最初由美国企业应用在企业间的订货业务活动中，其后 EDI 的应用范围从订货业务向其他业务扩展，如 POS 销售信息传送业务、库存管理业务、发货送货信息和支付信息的传送业务等。近年来，EDI 被广泛应用于物流中，因此也被称为物流 EDI。

所谓物流 EDI，是指货物业主、承运业主以及其他相关单位之间，通过 EDI 系统进行物流数据交换，并以此为基础实施物流作业活动的方法。物流 EDI 的参与单位有货物业主(如生产厂家、贸易商等)、承运业主(如独立的物流承运企业等)、实际运送货物的交通运输企业(如铁路企业、水运企业等)、协助单位(如政府有关部门、金融企业等)和其他物流相关单位(如专业报关业者等)。

物流 EDI 的框架结构如图 3-6 所示。

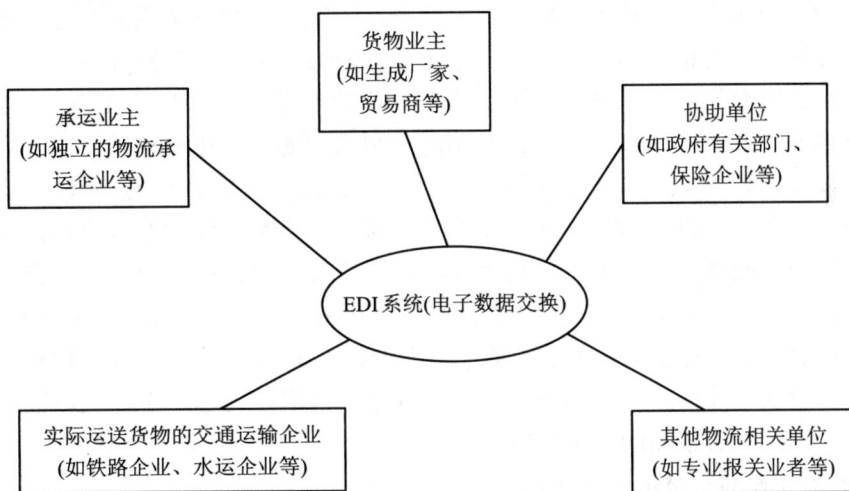

图 3-6　物流 EDI 的框架结构

货物业主、承运业主以及其他参与单位在使用物流 EDI 后主要的物流作业过程如下：

(1) 发送货物业主(如生产厂家)在接到订货后制订货物运送计划，并把运送货物的清单及运送时间等信息通过物流 EDI 系统发送给物流运输业主和接收货物业主(如零售商)，以便物流运输业主预先制订车辆调配计划和接收货物业主制订货物接收计划。

(2) 发送货物业主依据顾客订货的要求和货物运送计划下达发货指令、分拣配货、打印出物流条码的货物标签并贴在货物包装箱上，同时把运送货物的品种、数量、包装等信息通过 EDI 发送给承运业主和接收货物业主，并下达车辆调配指令。

(3) 承运业主在向发送货物业主取运货物时，利用车载扫描读数仪读取货物标签的物流条码，并与先前收到的货物运输数据进行核对，确认运送货物。

(4) 承运业主在物流中心对货物进行整理、集装，做成送货清单并通过 EDI 向接收货物业主发送发货信息。承运业主在货物运送的同时进行货物跟踪管理，并在将货物交给接收货物业主之后，通过 EDI 向发送货物业主发送完成运送业务信息和运费请示信息。

(5) 接收货物业主在货物到达时，利用扫描读数仪读取货物标签的货物条码，并与先前收到的货物运输数据进行核对确认，然后开出收货发票以及将货物入库。同时，接收货物业主通过 EDI 向承运业主和发送货物业主发送确认收货的信息。

3.4.2 物流 EDI 在物流领域中的应用

1. 物流 EDI 在集装箱配载中的应用

集装箱物流信息平台涉及多个单位和部门的业务数据，包括保税物流中心、集装箱物流企业、集装箱装拆物流中心、集装箱码头系统、检验检疫、税务、海关、银行等。这些数据往往呈现出多样性、异构性等特点，导致各单位和部门的业务系统相互连通困难。将 EDI 技术应用于集装箱物流信息平台，可将集装箱物流环节有关的信息系统连接起来，使用户可以通过平台交换信息、发布信息、完成交易；物流企业可以实现网上信息交换和物流操作；政府监管部门可以在线处理各相关企业提交的申报信息，并将处理结果快速及时地反馈给企业；而进出口企业则可以选择符合条件的物流提供商完成采购等行为；同时，银行、保险等服务机构也可以通过平台为企业提供金融、保险等业务服务。

EDI 在集装箱配载中的应用，是指通过 EDI 传输给船长或相关部门已经配载好的集装箱配载信息报文，通过软件解析生成配载图，无须重新配载的集装箱只要通过测试集装箱船舶的性能要素，如浮态、稳定性和强度等，就能衡量配载信息是否正确，之后重新配载不合理的少数集装箱。EDI 技术应用于集装箱配载，使集装箱船舶在港停留作业时间大大缩减，避免因重复配载而造成人力、物力和时间的浪费，并且可节约成本，带来巨大的经济效益，大大地促进集装箱贸易的增长。同时，以往采用人工、E-mail 或 Fax(传真)的方式传输集装箱配载信息，存在极大的安全隐患；而通过 EDI 传输数据，由于 EDI 具有安全保密技术，可以解决信息的完整性问题、可鉴别问题、保密性问题、不可抵赖性问题和可靠传输问题等，因此具有较高的实用价值。

2. 物流 EDI 在海关管理中的应用

海关作为国家进出境监督管理机关，是国际贸易信息交换枢纽之一，是整个贸易服务中的重要环节。EDI 通关系统也称为电子通关系统，涉及进出口货物报关、监管、审单、征税、放行等通关环节，在报关行、金融单位、仓储、运输企业和国际贸易行政管理等以海关为中心的部门中，实现申报、审单、征税、放行等自动化处理功能。在 EDI 通关系统中，贸易商利用网络提供通关所需的文件并获得核准，可以避免货品在海关延迟通关，既可减少复杂与不必要的通关文件，又可促进海关及相关企业工作的规范化和制度化，从而提高工作效率和工作质量。

目前，国际上很多国家都以海关 EDI 作为推广应用 EDI 的开始，并且规定若不采用 EDI 通关，海关清关手续则将被推迟办理，或不被选择为贸易伙伴。这项规定已成为一项新的贸易壁垒。EDI 海关在具体的应用中有 EDI 中心系统和用户端系统两个关键部分。

1) EDI 中心系统

EDI 中心系统作为海关信息系统的外部网，主要用于向社会提供报关服务，并且起到了隔离海关内部网与社会其他信息网的作用，使各个进出口企业既可以得到方便的 EDI 通关服务，又可以保证海关内部信息系统的安全。而且 EDI 中心系统支持多种通信协议和灵活的报文翻译功能，可以方便地与各种不同的系统连接。

2) 用户端系统

用户端系统通过各种通信线路连接到 EDI 中心系统，EDI 中心系统对这些数据进行查错、翻译、加密和解密等处理后发送给指定的海关主机系统。同样的方法，海关主机系统通过 EDI 中心系统将海关回执发送给各个 EDI 用户。EDI 系统的用户主要有各报关行、预录入公司等专业的进出口单证录入公司以及进出口货运、快递公司。目前，上海约有 80%的报关行及 60%的货运公司使用 EDI 系统。EDI 系统主要包括各种单证录入软件、通信软件和报文翻译软件等。

(1) 单证录入软件：主要完成舱单、报关单、合同备案、快递等单证的录入。在通关单证录入过程中，该系统实现了在 PC(Personal Computer，个人计算机)端进行脱机的数据管理功能，用户在 PC 上脱机输入表单，在需要传送或接收数据时才连接至海关的网络系统，从而尽可能地减少通信次数、通信量及服务器占用时间，并实现参数数据库的自动更新。单证录入软件依据海关通关业务的规范和要求，提供了丰富的报关自动化辅助决策表和数据代码表，帮助客户准确、快捷地录入报关数据，检查各项数据的合法性和合理性，提示报关单证是否齐全，保障了报关数据的正确性，同时采用菜单方式，结合多种形式的操作提示、帮助功能，简单易学，操作方便。

(2) 通信软件：主要完成 EDI 用户与 EDI 中心系统之间的报文发送和接收，通过 FTP(File Transfer Protocol，文件传输协议)使用文件格式发送，也可使用 E-mail 格式发送，或者使用 HTTP(Hyper Text Transfer Protocol，超文本传输协议)经 Web Server(网页服务器)发送。

(3) 报文翻译软件：主要用于把录入好的报关单数据文件或合同文件按 EDIFACT 标准翻译成报文格式(如 CUSDEC)发送到 EDI 中心系统。另外，把从 EDI 中心系统取回的海关回执报文(如 CUSRES)翻译成海关回执文件。

3. 物流 EDI 在出版数字物流中的应用

随着数字出版产业的快速发展，传统出版物流形态发生了裂变，出现了新型的出版数字物流形态，即新型的数字出版引入新型的物流形式——数字物流，在二者结合的基础上引入被誉为"无纸贸易"的电子数据交换技术，实现三者融合。

数字出版最大的贡献就是将出版行业带入了全数字化流程，使其从内容的生产到内容的分发再到内容的拾取都实现了数字化。这样，出版内容的频度和广度将被大幅度拓展，出版和发行也将变得更简单，为现代物流业的发展带来了新的机遇和挑战，并出现了数字物流这一出版物流的全新形态。2009—2010 年，我国政府出台了《文化产业振兴规划》《关于加快我国数字出版产业发展的若干意见》等一系列促进数字出版产业发展的积极政策和措施。2011 年，《新闻出版业"十二五"时期发展规划》更是将数字出版列为重点发展方向。另外，各地政府也纷纷出台促进数字出版业发展的优惠政策和扶持措施，上海、重庆、广东、浙江、湖南等地陆续成立国家级数字出版产业园区、数字出版基地，通过数字出版基地建设，整合解决数字出版发展过程中的资金、用地、人才、项目开发和产品研发等一系列问题，数字出版产业发展的政策环境得到进一步优化。2023 年，我国数字出版产业规模达 16 179.68 亿元，同比增长 19.08%。中国新闻出版研究院发布的《2023—2024 中国数字出版产业年度报告》显示，我国数字出版产业持续推进高质量发展，展现出数字化"赋能"、精品化"点睛"、国际化"十足"的新活力。

EDI 系统为数字出版业带来了很多便利。其一，可通过计算机通信网络接收来自用户的 EDI 方式的订货单，数字出版业的 EDI 系统随即检查订货单是否符合要求，然后用 EDI 系统与传统出版社或作者确认，收到传统出版社或作者的确认信息后，再向用户回送确认信息。随后，用户收到 EDI 系统的确认单，利用数字物流方式，从网上下载电子书或其他形式的电子数据，也可通过印刷终端买进实体出版物。其二，数字出版业向用户开具 EDI 发票，与银行以 EDI 方式结算账目等，同时银行向传统出版社等转账支付。其三，作者可通过 EDI 方式将作品传给传统出版社，由其传给数字出版企业，或作者直接将作品通过 EDI 方式交给数字出版企业，这样有利于分清版权。其四，利用 EDI 技术，作者可"自助出版"，即自己将所写的内容放到网站上，供读者阅读，加快出书速度并实现个性化出版。其五，技术提供商向数字出版业提供平台支持、内容加工、内容代理发行等业务，数字营销商提供营销推广，技术提供商之间通过 EDI 技术互联互通，强强联合，共享客户资源，从而形成产业竞争优势。

数字出版业必须得到政府政策的支持和运行企业的监管，实现平台的可控性，以利于出版数字物流业的良性、快速发展。出版数字物流 EDI 系统如图 3-7 所示。

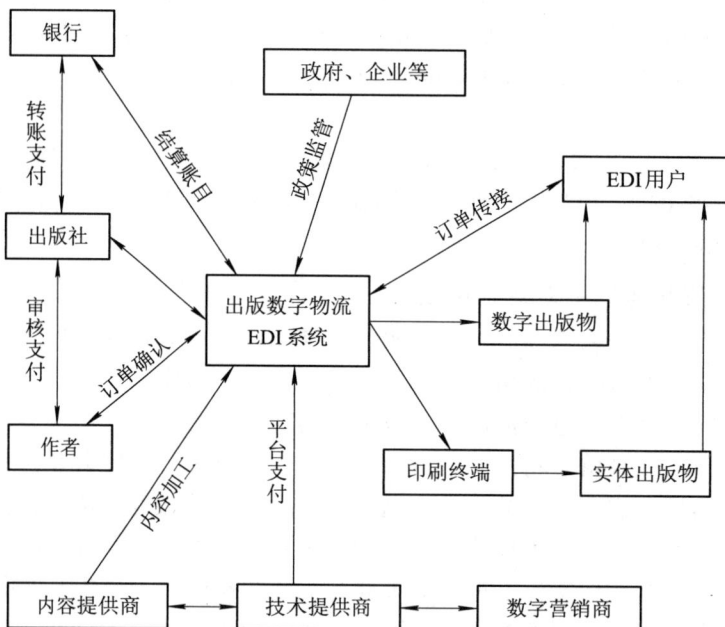

图 3-7　出版数字物流 EDI 系统

4. 物流 EDI 在超市物流中的应用

对于超市零售业来说，EDI 的应用范围已从订货业务扩展到销售、库存管库、发货及支付等业务。利用 EDI 可以建立快速响应系统，减少商场的库存量与空架率，加速资金周转，降低物流成本；同时，也可以建立物流配送体系，完成产、存、运、销一体化的供应链管理。连锁超市企业可以灵活地采用物流 EDI 共同化的联盟方式，通过建立企业间联合组建的物流体系，处理企业营运中有关物品流动的相关业务，解决单一企业对物流系统投资的不经济或低效率等问题。共同化的物流联盟方式可以使连锁超市企业最大限度地利用有限的资源、降低风险和运营成本，通过共同采购或配送货物来获取规模效益，并尽快实现物流管理的现代化。

5. 物流 EDI 在物流配送中的应用

在企业物流配送供应链管理体系中，每天都要发生数以万计、百万计的交易。传统的手工处理方法以及相对落后的计算机信息处理方法，已经远远不能满足日益增长的业务需要。因此，迫切需要利用现代信息技术进行精确、可靠及快速的采集和传送。EDI 技术应用于物流配送中的优点如下：

(1) 节约时间、降低成本。由于单证在贸易伙伴之间的传递是完全自动的，所以不再需要输入传真和电话通知等重复性的工作，从而可以极大地提高企业的工作效率并降低运作成本，使沟通更快更准。

(2) 提高管理和服务质量。将 EDI 技术与企业内部的仓储管理系统、自动补货系统、订单处理系统等企业管理信息系统(Management Information System，MIS)集成使用后，可以实现商业单证快速交换和自动处理，简化采购程序，减少营运资金及存货量，改善现金流动情况等，也可使企业可以更快地对客户的需求进行响应。

3.4.3　物流 EDI 的优势

物流 EDI 的优势主要有 4 点。

1. 节省时间和资金，提高工作效率和竞争力

一般企业采用 EDI 之后，在全球范围内发送一份电子单证只要几秒，由于数据通过电子网络传输，订单能更快地被接收，发票能在更短的时间内投递，数据能立即进行处理，订购、制造和货运之间的周期被大大缩短，从而减少了库存开销。同时，因为 EDI 具有安全保密技术，所以实现了数据标准化及计算机自动识别和处理，消除了人工干预和错误，减少了人工和纸张费用。

2. 提升客户体验

EDI 也是一种提升客户体验的手段，它巩固了 EDI 贸易伙伴之间的市场和分销关系，提高了办事效率，加快了对客户需求的响应。

3. 消除纸面作业和重复劳动

经济的增长伴随着各种贸易单证、文件数量的激增。有关统计显示了用纸量超速增长的规律：年国民生产总值每增加 100 亿元，用纸量就会增加 8 万吨。此外，在各类单证中有相当大的一部分数据是重复出现的，需要反复录入，这就造成了人力和时间的浪费，也降低了效率。纸面贸易文件成了阻碍贸易发展的一个比较突出的因素，EDI 能够有效地解决该问题。

4. 扩展了客户群

许多大的制造商和零售商都要求其供应商应用 EDI，当它们评估一种新的产品或一个新的供应商时，EDI 实施能力是一个重要的考察因素。由于 EDI 的应用领域很广，一个具有 EDI 实施能力的公司无疑会扩大其客户群，带来更多的收益。

EDI 在诞生之初应用成本较高，这是因为通过 VAN(Value Added Network，增值网络)进行通信的成本高，而且制定和满足 EDI 标准较为困难。但是近年来，虚拟专用网(Virtual Private Network，VPN)及互联网的迅速普及，为物流信息活动提供了快速、简便、廉价的通信方式，为企业实施物流 EDI 提供了坚实的基础。

习　　题

1. 什么是电子数据交换技术？
2. EDI 有哪些类型？并简述其工作原理。
3. 物流电子数据交换有哪些技术？并分别说明其特征。

第4章

智能物流中的动态定位跟踪技术

案例导入

北斗助力打造水上智慧交通运管体系

2020 年 9 月，为加快数字航道建设，长江岳阳航道管理部门积极推广北斗等新科技的应用，打造了以"北斗定位数字管理系统"为代表的水上智慧交通运管体系。

1. 北斗为航标船管理提供技术保障

长江干线湖南段共设置了数百艘航标船，这些航标船上均配备安装了北斗定位装置。依托北斗系统高精度定位及授时功能，管理人员只需在北斗定位数字管理系统平台调取船舶标志，就能清晰地看到运行轨迹、地理位置等信息，北斗系统为维护航道安全和水上活动提供了可靠的技术保障。

2. 北斗为航道行船安全保驾护航

在长江与洞庭湖交汇的三江口，往来船舶日均超过两百艘，航标船则是过往船舶航行的重要参照物。为保障航行安全，岳阳航道管理部门通过北斗定位数字管理系统每天实时监测航标船的位置及动态信息，借助北斗系统高精度定位功能，一旦发现航标船位置偏移，该管理系统将会自动报警。

3. 北斗为优化航标配布提供科学参考

航道处工作人员表示，安装了北斗终端的社会船舶也可接入航道处的北斗定位数字管理系统，他们可以通过社会船舶的航行轨迹来判断船舶的航行习惯，进而科学地优化新标配布。

4. 北斗系统可助力优化航标配布

目前，岳阳市不断深化推广北斗系统的应用，进一步提升有关部门的服务及科学化管理水平。据了解，各类北斗终端已在洞庭湖生态环境监测、交通运输、船舶管理等多个领域得到广泛应用。

4.1   全球定位系统(GPS)

美国从 20 世纪 70 年代开始研制 GPS(全球定位系统),耗资近 200 亿美元,GPS 于 1994 年全面建成,利用导航卫星进行测时和测距。GPS 虽然被称为全球定位系统,但只是 GNSS(Global Navigation Satellite System,全球导航卫星系统)中的一种。

1996 年,美国政府正式宣布将 GPS 开放为军民两用系统,但仍使用 SA(Selective Availability,可用性选择)政策,降低定位精度,使民用用户的应用受到限制。直到 2000 年 5 月 1 日,美国总统宣布取消 SA 政策,在很大程度上促进了民用 GPS 应用的发展和普及。

4.1.1   GPS 的定义

在 GPS 出现之前,远程导航与定位主要使用的是无线导航系统和卫星定位系统。

1. 无线导航系统

无线导航系统广泛应用,该系统主要有以下 3 种:

(1) 罗兰-C 系统。该系统由 3 个地面导航台组成,其工作频率在 100 kHz,导航工作区域达 2000 km,一般精度为 200~300 m。

(2) Omega(奥米加)导航系统。该系统由 8 个地面导航台组成,其工作频率在十几千赫,工作区域可覆盖全球,精度为几英里。

(3) 多普勒系统。该系统利用多普勒频移定理,通过测量其频移得到运动参数,进而推算出飞行器的位置,属自备式航位推算系统,其误差随航程增加而累加。

2. 卫星定位系统

卫星定位系统是指美国的子午仪系统,该系统于 1958 年研制,1964 年正式投入使用。由于该系统卫星数目较少(5~6 颗),运行高度较低(约 1000 km),从地面站观测到卫星的时间间隔较长(平均 1.5 h),因此它无法提供连续的实时三维导航,而且精度较低。

通过了解以上两种主要的远程导航与定位系统,可将 GPS 定义为:利用空间卫星星座(通信卫星)、地面控制部分以及 GPS 接收机对地面目标的状况进行精确测定,并提供全方位导航和定位的系统。

4.1.2   GPS 的功能

美国设计 GPS 的目的是提供两种服务:一种为 PPS (Precise Positioning Service,精密定位服务),利用精码(军码)定位,提供给军方和得到特许的用户使用,定位精度可达 10 m;另一种为 SPS (Standard Positioning Service,标准定位服务),利用粗码(民码)定位,提供给民间及商业用户使用。目前,GPS 民码的单点定位精度可以达到 25 m,测速精度达到 0.1 m/s,授时精度达到 200 ns。

作为军民两用的系统，GPS 应用范围极广。在军事上，GPS 已成为自动化指挥系统、先进武器系统的一项基本保障技术，应用于各种兵种。在民用上，GPS 的应用领域包括陆地运输、海洋运输、民用航空、通信、测绘、建筑、采矿、农业、电力系统、医疗应用、科研、家电、娱乐等。具体说来，GPS 的功能主要有以下几个方面。

1. 自主导航

GPS 的主要功能就是自主导航，包括武器导航、车辆导航、船舶导航、飞机导航、星际导航和个人导航。GPS 可利用接收终端向用户提供位置、时间信息，也可结合电子地图进行移动平台航迹显示、行驶线路规划和行驶时间估算。在军事方面，GPS 可以提高部队的机动作战和快速反应能力；在民用方面，GPS 可以提高民用运输工具的运载效率，节约社会成本。

2. 指挥监控

GPS 的导航定位与数字短报文通信基本功能可以有机结合，利用系统特殊的定位体制，将移动目标的位置信息和其他相关信息传送至指挥所，完成移动目标的动态可视化显示和指挥指令的发送，实现移动目标的指挥监控。

3. 跟踪车辆、船舶

利用 GPS 和电子地图可以实时显示车辆、船舶的实际位置，了解货运情况，实施有效的监控和快速运转。

4. 信息传递和查询

管理中心利用 GPS 可对车辆和船舶提供相关的气象、交通、指挥等信息，还可将行驶中车辆、船舶的动态信息传递给管理中心，实现信息的双向交流。

5. 及时报警

通过 GPS 可以及时掌握运输装备的异常情况，接收求救信息和报警信息，并迅速传递到地面管理中心，从而实行紧急救援。

4.1.3　GPS 的特点

GPS 的特点主要体现在以下几个方面。

1. 全球性、全天候连续不断的导航能力

GPS 能为全球任何地点或近地空间的各类用户提供连续、全天候的导航服务，可以满足无限多的用户使用。用户不用发射信号。

2. 实时导航、定位精度高、数据内容多

利用 GPS 定位时，在 1 s 内就可以取得机位位置数据，这种近乎实时的导航能力对于高动态用户具有很大意义。同时，GPS 能为用户提供连续的三维位置、三维速度和精确的时间信息。目前，利用 C/A 码(捕获码)的实时定位精度可达 20～50 m，速度精度为 0.1 m/s，利用特殊处理可达 0.005 m/s，相对定位精度可达毫米级。

随着 GPS 系统的不断完善，软件的不断更新，目前，20 km 以内的相对静态定位仅需 15～20 min；快速静态相对定位测量时，若每个流动站与基准站相距在 15 km 以内，则流动站观测时间只需 1～2 min，然后可随时定位，每站观测只需几秒。

3. 抗干扰能力强、保密性好

GPS 采用扩频技术和伪码技术，用户只接收 GPS 的信号，自身不会发射信号，因而不会受到外界其他信号源的干扰。

4. 功能多、用途广泛

GPS 是军民两用的系统，其应用范围极其广泛。在军事上，GPS 可应用于自动化指挥系统，在民用上可广泛应用于农业、林业、水利、交通、航空、测绘、安全防范、电力和通信等多个领域，尤其是对地面移动目标的监控在 GPS 应用方面最具代表性。

4.1.4　GPS 的组成

GPS 主要有三大组成部分，即空间段、地面段和用户段，如图 4-1 所示。

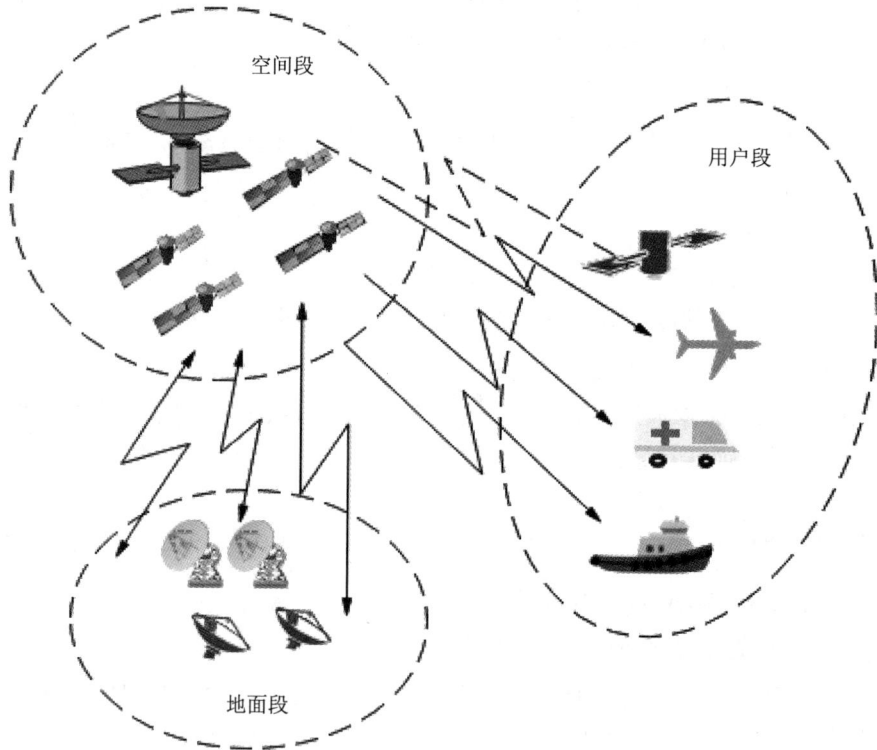

图 4-1　GPS 的组成

1. 空间段

GPS 空间段部分目前共有 30 颗、4 种型号的导航卫星，其中 6 颗为技术试验卫星。24 颗导航卫星位于距地表 20 200 km 的上空，分布在 6 个轨道平面内，每个近似圆形的轨道平面内各有 4 颗卫星均匀分布，可以保证在全球任何地点、任何时间至少有 4 颗卫星同时出现在用户视野中，即每台 GPS 接收机无论在任何时刻，在地球上任何位置都可以同时接收到最少 4 颗 GPS 卫星发送的空间轨道信息。平面内的这 4 颗卫星称为定位星座。GPS 接收机通过对接收到的每颗卫星的定位信息进行解算，便可确定该 GPS 接收机的位置，从而提供高精度的三维(经度、纬度、高度)定位导航及信息，具有在时间上连续的全球导航能力。

GPS 卫星产生两组电码：一组称为 C/A 码(Coarse/Acquisition Code，粗码，又称为捕获码)；另一组称为 P 码(Precision Code，精码)。P 码因频率较高，不易受干扰，定位精度高，一般民间无法解读，所以受美国军方管制，并设有密码，主要为美国军方服务。C/A 码采取人为措施而刻意降低精度后，主要开放给民间使用。

2. 地面段

GPS 地面段部分是整个系统的中枢，由美国国防部联合程序办公室管理。每颗 GPS 卫星所播发的星历，都是由地面监控系统提供的。GPS 地面监控系统的另一个重要作用是保持各颗卫星处于同一时间标准。GPS 地面监控系统包括 1 个主控站、5 个卫星监测站和 3 个信息注入站。

(1) 主控站。主控站设在美国本土科罗拉多州的联合空间执行中心。主控站拥有大型电子计算机，接收各监测站的导航定位系统卫星观测数据、卫星工作状态数据、各监测站和注入站自身的工作状态数据，然后根据这些数据，完成：及时编算每颗卫星的导航电文并传送给注入站；控制和协调监测站间、注入站间的工作，检验注入卫星的导航电文是否正确以及卫星是否将导航电文发给了导航定位用户系统；诊断卫星工作状态，改变偏离轨道的卫星位置及姿态，调整备用卫星取代失效卫星。

(2) 监测站。监测站是主控站直接控制下的数据自动采集中心，分别位于夏威夷、亚森欣岛、迪亚哥加西亚、瓜加林岛、科罗拉多州，这 5 个监测站均为无人值守的数据采集中心。监测站用导航定位系统的接收系统测量每颗卫星的伪距和距离差，采集气象数据，并将观测数据传送给主控站。

(3) 注入站。注入站分别设在印度洋、南大西洋和南太平洋，它接收主控站送达的各卫星导航电文并将之注入相应卫星的存储系统，同时检测其正确性。

3. 用户段

用户段由 GPS 接收机硬件和机内软件以及 GPS 数据处理软件组成。GPS 接收机硬件一般包括 GPS 接收机、天线和电源，GPS 接收机的主要功能是捕获到按一定卫星截止高度角所选择的待测卫星，并跟踪这些卫星的运行。当 GPS 接收机捕获到跟踪的卫星信号后，即可测量出接收天线至卫星的伪距离和距离的变化率，解调出卫星轨道参数等数据。根据这些数据，GPS 接收机中的微处理计算机就可按定位解算方法进行定位计算，实时地计算出运动(或静态)载体的位置、速度、高度、运动方向、时间等三维参数。GPS 数据处理软件是指各种后处理软件包，其主要作用是对观测数据进行精加工，以便获得精密定位结果。

GPS 接收机的结构分为天线单元和接收单元两大部分。对于测地型接收机来说，两个单元一般分成两个独立的部件，观测时将天线单元安置在测站点上，接收单元置于测站点附近的适当位置，用电缆线将两者连接成一个整机。也有些测地型接收机的天线单元和接收单元被制作成了一个整体，观测时将其安置在测站点上即可。GPS 接收机一般用蓄电池作为电源，同时采用机内、机外两种直流电源。设置机内电池的目的在于更换机外电池时不中断连续观测，而在用机外电池的过程中，机内电池自动充电。关机后，机内电池为随机存取存储器(Random Access Memory，RAM)供电，以防止数据丢失。目前，国际上已推出几十种测量用定位导航接收机，各厂商的产品均朝着实用、轻便、易于操作、美观价廉的方向发展。如图 4-2 所示为几种典型的 GPS 接收机。

<table>
<tr><td>(a) 车载式卫星接收机</td><td>(b) 测绘型卫星接收机</td><td>(c) 手持型卫星接收机</td></tr>
</table>

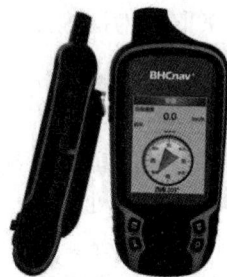

图 4-2   GPS 接收机

4.1.5   GPS 的工作原理

1. GPS 的定位原理

GPS 的基本定位原理是卫星不间断地发送自身的星历参数和时间信息，用户接收这些信息后，经过计算求出接收机的三维位置、三维方向以及运动速度和时间信息。其特点就是利用 20 200 km 高空上均匀分布在 6 个轨道中的 24 颗卫星，发射测距信号 C/A 码及 L1、L2 载波，用户通过接收机接收这些信号来测量卫星至接收机的距离。由于卫星的瞬时坐标是已知的，利用三维坐标中的距离公式和 3 颗卫星，就可以组成 3 个方程式，从而解出观测点的位置。如果要获得更精确的定位，则必定要测量第 4 颗卫星。

2. GPS 误差分析

在利用 GPS 进行定位时，即使信号再精准，GPS 仍会因各种自然或干扰因素产生误差，使所得的结果与实际有所偏差。造成 GPS 卫星信号误差的原因有很多，从卫星之间的距离到自然界中物理因素的干扰，再到接收机的内部误差，都有可能造成 GPS 产生信号误差，具体而言，有以下几个方面。

1) 卫星误差

卫星误差主要是指卫星轨道误差、卫星时钟误差和 SA 政策。

(1) 卫星轨道误差。在进行 GPS 定位时，计算在某时刻 GPS 卫星位置所需的卫星轨道参数是通过各种类型的星历提供的，但不论采用哪种类型的星历，所计算出的卫星位置都会与其真实位置有所差异，这就是所谓的卫星轨道误差。

(2) 卫星时钟误差。卫星是非常精密复杂的，可以计算出一些像原子时钟那样极微小的信息，但是即使是这样的精准装置，仍会有一些微小的误差产生。虽然会持续监控卫星的定位，但卫星并不是每一秒都处于被监控的状态之中，这期间一旦有微小的定位误差或卫星星历的误差产生，便会影响到接收机在定位计算时的准确性。

(3) SA 政策。SA 政策即选择可用性政策，是美国政府从其国家利益出发，通过降低广播星历精度(ε 技术)、在 GPS 信号中加入高频抖动等方法，人为降低普通用户利用 GPS 进行导航定位时的精度的政策。该政策在 2000 年被取消了。

2) 接收机误差

接收机误差主要有接收机钟差、接收机天线相位中心偏差、接收机软硬件误差、天线相对旋转产生的误差。接收机钟差是指 GPS 接收机所使用的钟的钟面时与 GPS 标准时之间的差异。接收机天线相位中心偏差是 GPS 接收机天线的标称相位中心与其真实的相位中心之间存在差异。另外，在进行 GPS 定位时，定位结果还会受到控制与处理软硬件的影响。

3) 传播路径误差

传播路径误差包括大气层延迟、多路径效应和其他。

(1) 大气层延迟。大气层延迟包括电离层延迟和对流层延迟。地球周围的电离层对电磁波的折射效应，使得 GPS 信号的传播速度发生变化，这种变化称为电离层延迟。对流层延迟的出现是由于地球周围对流层对电磁波的折射效应，这使 GPS 信号的传播速度发生变化。

(2) 多路径效应。由于接收机周围环境的影响，接收机所接收到的卫星信号中还包含反射和折射信号的影响，这就是多路径效应。

(3) 其他。定位的结果还会受到人为因素的影响，用户在数据处理过程中操作不当也会引起定位结果的误差，如数据处理软件算法不完整、固体潮、海水负荷等。

4.1.6　GPS 在现实生活中的应用

随着科学技术的发展，GPS 的应用范围也越来越广。目前，我们可以应用 GPS 进行海陆空的导航定位、大地测量以及工程测量的精密定位、授时和测速等。在现实生活中，应用最为广泛的就是人们耳熟能详的 GPS 定位、GPS 导航。除此之外，GPS 还在现实生活中有哪些应用呢？

1. 建筑垃圾清运车装 GPS 监控垃圾去向

重庆市印发的《重庆市建筑垃圾管理规定》中指出，在清运建筑垃圾的车辆上装载 GPS，以便通过车辆定位监控建筑垃圾最后的去向。

2. 交通执法车辆安装 GPS 远程监控

张家港市交通局为交通执法车辆安装 GPS，24 h 定位执法车辆的准确位置，从而加强道路的巡查能力，提高交通执法的处理能力。

3. GPS 测控车辆定位小偷、匪徒

有过这样一个案例，某年某月某日，受害人张某驾车外出购物，当日下午，张某丈夫久等未归，拨打张某电话也未接通，于是通过车上安装的 GPS 设备对车辆定位，发现车辆在青岛到胶州的路上异常运行，张某丈夫怀疑张某遭遇不测，随即拨打 110 报警。公安局

110 报警服务台接报后，启动了 110 堵控预案，经周旋，民警从被堵控的车辆中将受害人成功解救。

4. 采用 GPS 征管土地使用税

辽阳市地税局曾给全系统内的税务所配备了 GPS 卫星测量仪，采用先进的 GPS 技术对全市农村、城乡接合部、采选矿厂、建材加工、大型工矿区等范围内的无土地使用证企业进行测量，强化土地使用税税源动态管理，大大提高了土地使用面积核查的准确性，堵塞了企业瞒报、漏报应税面积的渠道。

5. GPS 定位腕表有望替代传统监狱

在西班牙、比利时和美国的一些地方，人们尝试使用 GPS 定位腕表来代替传统的监狱。例如，GPS 脚铐主要被使用在获准假释的家庭暴力罪犯身上。根据西班牙监狱系统的规定，获准假释的家庭暴力罪犯通常不得进入受害者周边 500 m 的范围内。罪犯身上佩戴的 GPS 脚铐能发射一种特殊频率的电磁波，受害者也会佩戴一个电磁感应装置，一旦二者距离超过预设的警戒距离，电磁感应装置会立即向警方报警。

可以预见的是，GPS 的应用将是一个非常广阔的天地，尤其是在"互联网+"、车联网异军突起的信息化时代，GPS 一定会极大地改变我们的生活，让我们的生活、出行、交通变得更智能、更科学。

▲ 4.2 北斗卫星导航系统

4.2.1 北斗卫星导航系统的发展历程

北斗卫星导航系统(BeiDou Navigation Satellite System，BDS)是中国自主发展、独立运行的全球卫星导航系统，致力于向全球用户提供高质量的定位。我国自 20 世纪 80 年代开始探索适合国情的卫星导航系统发展道路，形成了"三步走"发展战略：2000 年底，建成北斗一号系统，向我国广大用户提供服务；2012 年底，建成北斗二号系统，向亚太地区提供服务；2020 年，建成北斗三号系统，向全球提供服务。2020 年 7 月 31 日，北斗三号全球卫星导航系统正式建成并开通服务，标志着中国北斗"三步走"发展战略圆满完成，中国成为世界上第三个独立拥有全球卫星导航系统的国家。自此，北斗卫星导航系统进入了持续稳定运行、规模应用发展的新阶段。当前，我国卫星导航与位置服务产业保持稳定高速增长态势，产业生态范围进一步扩大，产业结构持续优化，在行业应用不断深化的同时，应用场景也越来越丰富。2035 年前，将以北斗系统为核心，建设完善更加泛在、更加融合、更加智能的国家综合 PNT(定位、导航、授时)体系。

北斗卫星导航系统已形成包括基础产品、应用终端、运行服务等较为完整的产业体系。随着自主北斗芯片、模块等关键技术的全面突破，北斗卫星导航技术已广泛应用于我国交通运输、海洋渔业、水文监测、气象预报、大地测量、救灾减灾、手机导航等领域，并产生了显著的社会效益和经济效益。目前，北斗卫星导航系统正逐步进入国际民航、国际海事、移动通信等国际组织，已被国际海事组织接纳认可为全球第三个卫星导航系统。

4.2.2　北斗卫星导航系统的组成

北斗卫星导航系统由空间段、地面段和用户段组成，其运行原理如图 4-3 所示。监测站通过接收卫星测距信号，获得卫星的观测数据。主控站收集监测站的观测数据，解算出卫星的时间(卫星钟差)和位置(卫星星历)，并发送给注入站。注入站以导航电文的形式将卫星钟差和卫星星历发送给卫星。用户接收机通过接收卫星测距信号和导航数据，获得接收机至卫星的距离，并根据导航电文计算得到卫星位置和卫星钟差，然后利用距离、卫星位置和钟差信息解算得到用户位置。

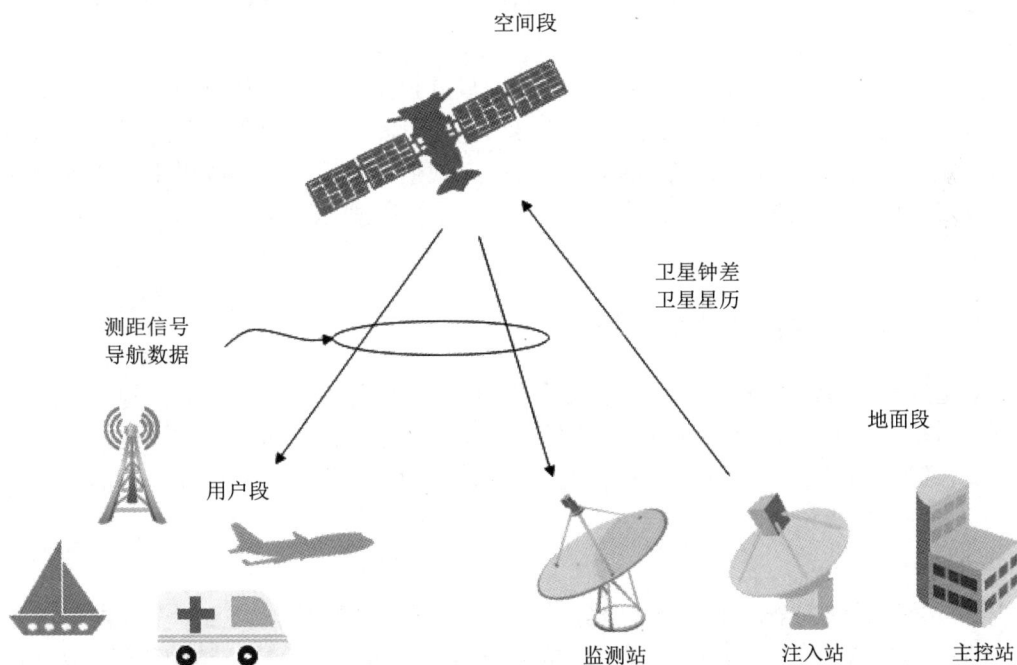

图 4-3　北斗卫星导航系统运行原理

1. 空间段

北斗卫星导航系统空间段采用混合星座，即由多个轨道类型的卫星组成导航星座，包括地球静止轨道(GEO)卫星、倾斜地球同步轨道(IGSO)卫星和中地球轨道(MEO)卫星。北斗三号基本空间星座由 3 颗 GEO 卫星、3 颗 IGSO 卫星和 24 颗 MEO 卫星组成，并根据星座运行情况部署在轨备份卫星。

截至 2023 年 5 月 17 日，北斗卫星导航系统共发射 56 颗卫星。早年发射的卫星由于到了使用寿命年限，逐渐退出服务。

2. 地面段

地面段是地面控制段的简称，其核心部分称为地面运行控制系统。地面运行控制系统一般由主控站、注入站和监测站组成。其中，主控站负责收集各个监测站的观测数据，进行数据处理，生成卫星导航电文、广域差分信息和完好性信息，完成任务规划与调度，实现系统运行控制与管理等；注入站在主控站的统一调度下，完成卫星导航电文、广域差分信息和完好性信息的注入以及有效载荷的控制管理；监测站负责对导航卫星进行连续跟踪监测、接收导航信号，并将数据发送给主控站，它为卫星轨道的确定和时间的同步提供观测数据。

除此之外，北斗系统还包括星间链路运行管理设施，负责对整个星间链路进行管理与控制。星间链路就好比在各个卫星之间搭建起了一条通信网络，将地面段与卫星之间的通信扩展到卫星与卫星之间的通信。也就是说，地面段只要对某一颗北斗卫星下了指令，那么这一指令就能够在卫星之间接连不断地传递下去，所有的卫星都能够按照这一指令运行，从而使得整个星座的运行能够保持准确无误。

3. 用户段

用户段是指利用卫星导航信号进行定位、导航、授时的北斗终端，包括与其他导航系统兼容的终端。

用户设备部分的主要功能是能够捕获按一定卫星截止角所选择的待测卫星，并跟踪这些卫星的运行。当接收机捕获到跟踪的卫星信号后，即可测量出接收天线至卫星的伪距离和距离的变化率，从而解调出卫星轨道参数等数据。根据这些数据，接收机中的微处理计算机就可按定位计算方法进行定位计算，计算出用户所在地理位置的经纬度、高度、速度、时间等信息。

4.2.3　北斗卫星导航系统提供的服务

北斗卫星导航系统和其他全球卫星导航系统一样，能够提供全球、全天候与全天时的定位、导航和授时服务(简称 PNT 服务)，也能够提供运动载体的三维立体空间位置、速度和时间的状态信息(简称 PVT 信息)。北斗卫星导航系统通过各类卫星提供 5 个方面的具体服务。

1. 基本导航服务

北斗卫星导航系统为全球用户提供服务时，空间信号精度都优于 0.5 m；全球定位精度都优于 10 m，测速精度优于 0.2 m/s，授时精度优于 20 ns；亚太地区定位精度优于 5 m，测速精度优于 0.1 m/s，授时精度优于 10 ns。其整体性能在不断提升。

2. 短报文通信服务

北斗卫星导航系统为中国及周边地区提供短报文通信服务时，单次通信能力为 1000 个汉字或 14 000 bit。已经建成并使用的区域短报文服务平台，促进了短报文与移动通信服务的有机融合，进一步发挥了北斗系统的特色优势。北斗卫星导航系统为全球提供短报文通信服务时，单次通信能力为 40 个汉字或 560 bit。北斗卫星导航系统通过 14 颗 MEO 卫星，为全球用户提供短报文通信服务。

3. 星际增强服务(区域)

按照国际民航组织标准，北斗卫星导航系统服务中国及周边国家或地区的用户。创新集成设计的星际增强服务，通过 3 颗地球静止轨道卫星，面向中国及周边地区用户提供符合国际标准的 I 类精密进近服务，支持单频及双频多星座两种增强服务模式，为交通运输领域筑牢安全防线。

4. 国际搜救服务

按照国际海事组织及国际搜索和救援卫星系统标准，北斗卫星导航系统为全球用户提供国际搜救服务。遇险用户通过遇险信标发出 406 MHz 的遇险信号，携带用户标识等遇险信息，通过卫星上的合成孔径雷达(Synthetic Aperture Radar，SAR)系统转发后，由分布在世界各地的本地搜救终端站进行多普勒测量定位，计算遇险目标的位置，并将这些信息发送给本地的搜救任务控制中心。本地的搜救任务控制中心将这些信息发送给本地的救援中心以及遇险信标所在国的搜救任务控制中心。通常由本地救援中心牵头协调救援实施。新一代信标标准也支持遇险信标利用 GNSS 确定自身的位置，该位置信息属于遇险信息的一部分。

5. 精密单点定位服务(区域)

根据精密单点定位理论，北斗卫星导航系统向用户提供高精度数据产品，以提升用户定位精度。该导航系统利用 3 颗 GEO 卫星播发精密单点定位信号，服务中国及周边地区用户，具备动态分米级、静态厘米级的精密定位服务能力。

4.2.4　北斗卫星导航系统的特色和优势

北斗卫星导航系统的建设实践，实现了在区域快速形成服务的能力，逐步扩展为全球服务的发展路径，丰富了世界卫星导航事业的发展模式。总体而言，北斗卫星导航系统主要具有 3 个特点。

1. 混合星座设计提高用户可见卫星数

北斗星座采用 GEO、IGSO 和 MEO 3 种轨道类型。相比传统仅采用 ME0 星座的导航系统，北斗卫星导航系统增加了 GEO 和 IGSO 两类高轨卫星。由于地球自转，地面用户平均每天只有 5 h 可观测 MEO 卫星。GEO 卫星定点在赤道上空，对其服务范围内的用户，全天 24 h 可观测。IGSO 的星下点轨迹(卫星运行轨道在地面上的投影)呈南北对称的"8"字形，对于北半球的用户，除了卫星处于南半球最南端的数小时(约 6 h)，其服务范围内的用户有约 18 h 可观测。3 颗均匀分布且重复轨迹的 IGSO 卫星即可实现覆盖区连续不间断服务。换句话说，通过合理设计，少数几颗 GEO 和 IGSO 卫星就可以对区域用户实现全天候全天时覆盖。

对于低纬度用户，由于 GEO 和 IGSO 卫星几乎处于用户头顶正上方，因此，可以避开周围建筑、树木或高地等遮挡，具有抗遮挡能力强的优点。

2. 导航和通信一体化设计提供多种服务

北斗卫星导航系统从北斗一号开始就采用导航与通信一体化设计，既可以实现导航定位功能，又支持用户间的短报文通信。用户进行定位后，可以将定位结果发送给相关单位或其他用户，不仅解决了"我在哪"的问题，还可以"告诉别人我在哪"。

除此之外，利用 GEO 卫星的通信功能，可以实现星际增强信息(卫星完好性、广域差分信息等)和精密单点定位所需信息的播发，进一步提高用户定位精度。

3. 多频点导航信号增加用户可选择性

卫星导航信号是卫星传播位置和时间信息的载体，又是测量位置和时间的标尺，是卫星系统提供定位、导航与授时服务的关键，其质量是衡量导航卫星水平和工程系统服务性能的重要标志。

综上所述，北斗卫星导航系统具有卫星数量少、投资少、用户设备简单价廉等特点，以及能实现一定区域的导航定位、通信等用途，可满足当前我国陆、海、空运输导航定位的需求。更为重要的是，北斗一号卫星定位系统是我国独立自主建立的卫星系统。此外，该系统并不排斥国内民用市场对定位系统的广泛使用，可以使受 SA 干扰的 GPS 民用码接收机的定位精度由百米级修正到数米级，可以更好地促进全球定位系统在民间的利用。

4.2.5　其他卫星导航定位技术

1. 格洛纳斯系统

格洛纳斯系统由俄罗斯政府运作，包含卫星、地面测控站和用户设备三部分。格洛纳斯系统于 20 世纪 70 年代开始研制，1984 年发射首颗卫星入轨。但由于航天经费不足，该系统部分卫星一度老化，最严重时曾只剩 6 颗卫星运行。2003 年 12 月，由俄罗斯应用力学科研生产联合公司研制的新一代卫星交付联邦航天局和国防部试用，为 2008 年全面更新格洛纳斯系统奠定了基础。在技术方面，格洛纳斯系统的抗干扰能力比 GPS 要好，但其单点定位精确度不及 GPS。2004 年，印度和俄罗斯签署了《关于和平利用俄全球导航卫星系统的长期合作协议》，正式加入了格洛纳斯系统，计划联合发射 18 颗导航卫星。至 2006 年年末，格洛纳斯系统的卫星数量已达到 17 颗。整个格洛纳斯系统于 2009 年完成了 24 颗卫星的部署工作，其卫星导航范围可覆盖整个地球表面和近地空间，实现全球定位导航，定位精度达到 1.5 m 以内。格洛纳斯卫星导航系统如图 4-4 所示。

图 4-4　格洛纳斯卫星导航系统

2. 伽利略系统

伽利略系统是由欧盟研制和建立的全球卫星导航系统，该系统的研制计划于 1999 年 2 月由欧洲委员会公布，欧洲委员会和欧洲太空局共同负责。伽利略系统由轨道高度为 23 616 km 的 30 颗卫星组成，其中包含 27 颗工作卫星和 3 颗备份卫星。卫星轨道高度约 24 000 km，位于 3 个倾角为 56°的轨道平面内。伽利略卫星导航系统如图 4-5 所示。

图 4-5　伽利略卫星导航系统

　　伽利略卫星导航系统以其先进的技术和全球化的覆盖赢得了广泛好评。它以精密的定位服务著称，通过广泛的覆盖范围为用户提供了可靠的定位数据。该系统提供的实时动态定位服务有助于各类应用领域实现高精度的操作，包括地图制作、天气预报以及紧急救援等。此外，伽利略系统融合了多频段和多功能特性，使信号传输更为稳定和可靠。同时，其系统的现代化和持续更新使其具有较长的寿命和更强的扩展能力，这使得它在国际航空和海事应用中拥有重要的地位。

4.3　地理信息系统(GIS)

　　地理信息系统(GIS)是一种基于计算机的工具，它以空间数据库为基础，采用地理模型分析，实现地理信息的采集、存储、检索、分析、显示、预测和更新(简而言之，就是对在地球上存在的东西和发生的事件进行成图和分析)。GIS 技术把地图这种独特的视觉化效果和地理分析功能与一般的数据库操作集成在一起。

4.3.1　GIS 在我国的发展

　　虽然 GIS 的研制与应用在我国起步较晚，但是其发展势头迅猛。GIS 在我国的发展可分为 4 个阶段。

1. 准备阶段

　　20 世纪 70 年代初期，我国开始推广将计算机应用于地图绘图和遥感领域。1972 年，我国开始研制绘图自动化工具；1974 年引进美国地球资源卫星图像，并开展了卫星图像处理和分析工作；1976 年召开了第一次遥感技术规划会议，并开展了部分遥感实验；1977 年我国第一张由计算机输出的全要素图诞生；1978 年召开了第一次数据库学术讨论会。这个时期开展的学术探讨和实验研究为我国 GIS 的研制和开发积累了一定的经验，奠定了技术基础。

2. 起步阶段

20 世纪 80 年代初期，随着计算机技术的发展，GIS 在我国全面进入实验阶段。1981 年，遥感应用研究所在渡口滩进行了遥感和 GIS 的典型试验，研究了多源数据采集的方法；成都计算机应用研究所围绕区域数据模型的建立，开展了大量的试验；与此同时，国内许多研究机构也开展了部分专题试验，并设计了一些通用的软件。1987 年在北京举行了国际地理信息系统学术讨论会；同时，相关高校也开设了 GIS 课程。这些都为我国 GIS 的发展奠定了良好的应用基础。

3. 发展阶段

自 20 世纪 80 年代中期到 20 世纪 90 年代中期，我国 GIS 的研究和应用进入有组织、有计划、有目标的发展阶段，逐步建立了不同层次、不同规模的组织机构、研究中心和实验室。中国科学院于 1985 年开始筹建国家资源与环境系统实验室，这是一个新型的开放性研究实验室。1994 年，中国 GIS 协会在北京成立。GIS 研究逐步与国民经济建设和社会生活需求相结合，并取得了重要进展和实际应用效益。

4. 推广阶段

自 20 世纪 90 年代中期至今，我国 GIS 技术在技术研究、成果应用、人才培养和软件开发等方面进展迅速，并力图将 GIS 从初步发展时期的研究实验与局部应用推向实用化、集成化、工程化，为国民经济发展提供辅助分析和决策依据。GIS 在研究和应用过程中走向产业化，成为国民经济建设普遍使用的工具，并在各行各业发挥重大作用。另外，在应用方面，GIS 在资源开发、环境保护、城市规划建设、土地管理、交通、能源、通信、地图测绘、林业、房地产开发、自然灾害的监测与评估、金融、保险、石油与天然气、军事、犯罪分析、运输与导航、110 报警系统、公共汽车调度等方面都得到了具体应用。近年来，互联网地图、手机地图等所提供的 GIS 服务，给人们的日常生活带来了极大的便利。未来，GIS 将逐步渗透到各行各业，随时随地地影响人们的生活。

4.3.2　GIS 的组成

GIS 主要由计算机硬件系统、计算机软件系统、地理空间数据、应用分析模型、系统开发管理和使用人员 5 个部分组成。

1. 计算机硬件系统

GIS 的建立必须有一个计算机硬件系统作为保证。GIS 的硬件系统包括计算机系统、卫星信号接收机、PDA 采集系统、数字化仪、扫描仪、打印机和绘图仪等，如图 4-6 所示。

计算机系统包括服务器、工作站和便携式计算机；卫星信号接收机是接收卫星信号并确定地面空间位置的仪器；PDA 采集系统是用于野外调查和数据采集的设备；数字化仪是将各种图形根据坐标值手工输入计算机内，从而将图形形式转换成数字形式的设备；扫描仪是以扫描方式将图形图像信息转化为数字信号的装置；绘图仪属于输出设备，是把数字形式的 GIS 数据转换成实体形式的地图或文本的设备。

计算机系统

数字化仪

卫星信号接收机

PDA 采集系统

扫描仪

打印机

绘图仪

图 4-6 GIS 的硬件系统

2. 计算机软件系统

计算机软件系统是指 GIS 运行所必需的各种程序及有关资料，主要包括计算机系统软件、GIS 软件和数据库软件 3 部分。

1) 计算机系统软件

计算机系统软件是指由计算机厂家提供的为用户开发和使用计算机提供方便的程序系统，通常包括操作系统、汇编程序、编译程序、库程序、数据库管理系统及各种维护手册。

2) GIS 软件

GIS 软件包括 5 类基本模块，如图 4-7 所示，分别为数据输入和检验、数据库存储和管理、数据变换、数据显示和输出、用户接口等。

数据输入和检验模块包括能将测量数据、地图数据、遥感数据、统计数据和文字报告转换成计算机兼容的数字形式的各种转换软件；数据库存储和管理模块涉及地理元素的位置、连接关系及属性数据如何构造和组织，使其便于计算机和系统用户理解；数据变换模块包括数据维护、数据应用和分析两类操作，数据变换的目的是从数据中消除错误、更新数据、与其他数据库匹配等；数据显示和输出模块是指显示和向用户输出原始数据与经过分析或处理得到的结果数据；用户接口模块用于接收用户的指令以及程序或数据，是用户和系统交互的工具，主要包括用户界面、程序接口与数据接口。

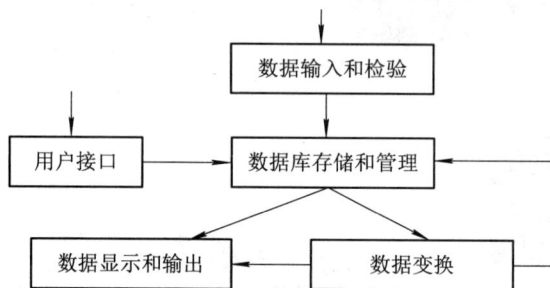

图 4-7　GIS 软件基本模块

3) 数据库软件

数据库软件是计算机软件系统的重要组成部分。GIS 是一种以海量空间设计为基础，供资源、环境及区域调查、规划、管理和决策使用的空间信息系统。目前，这些海量空间数据主要以地图为基础，并借助比较成熟的商业数据库软件(如 Oracle、SQL Server、DB2、sybase 等)来储存和管理地图信息。在数据处理过程中，它既是资料的提供者，也是处理结果的归宿；在检索和输出过程中，它是形成绘图文件或各类地理数据的数据源。

3. 地理空间数据

在计算机环境中，数据是描述地理对象的唯一工具，它是计算机可直接识别、处理、储存和提供使用的手段，是一种计算机的表达形式。地理空间数据是 GIS 的操作对象，是 GIS 所表达的现实世界经过模型抽象的实质性内容，其实质就是指以地球表面空间位置为参照，描述自然、社会和人文经济景观的数据。这些数据主要来源于多尺度的各种地形图、遥感影像及其解译结果、数字地面模型、GNSS 观测数据、大地测量成果数据、与其他系统交换来的数据、社会经济调查数据和属性数据等。数据类型有矢量数据、栅格数据、图像数据、文字和数字数据等。数据格式有其他 GIS 产生的数据格式、CAD 格式、影像格式、文本格式、表格格式等。这些数据可以通过数字化仪、扫描仪、键盘或其他系统输入 GIS。数据资料和统计资料主要是通过图数转换装置转换成计算机能够识别和处理的数据。图形资料可用数字化仪输入，图像资料多采用扫描仪输入。由图形或图像获取的地理空间数据及由键盘输入或转储的地理空间数据，都必须建立标准的数据文件或地理数据库，才便于 GIS 对数据进行处理或提供用户使用。

4. 应用分析模型

应用分析模型的建立和选择是 GIS 成功应用的重要因素，这是由 GIS 功能和目的所决定的。虽然 GIS 为解决各种现实问题提供了有效的基本工具，但对于某一专业应用目的的问题，必须通过构建专门的应用分析模型来解决，如土地利用适宜性模型、选址模型、洪水预测模型、人口扩散模型、森林增长模型、水土流失模型、最优化模型和影响模型等。

这些应用分析模型是客观世界中相应系统经由概念世界到信息世界的映射，反映了人类对客观世界利用改造的能动作用，并且是 GIS 技术产生社会经济效益的关键所在，也是 GIS 生命力的重要保证。

5. 系统开发管理和使用人员

人是 GIS 中的重要构成因素。GIS 不是一幅地图，而是一个动态的地理模型，如果仅有系统软硬件和数据不能构成完整的 GIS，还需要人进行系统组织、管理、维护和更新数据、扩充完善系统、开发应用程序，并利用地理分析模型提取多种信息。

4.3.3　GIS 的功能

GIS 本身的综合性，决定了它具有广泛的用途。GIS 在各方面的应用主要是通过系统中的多要素空间数据、各种数学模型以及应用软件来实现的。总的来说，GIS 主要具有 5 个方面的功能。

1. 统计与量算

利用 GIS 将多种数据源信息汇集在一起，通过系统的统计和叠置分析功能，按多种边界和属性条件，提供区域多种条件组合形式的资源统计和进行原始数据的快速再现。

GIS 是一种空间信息系统，空间信息的查询和分析是它的基本功能。GIS 不仅能提供静态的查询和检索，还可以进行动态的分析。利用与 GIS 有关的应用程序，可以分别在一维、二维、三维空间里实现对各种研究对象的长度、面积和体积的快速量算，为用户提供各种有用的数据。

2. 规划与管理

规划与管理是 GIS 应用的一个重要方面。GIS 通过对跨地域的资源数据进行处理、分析，并将空间和信息结合起来，揭示其中隐含的模式，发现其内在的规律和发展趋势，使用户在短时间内对资源数据有一个直观和全面的了解。区域规划和城市规划中涉及诸多方面及众多因素，如人口、交通、经济、文化、教育金融、基础设施等多个地理变量和大量数据。GIS 技术能够进行多要素分析，它具有为规划部门快速提供大量信息的能力。

3. 预测与监测

在 GIS 中，预测主要采用统计方法，通过分析历史资料和建立数学模型，对事物进行定量分析，并对事物的未来做出判断和预测，如洪水预报模型。

监测是借助遥感遥测数据的搜集，利用 GIS 对环境污染、森林火灾、洪水灾情等进行监视推测，为环境治理和救灾抢险决策提供及时准确的信息。

4. 辅助决策

GIS 在其多要素空间数据库的支持下，通过构建一系列决策模型，并对这些决策模型进行比较分析，为各部门决策提供科学的依据，辅助政府部门决策的制定。GIS 技术已经用于辅助完成一些任务，例如为计划调查提供信息、为解决领土争端提供信息服务、以最小化视觉干扰为原则设置路标等。所有的这些数据都可以用地图的形式简洁而清晰地显示出来，或者出现在相关的报告中，使决策的制定者不必再浪费精力在分析和理解数据上。GIS 快速的结果获取功能，使多种方案和设想可以得到高效的评估。

5. 制图功能

制图功能是 GIS 最重要的一种功能，对多数用户来说，也是用得最多的一种功能。GIS 的综合制图功能主要为制作专题地图，在地图上显示出地理要素，并赋予数值范围，同时可以放大和缩小，以表现不同的细节层次。GIS 不仅可以为用户输出全要素图，而且可以根据用户需要分层输出各种专题地图，以显示不同要素和活动的位置，或有关属性内容，如矿产分布图、城市交通图、旅游图等。这种含有属性信息的专题地图主要有多边形图、线状图和点状图 3 种基本形式，也可由这几种基本图形综合组成各种形式和内容的专题图。

总之，一方面是 GIS 统一支配相关的海量信息，加快信息的处理速度，节约时间，提高效率，快速响应社会需求，直接创造社会财富；另一方面是 GIS 赢得预测、预报的时间，减少损失，间接获得经济效益。随着社会的进步、科技的发展，GIS 的应用将越来越广泛，必将产生巨大的经济效益和社会效益。

4.3.4   GIS 的工作流程

在建立一个实用的 GIS 过程中，从数据准备到系统完成，都必须经过各种数据转换，每次转换都有可能改变原有的信息。GIS 的基本数据流程如图 4-8 所示。

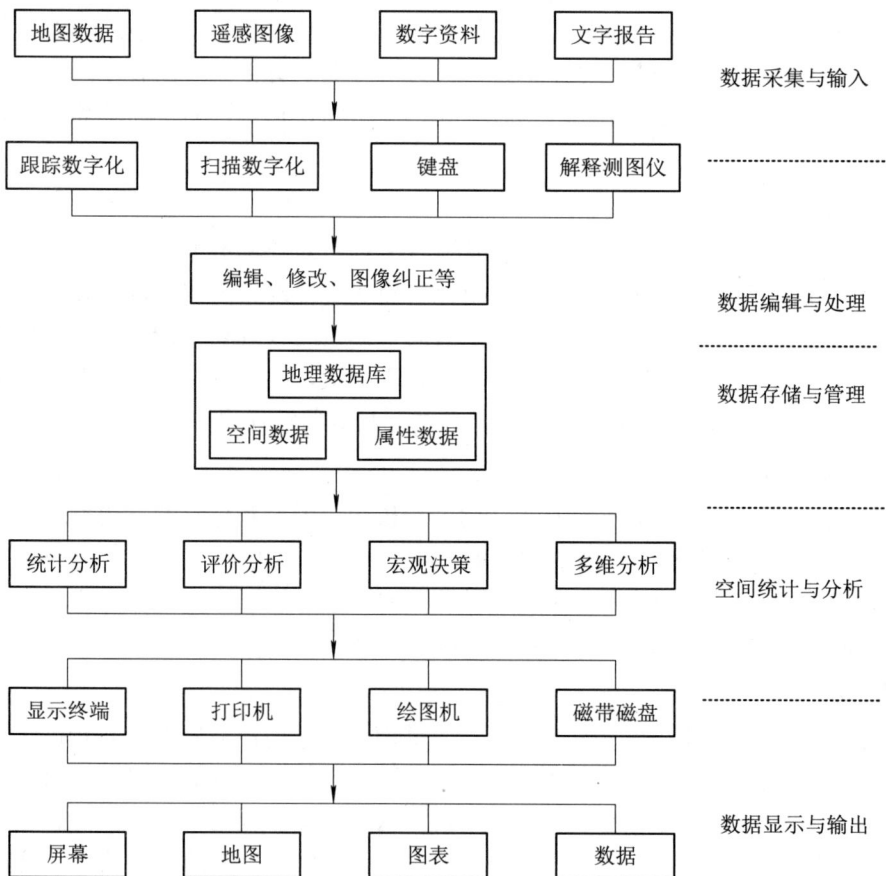

图 4-8   GIS 的基本数据流程

GIS 主要是完成流程中不同阶段的数据转换工作，包括数据采集与输入、数据编辑与处理、数据存储与管理、空间统计与分析、数据显示与输出。

1. 数据采集与输入

数据采集与输入是指在数据处理系统中将系统外部的原始数据传输给系统内部，并将这些数据从外部格式转换为系统便于处理的内部格式的过程。对多种形式、多种来源的信息，可实现多种方式的数据输入。输入方式主要有图形数据输入(如管网图输入)、栅格数据输入(如遥感图像的输入)、测量数据输入(如 GNSS 数据的输入)和属性数据输入(如数字和文字的输入)。

2. 数据编辑与处理

数据编辑主要包括属性编辑和图形编辑。属性编辑与数据库管理结合在一起完成。图形编辑主要包括拓扑关系建立、图形编辑、图形整饰、图幅拼接、图形变换、投影变换和误差校正等功能。

数据处理即以新的数据项或记录来替换数据文件或数据库中相对应的数据项或记录，它是通过剔除、修改和插入等一系列操作来实现的。由于空间实体都处于发展的时间序列中，所以人们获取的数据只反映某一瞬时或一定时间范围内的特征。随着时间的推进，数据会随之改变。数据处理可以满足动态分析的需要，对自然现象的发生、发展做出合乎规律的预测与预报。

3. 数据存储与管理

数据存储是指将数据以某种格式记录在计算机内部或外部存储介质上。其存储方式与数据文件的组织密切相关，关键在于建立记录的逻辑顺序，即确定存储的地址，以便提高数据存取的速度。

数据管理可分为属性数据管理和空间数据管理。属性数据管理一般直接利用商用关系数据库软件(如 Oracle、SQL Server、FoxBASE 和 FoxPro 等)进行管理。空间数据管理是 GIS 数据管理的核心，各种图形或图像信息都以严密的逻辑结构存放在空间数据库中。

4. 空间统计与分析

空间统计与分析是 GIS 的核心，是 GIS 最重要和最具有魅力的功能，也是 GIS 有别于其他信息系统的本质特征。它主要包括数据查询检索、数据操作运算与数据综合分析 3 部分内容。

(1) 数据查询检索即从数据文件、数据库或存储装置中查找和选取所需的数据。

(2) 数据操作运算是指为了满足各种可能的查询条件而进行的系统内部数据操作，如数据格式转换、矢量数据叠合和栅格数据叠加等，以及按一定模式关系进行的各种数据运算，包括算术运算、关系运算、逻辑运算和函数运算等。

(3) 数据综合分析可以提高系统评价、管理和决策的能力，主要包括信息数据分析、属性分析、统计分析、二维模型分析、三维模型分析和多要素综合分析等。

5. 数据显示与输出

数据显示是中间处理过程和最终结果的屏幕显示，通常以人机交互的方式来选择显示的对象与形式。对于图形数据可根据要素的信息量和密集程度，选择放大或缩小显示。GIS 不仅可以输出全要素地图，也可以根据用户需要，分层输出各种专题图、各类统计图、图表及数据等。

4.3.5 GIS 在物流中的应用

GIS 技术在物流中的应用，主要是指利用 GIS 强大的地理数据处理功能和可视化表达来完善物流分析技术。

1. GIS 可成为电子商务的基础平台

GIS 虽然是地理学研究的成果，但它集地理学、计算机科学、测绘遥感学、环境科学、城市科学、空间科学、信息科学和管理科学为一体，由多学科集成。这种集成使 GIS 具有很好的适应性，能对各种信息进行加工、处理、融合和应用，为各种用户提供信息服务和管理决策依据。特别是目前 Web GIS 的发展能更好地适应电子商务的网络化需求，将电子商务的应用环境引入 Web GIS，构建以地理信息为基础的 Web GIS 电子商务平台。

2. GIS 能提供准确的信息支持

GIS 具有强大的数据管理功能，所存储的信息不仅具有属性和时序特征，还具有统一的地理定位基础，因此能将各种信息显示与表达，并能进行复合和分解，形成空间和时间上连续分布的综合信息，支持各种分析和决策。这是其他信息系统所不具备的优势之一。

3. GIS 能完善物流分析技术

作为地理信息自动处理与分析系统，GIS 能对以下的问题进行分析：

(1) 位置与趋势。GIS 使企业能清楚了解消费者所分布的地理位置，并精确地确定配送点和客户的位置。同时，它能对该地区最终消费者的购买能力及购买产品的变化趋势等进行分析。

(2) 模式与模拟。GIS 可模拟分析有能力购买该产品的用户在空中分布中呈现什么样的分布模式，如果在某地区建立一个大型的配货中心，会出现什么样的问题。地理空间分析是 GIS 的重要标志。在物流管理中，GIS 可以将空间数据和企业内部的业务数据与业务流程相结合，提供如销售分析、市场分析和选址分析等空间分析模块，提高决策分析的能力以及决策的准确度和工作效率。

4. GIS 能接收 GPS 数据

GIS 能接收 GPS 数据，并将它们显示在电子地图上，这在很大程度上能帮助企业动态地进行物流分析、选择与管理。目前，主流的 GIS 应用开放平台大多集成了路径分析模块。运输企业可以根据送货车辆的装载量、客户分布、配送订单、送货线路和交通状况等因素设定计算条件，利用该模块的功能，结合真实环境中所采集到的空间数据，分析客、货流量的变化情况，对公司的运输线路进行优化，可以便利地实现以费用最小或路径最短等目标为出发点的运输路径规划。

4.4　北斗、GPS 与 GIS 在物流领域的应用

4.4.1　全球定位技术与 GIS 在物流领域应用的优势

全球定位技术与 GIS 在物流领域应用的优势主要体现在以下几个方面：

(1) 全球定位技术和 GIS 的应用，必将提升物流企业的信息化程度，使企业日常运作数字化，企业拥有的物流设备或者客户的任何一笔货物都能用精确的数字来描述，不仅提高了企业运作效率，同时提升了企业形象，能够争取更多的客户。

(2) 与无线通信的结合，使得流动在不同地方的运输设备变得透明而且可以控制。结合物流企业的决策模型库的支持，根据物流企业的实际仓储情况，并且由全球定位技术获取的实时道路信息，可以计算出最佳物流路径，并且可以给运输设备导航，从而减少运行时间，降低运行费用。利用 GIS 和全球定位技术可以对车辆进行实时定位、跟踪、报警、通信等，能够满足掌握车辆基本信息、对车辆进行远程管理的需要，有效避免了车辆的空载现象，同时客户能通过互联网技术，了解自己货物在运输过程中的细节情况。

(3) 通过对物流运作的协调，促进协同商务发展，让物流企业向第四方物流角色转换。由于物流企业能够实时地获取每辆车的具体位置、载货信息，因此能用系统的观念运作企业的业务，降低空载率。这一职能的转变使物流企业为某条供应链服务，能够发挥第四方物流的作用。物流企业通过无线通信、GIS 和全球定位技术能够精确地获取运输车辆的信息，再通过互联网让企业内部和客户访问，从而把整个企业的操作、业务变得透明，为协同商务打下基础。

4.4.2　北斗、GPS 在物流领域的应用

北斗、GPS 为现代物流系统带来了崭新的运营方式。北斗、GPS 技术在物流领域中的应用，可以提高物流系统的客户满意度，加强对整个物流过程的监控，提高现代物流系统的运作管理水平。

在物流领域中，运输过程作为最重要的一个环节，对其过程的监控和管理是非常重要的。而 GPS 在这一领域可以发挥其强大的优势，来实现对整个运输过程的监控和管理。GPS 定位技术的出现，给车辆、轮船、火车等交通工具的导航与跟踪提供了准确、实时的定位能力。北斗、GPS 在物流运输过程中的应用主要体现在 6 个方面。

1. 导航功能

三维导航既是北斗、GPS 的首要功能，也是它们的基本功能，其他功能都要在导航功能的基础上才能完全发挥作用。飞机、船舶、地面车辆以及步行者都可以利用导航接收机进行导航。汽车导航系统是在 GPS 的基础上发展起来的一门新技术。它由北斗、GPS 导航、自律导航、微处理器、车速传感器、陀螺传感器、只读光盘(Compact Disc Read-Only Memory，CD-ROM)驱动器、液晶显示器(Liquid Crystal Display，LCD)组成。

北斗和 GPS 导航由北斗和 GPS 接收机接收北斗和 GPS 卫星信号(3 颗以上)，得到该点的经纬度坐标、速度、时间等信息。为提高汽车导航定位的精度，通常采用差分 GPS 技术。当汽车行驶到地下隧道、高层楼群、高速公路等遮掩物处而捕捉不到北斗、GPS 卫星信号时，系统可自动导入自律导航系统，此时由车速传感器检测出汽车的行进速度，通过微处理单元的数据处理，从速度和时间中直接算出前进的距离，陀螺传感器直接检测出前进的方向，陀螺仪还能自动存储各种数据，即使在更换轮胎暂时停车时，系统也可以重新设定。

由北斗、GPS 卫星导航和自律导航所测到的汽车位置坐标、前进的方向都与实际行驶的路线轨迹存在一定误差，为修正两者间的误差，使其与地图上的路线统一，需采用地图匹配技术，也就是加一个地图匹配电路，对汽车行驶的路线与电子地图上道路的误差进行实时相关匹配，并进行自动修正。此时，地图匹配电路通过微处理单元的整理程序进行快速处理，得到汽车在电子地图上的正确位置，以指示出正确行驶路线。CD-ROM 驱动器用于存储道路数据等信息，LCD 用于显示导航的相关信息。

2. 车辆跟踪功能

北斗、GPS 与 GIS 技术、GSM(Global System for Mobile Communications，全球移动通信系统)及计算机车辆管理信息系统相结合，可以实现车辆跟踪功能。利用北斗、GPS 和 GIS 技术可以实时显示出车辆的实际位置，并可以任意放大、缩小、还原和换图；可以随目标移动，使目标始终保持在屏幕上；还可以实现多窗口、多车辆、多屏幕同时跟踪。利用该功能可对重要车辆和货物进行跟踪运输。

目前，已开发出把北斗、GPS、GIS、GSM 技术结合起来对车辆进行实时定位、跟踪、报警、通信等的技术，能够满足掌握车辆基本信息、对车辆进行远程管理的需要，有效地避免了车辆的空载现象，同时客户能通过互联网技术了解自己的货物在运输过程中的细节情况。

3. 货物配送路线规划功能

货物配送路线规划是北斗、GPS 的一项重要辅助功能，包括如下两项：

(1) 自动路线规划。由驾驶员确定起点和终点后，计算机软件按照要求自动设计出最佳行驶路线，包括最快的路线、最简单的路线、通过高速公路路段次数最少的路线等。

(2) 人工路线设计。驾驶员根据自己的目的地设计起点、终点和途经点等，自动建立路线库。路线规划完毕后，显示器能够在电子地图上显示设计路线，并同时显示汽车运行路径和运行方法。

4. 信息查询功能

北斗、GPS 为客户提供主要物标，如旅游景点、宾馆、医院等数据库，用户能够在电子地图上根据需要进行查询。查询资料可以以文字、语言及图像的形式显示，并在电子地图上显示其位置。同时，监测中心可以利用监测控制台对区域内任意目标的所在位置进行查询，将以数字形式在控制中心的电子地图上显示车辆信息。

5. 话务指挥功能

指挥中心可以监测区域内车辆的运行状况，并对被监控车辆进行合理调度。指挥中心也可以随时与被跟踪目标通话，实行动态管理。

6. 紧急援助功能

通过北斗、GPS 和监控管理系统可以对遇到险情或发生事故的车辆进行紧急援助。监测控制台的电子地图可显示求助信息和报警目标，规划出最优援助方案，并以报警声和光的方式提醒值班人员进行应急处理。

4.4.3　GIS 在物流领域的应用

GIS 在物流领域的应用主要体现在 5 个方面。

1. 实时监控

经过全球移动通信系统网络的通道，将信号输送到车辆监控中心，监控中心通过差分技术换算位置信息，然后通过 GIS 将位置信号用地图语言显示出来。货主与物流企业可以随时了解车辆的运行状况、任务执行和安排情况，使不同地方的流动运输设备变得透明而且可控。另外，还可能通过远程操作、断电锁车、超速报警等对车辆行驶实施限速监管、偏移路线预警、疲劳驾驶预警、危险路段提示、紧急情况报警、求助情况报警和求助信息发送等，从而保障驾驶员、货物、车辆及客户财产安全。

2. 指挥调度

客户经常会因突发性的变故而在车队出发后要求改变原定计划，例如，公司在集中回程期间临时得到了新的货源信息，或者几个不同的物流项目需要交叉调车等。在上述情况下，控制中心借助于 GIS 就可以根据车辆信息、位置和道路交通状况向车辆发出实时调度指令，用系统的观念运作企业业务，达到充分调度货物及车辆的目的，降低空载率，提高车辆运作效率。若 GIS 为某条供应链服务，则能够发挥第三方物流的作用，把整个供应链上的业务操作变得透明，为企业供应链管理打下基础。

3. 规划车辆行驶路径

目前，主流的 GIS 应用开发平台大多集成了路径分析模块。运输企业可以根据送货车辆的装载量、客户分布、配送订单及送货线路交通状况等因素设定计算条件，然后利用该模块的功能，并结合真实环境中所采集到的空间数据，分析客、货流量的变化情况，从而对公司的运输线路进行优化处理，可以便利地实现以费用最少或路径最短等目标为出发点的运输路径规划。

4. 定位跟踪

车辆在行驶过程中，结合 GPS 技术实现实时快速的定位，这对于现代物流的高效率管理来说是非常关键的。在主控中心的电子地图上选定跟踪车辆，并将其运行位置在地图画面上保存，可精确定位车辆的具体位置、行驶方向、瞬间时速，形成直观的运行轨迹。利用该功能可对车辆和货物进行实时定位、跟踪，满足掌握车辆基本信息、对车辆进行远程管理的需要。另外，轨迹回放功能也是 GIS 和全球定位技术相结合的产物，可以作为车辆跟踪功能的一个重要补充。

5. 信息查询

货物发出以后，受控车辆所有的移动信息均被存储在控制中心计算机中，有序存档且方便查询。客户可以通过网络实时查询车辆运输途中的运行情况和所处的位置，了解货物在运输中是否安全、是否能快速有效地到达。收货方只需要根据发货方提供的相关资料和权限，就可通过网络实时查看车辆和货物的相关信息，掌握货物在途中的情况以及大概的到达时间，以此来提前安排货物的接收、存放以及销售等环节，使货物的销售链可提前完成。

习　　题

1. 简述全球定位系统的定位原理。
2. 简述 GIS 系统的组成。
3. GIS 能解决物流企业什么问题？
4. 讨论 GIS 和全球定位系统的关系。

第5章

智能物流中的物联网技术

案例导入

物联网技术在交通运输领域应用进展分析

未来，交通运输业将成为受物联网影响最大的行业之一。从优化导航到治理拥堵以及车辆利用、实时数据传输，物联网无疑将会彻底改变人们的工作和生活方式。

世界各国政府开始试行物联网运输计划。例如，中国的目标是到 2030 年，全国有 10% 的汽车实现完全自动驾驶。随着传感器和控制器的价格下跌，以及对更快捷互联网的迫切需求，采用物联网来提高运输行业的效率已经成为必然。专家预计，自动驾驶车队至少可以使汽车利用率提高 10 倍，大大降低汽车的基础成本。另外，自动驾驶汽车将改变汽车保险业务模式。实时数据、网络传输系统和车祸报告可以帮助保险公司更快捷地解决索赔问题并减少争议。

通过为物联网汽车配备实时驾驶、地图和视频数据，这些智能汽车在远处就能够观测到盲区和拐角，提前识别行人、骑车者和任何其他道路危险，并自动进行复杂的判断、计算分析和决策，以最大限度地提高人身安全。

除了物联网汽车本身，真正的智能城市还将配备复杂的道路传感器网络。这些传感器将把堵车和危险数据传达给其他车辆和交通信号灯，重新路由和负载平衡整个城市的交通。例如，汽车可以利用道路传感器找到最近的停车位，上海已经上线了首批 7 个智慧停车场库，驾驶者可以通过上海停车 APP 或扫描停车场内的二维码进入智慧停车场页面，体验智慧停车服务。

物联网将具备可扩展排车的能力，其中一组汽车耦合在一起，可以以相同的速度行进并保持相等的距离。排车可以改善交通安全、燃料消耗和尾气排放等问题。有调查显示，全自动高速公路系统可减少 70%～90% 的交通事故。

物联网大部分功能的核心技术依赖于 5G。5G 使用毫米波来确保每个设备接收到一个不间断且即时的专用数据流。物联网车辆基本上包含微型"云"系统，能够在彼此之间接收和传输信息，即车辆相互"对话"，并不断地向每个街角、停车位、公交车站和交通信号系统上的传感器发送信息。

此外，5G 对信号处理算法的复杂运用将有助于对信号发射的确切来源进行三角测量，允许基站为相关数据流绘制最佳传输路径，并不间断地传递给每个设备。高清地图的使用可使车辆定位精度达到厘米级。

5.1 物联网概述

5.1.1 物联网的概念与特征

1. 物联网的概念

1999 年，在美国召开的移动计算和网络国际会议上，美国麻省理工学院自动识别中心(MIT Auto-ID Center)的凯文·阿什顿(Kevin Ashton)教授在研究射频识别(RFID)技术时结合物品编码、RFID 和互联网技术的解决方案首次提出了"物联网"的概念，他因此也被称作是"物联网之父"。

2005 年，国际电信联盟(ITU)发布了《ITU 互联网报告 2005：物联网》，报告指出，世界上所有的物体，从轮胎到牙刷、从房屋到纸巾都可以通过互联网主动进行信息交换。ITU 扩展了物联网的定义和范围，物联网不再是基于 RFID 和 WSN，而是利用嵌入到各种物品中的短距离移动收发器，把人与人的通信延伸到人与物、物与物的通信。显而易见，物联网所要实现的是物与物之间的互联、共享、互通，因此又被称为"物物相连的互联网"，其英文名称是"Internet of Things(IoT)"。这有两层意思：第一，物联网的核心和基础仍然是互联网，物联网是在互联网基础上的延伸和扩展的网络；第二，其用户端延伸和扩展到了任何物品与物品之间，进行信息交换和通信。

从广义上说，物联网是指利用条码、射频识别、传感器、全球定位系统、激光扫描器等信息传感设备，按约定的协议，实现人与人、人与物、物与物在任何时间、任何地点的连接，从而进行信息交换和通信，以实现智能化识别、定位、跟踪、监控和管理的庞大网络系统。

2. 物联网的基本特征

物联网的基本特征包括全面感知、可靠传输、智能处理等。

1) 全面感知

全面感知也就是利用 RFID、传感器、二维码以及未来将出现的其他类型传感器，随时采集物体动态、丰富、广泛的信息，如长度、温度、湿度、体积、质量、压力等。当前的信息化接入对象不仅有计算机、手机等，还包含更丰富的物理世界，如传感器、仪器仪表、摄像头和其他扫描仪等。

2) 可靠传输

可靠传输是物联网的核心特点之一，它确保了物体信息的实时和准确传递。通过融合互联网和无线网络，物联网实现了各种物体间的异构互联，形成了"网中网"的结构。这种传输方式不仅依赖于电信网络和因特网的融合，还需要现有的无线和有线网络作为支撑。为了确保数据传递的稳定性和可靠性，物联网采用了多种通信协议和技术，如近距离无线通信技术、移动通信技术和卫星通信技术等。这些技术和协议共同作用，保证了物与物之间信息的实时、准确交互和分享。

3) 智能处理

物联网设备通过云计算、模糊识别等技术，对跨地域、跨行业、跨部门的大量数据进行智能分析和处理，提升对物理世界、经济社会各种活动和变化的洞察力，实现智能化的决策和控制。

5.1.2　物联网的工作原理

"物联网"概念的出现和应用，将传统思维中的物理世界与 IT 世界进行了全面整合，建筑物、实体设备设施将与芯片、宽带整合为统一的基础设施。因此，物联网中的基础设施是一个整体，经济管理、生产运行、社会管理乃至个人生活都与物联网密不可分。物联网的工作原理如图 5-1 所示。

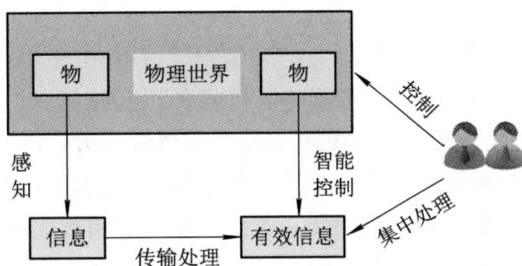

图 5-1　物联网的工作原理

下面从感知、传输处理和信息的应用 3 个方面来介绍物联网的工作原理。

1. 感知

感知即信息的感知，是指信息来源于对物体属性的感知过程。首先，对物体属性进行标识。物体属性包括静态属性和动态属性，静态属性可以直接存储在标签中，而动态属性需要先由传感器进行实时探测。其次，通过识别设备完成对物体属性的读取，并将信息转化为适合网络传输的数据格式。

2. 传输处理

传输处理是指信息的传输处理。物体属性通过感知采集过程转化为信息，信息通过网络传输到信息处理中心，再由信息处理中心完成物体通信的相关计算，将有效信息进行集中处理。信息处理中心可以是分布式的，如家用计算机或者手机；也可以是集中式的，如中国移动的 DC(Data Channel，数据通道)。

3. 信息的应用

物体的有效信息分为两个应用方向：一个应用方向是经过集中处理反映给"人"，通过"人"的高级处理后根据需求进一步控制"物"；另一个应用方向是直接对"物"进行智能控制，而不需要经过"人"的授权。

5.2 物联网的关键技术与架构

5.2.1 物联网的关键技术

物联网是一次技术的革命，它揭示了计算机和通信的未来，它的发展也依赖于一些重要领域的动态技术创新。物联网借助集成化信息处理，为工业产品和日常物体赋予智能化的特征和性能。物联网还能满足远程查询的电子识别需要，并能通过传感器探测周围物理状态的改变，甚至像灰尘这样的微粒都能被标记并纳入网络。这样的发展将在我们的环境中处处嵌入智能，使现今的静态物体变成未来的动态物体，刺激更多创新产品和服务的诞生。物联网将融合各种技术和功能，搭建一个完全可交互、可反馈的网络环境。

下面介绍物联网的关键技术。

1. 感知和识别技术

感知和识别技术是物联网的基础，负责采集物理世界中发生的物理事件和数据，实现外部世界信息的感知和识别，主要包括传感器技术和识别技术。

(1) 传感器技术。传感器是物联网系统中的关键组成部分。传感器的可靠性、实时性、抗干扰性等特性，对物联网应用系统的性能起到举足轻重的作用。物联网领域常见的传感器有距离传感器、光传感器、温度传感器、烟雾传感器和角速度传感器等。

(2) 识别技术。对物理世界的识别是实现物联网全面感知的基础。常用的识别技术有二维码、RFID 标识、条码等，涵盖物品识别、位置识别和地理识别，物联网的识别技术以 RFID 为基础。RFID 是通过无线电信号识别特定目标并读写相关数据的无线通信技术，该技术不仅无须在识别系统与特定目标之间建立机械或光学接触，而且在许多种恶劣的环境下也能进行信息的传输，因此在物联网的运行中有着重要的意义。

RFID 技术作为物联网的核心技术，已经在不同的行业领域中得到了广泛的运用。RFID 技术在物流领域中的应用包括物流过程中货物的追踪、信息的自动采集、仓储的管理等。RFID 技术在交通领域中的应用包括高速公路的不停车收费系统、铁路车号自动识别系统以及在公交车枢纽管理中的运用等。在零售行业内，RFID 技术主要应用于对商品的销售数据统计、货物情况的查询及补货。除此之外，RFID 技术还应用于制造业、服装业、食品及军事等行业。

2. 信息通信技术

在信息网络中，信息通信技术是网络参数之间的对话和交流以及实现各项数据之间顺畅交互的基础。在现今的物联网技术中，物联网是通过信息通信协议实现监测数据与后台系统的可靠传输和交流的。根据通信范围的不同，物联网中的信息通信技术可以分为近距离通信和广域通信两个方面。近距离通信一般为传感器和现场控制中心提供信息传输服务，遵从 IEEE 802.15.4 低端通信协议，如 Zigbee 通信协议。该通信协议就是给传感器和现场控制中心提供通信服务的协议，Zigbee 通信协议具有距离短、功耗低、传输速率低等性能，特别适合底层网络和控制中心处理要求不高的简单系统。另外，在物联网中，近距离的通信协议可以利用蓝牙、Wi-Fi 等无线局域网中的通信协议构建传感器数据通信网络。在广域通信方面，网络通信可通过 TCP/IP 协议，以及借助移动通信的 4G/5G 网络和 WiMAX(全球微波互联接入)网络协议、TD-LTE(分时长期演进)、卫星通信等技术实现信息的远程传输。

3. 信息处理技术

物联网采集的数据往往具有海量性、时效性、多态性等特点，给数据存储、数据查询、质量控制、智能处理等带来极大挑战。信息处理技术的目标是将传感器等识别设备采集的数据收集起来，通过信息挖掘等手段发现数据内在联系，为用户下一步操作提供支持。当前的信息处理技术有云计算技术、智能信息处理技术等。

4. 无线传感器网络

无线传感器网络是物联网中的基础网络，是通过分布式信息采集、数据无线传输和信息处理等多个模块组成的一体化基础网络通信处理系统。无线传感器网络的组网方式便捷灵活，网络架构逐渐趋于微型化，并且功耗低、成本低，非常适合应用在移动设备的测量及组网领域，适合在物联网和智能电网应用中推广。无线传感器网络的核心技术包括网络拓扑控制结构、节点组网、节点覆盖、节点信号隔离及问题节点预知报警、信号定位、路由及降耗增效技术等。

5. 物联网中间件技术

在物联网的组网分层设备中，即在感知层、网络层及集成服务器的信息交互过程中，存在一个中间件，中间件内部集成了各类硬件设备和图形显示模块。物联网中间件技术支持不同通信协议，具备在各种复杂的运行环境中运行的能力。根据目标和实现机制的不同，物联网中间件可分为对象请求代理、远程调用和面向消息 3 类。物联网中间件首先要为上层的应用层服务，主要为应用层提供各种形式的通信服务，其次必须连接操作系统的后台，确保后台系统正常工作。

引入物联网中间件技术，并基于软件系统的服务构架，可屏蔽物联网平台的软、硬件的干扰，降低软件开发难度，促进各类设备、各功能系统间的互联互通，实现各环节、各系统及各种技术间的资源共享。

6. 信息安全技术

信息安全是物联网各层次都要面对的一个难题，物联网需要解决恶劣环境和人为因素对数据采集环节和节点间信息传递环节带来的安全问题。在未来的物联网中，每个人及每件物品都将随时随地连接在网络上并被感知。在这种环境中，确保信息的安全性和隐私性，防止个人信息、业务信息和财产丢失或被他人盗用，将是物联网推进过程中需要突破的重大课题。

在信息安全方面，物联网的信息安全协议与互联网的信息安全协议类似，包括恶意入侵检测、通道信息加密、故障和恶意节点的识别等。在信息安全保证方面，物联网为了保证信息的安全，采取了通信扩频、传感器节点接入认证、信号鉴权、传输数据水印加密等技术。落实信息安全技术的主要目的还是增强数据采集和传输的安全性与稳定性。

5.2.2 物联网的系统架构

物联网通过生活中的物质交换和各项领域的统筹管理进行统一网络收集和智能判断，从而彻底实现人类生活调配的自动化控制。物联网最基础的功能是对实体现象的感知，感知功能是物联网的"眼睛"，通过"眼睛"的系统收集，再经过智能模型的判断、分析、计算和处理，最终实现物联网的统一协调和智能管控，使物联网更好地适应复杂的运行环境，实现真正的资源约束。

物流网系统架构一般分为 3 层，分别为感知层、网络层和应用层，如图 5-2 所示。感知层面向硬件，应用层面向用户，网络层是实现感知传递和应用指令下达的桥梁。

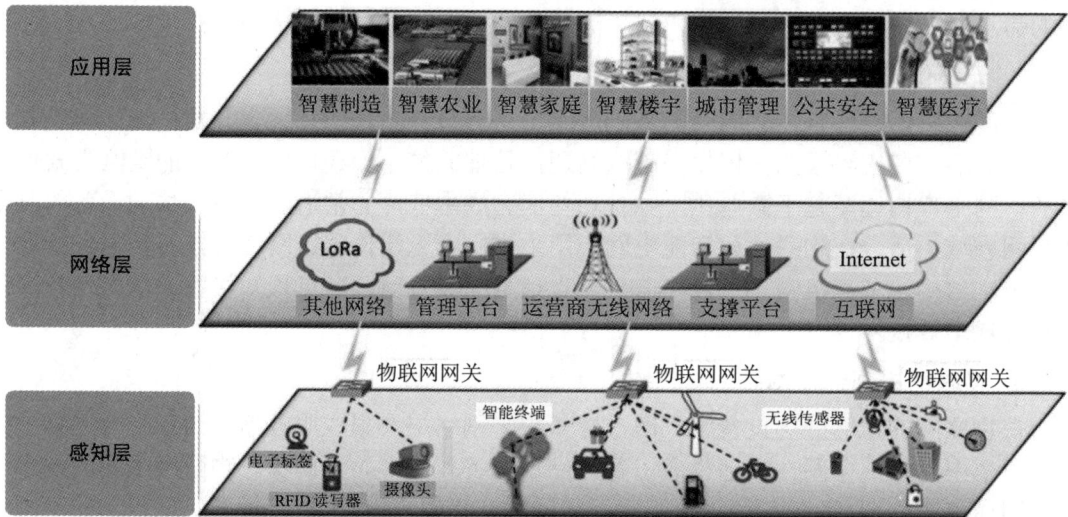

图 5-2 物联网的三层系统架构

1. 感知层

感知层处在物联网的最底层，由安置在各个部位和节点的感知设备组成，在功能上与自控系统的传感器类似，主要收集现场设备的各项数据及参数。感知层网络是由各个节点的感知设备通过自组织形式构建的网络，并通过感知网络采集现场设备运行的各项数据，进行智能计算、状态判断及自动化控制。

感知层的构成包括实体感触端、感触传输网和感知工具。实体感触端与物质世界紧密相连，是物联网对物理实体属性信息进行直接感触的载体，也是整个物联网网络的末梢节点。实体感触端可以以实物方式存在，也可以是虚拟的。感触传输网是对物理实体的属性信息进行传输的网络，距离可以很长。感知工具是将物理实体的属性信息转化为可在网络层的传输介质中传输的信息工具。

2. 网络层

网络层由各种私有网络、互联网、有线和无线通信网、网络管理系统等组成，在物联网中起到信息传输的作用。该层主要用于对感知层和应用层之间的数据进行传递，它是连接感知层和应用层的桥梁。在整个物联网系统架构中，所有的数据传输都会应用到网络层的相关技术。通过网络管理中心调用相应的移动通信网、互联网等网络传输技术，将感知层各网络节点接入应急物资调度体系，使得应急物资调度系统中的各环节节点可以根据自己的需要访问不同的网络节点，从而获取所需的信息。

在感知层的基础上，网络层中有相应的工具(如汇集工具、处理工具、存储工具、调用工具和传输工具等)完成各项职能。汇集工具与感知层衔接，将感知层采集终端的信息进行集中，并接入物联网的传输体系；处理工具用于对传输信息进行选择、纠正以及不同信息形式间的转化等；存储工具需要对信息进行存储；调用工具以某种方式实现对感知信息的准确调用；传输工具是网络层的主体，通过使用传递感知信息的传输介质构建传输网络，使感知信息可传递到物联网的任何工作节点上。

3. 应用层

应用层主要包括云计算、云服务和决策模块，其功能有两方面：一是完成数据的管理和数据的处理；二是将这些数据与各行业信息化需求相结合，实现广泛智能化应用的解决方案。

应用层是物联网实现其社会价值的部分，也是物联网拓宽产业需求带来经济效益的关键，还是推动物联网产业发展的原动力。物联网的应用层通过应用服务器、手机、PC、PDA等终端，可在物流、医疗、销售、家庭等产业实现应用。未来的应用层需要拓宽产业领域，增加应用模式，创新商业运营模式，推进信息的社会化共享。

物联网中通过感知层和网络层传递的信息是原始信息，这些信息只有通过转换、筛选、分析、处理后才有实际价值，应用层就承担了该项工作。应用实施是通过应用层分析、处理的结果对事物进行相关应用反馈的实施，实现物对物的控制。应用实施既可由人参与，也可不由人参与而实现完全的智能化应用。

5.2.3　物联网的基本结构特点

物联网的三层基本结构是通过技术特点和在物联网体系中所起的作用以及功能来划分的，这样的基本结构具有如下特点：

(1) 物联网的各层在功能上是相对独立的，各层内部的改变不会影响其他层，这使得物联网的设计变得相对简单、灵活，同时对物联网的发展壮大也有利。

(2) 层与层之间是逐层上下连接的关系，下层作为上层的基础，为上层实现其功能提供支持。

(3) 层与层之间有不同的技术体系、功能模式以及协议、标准、社会保障及法律法规等支撑体系。

物联网三层基本结构的划分是目前业界对物联网基本结构划分较为统一的认识，但是随着业界对物联网研究的不断深入以及物联网本身的不断发展，物联网的基本结构也可能有所变化。中国仓储与配送协会将物联网的本质概括为三大特征：

(1) 互联网特征。对需要联网的"物"一定要有能够实现互联互通的网络。

(2) 识别与通信特征。纳入物联网的"物"一定要具备自动识别与物物通信的功能。

(3) 智能化特征。网络系统应具有自动化、自我反馈与智能控制的特点。

可见，物联网的用户端不仅包括人，还包括物品，物联网实现了人与物品及物品之间信息的交换和通信。

5.2.4　物联网技术的实施条件

在行业发展趋势的引导下，物流企业需要在现有的企业基础上对业务体系和业务流程等方面进行物联网技术体系的应用整合与改造，主要包括内部条件和外部条件两方面的支撑。

(1) 内部条件。内部条件包括软件基础(企业运营模式、组织机构设置和人员配备等)、硬件基础(业务信息系统、业务设施设备和信息调度控制中心等)以及物联网在物流企业应用的技术支撑。

(2) 外部条件。外部条件包括政府及企业的政策支持、客户资源、行业和各业务内容的标准规范，以及物联网技术体系改造所需的相关资源等。

5.3　物联网技术在物流中的应用

物流业作为国民经济的组成部分，为各产业的物品转移提供基础性服务。国家已把物流业列入十大产业振兴规划之列，并对其提出了一系列产业升级新要求。物联网技术作为全新的信息技术，给物流业带来了产业变革与发展的契机。运用物联网技术及时改造现有技术体系，尽快建立起物联网环境下的业务运转机制和管理制度，成为摆在我国物流企业特别是行业龙头企业面前的迫切任务。具有一定实力的物流企业需要抓住这一历史契机，实现物流企业管理运营水平的升级，建立智能物流系统。

5.3.1　物流领域应用物联网技术的必要性

在这个数字化的时代，物联网技术的出现为智能物流的发展提供了强大的支持和创新的解决方案。下面讨论物联网技术在智能物流中应用的必要性。

1. 物流企业集约化发展的需要

现阶段，我国的物流企业多采用粗放型的增长模式，过于依靠单纯扩大规模的方式发展，服务的集约化程度不高。精细化业务管理、拓宽服务衍生领域、优化企业资源配置、提高设备与资源的使用效率，进而实现企业附加值的增加，是物流企业集约化发展的需要。物联网技术提供的感知与控制功能能够有效地对物流信息进行采集与再利用，从而可提炼出信息附加价值，并对其进行有效利用。一方面，通过利用信息附加价值可引导企业内部流程，作出调度决策，实现企业业务与资源的优化；另一方面，通过信息附加价值面向企业外部的服务与交易，可实现企业物流服务体系的延伸以及进一步提升附加价值。物联网给物流企业提供了一个升级与改造的平台，有助于提升企业信息价值。企业可在现有市场份额不变的条件下，实现集约化发展。

2. 物流企业提升行业竞争力的需要

我国的物流市场是完全开放的市场，物流行业的准入门槛较低，使得我国的物流企业数目庞大且鱼龙混杂。国际上的大型物流公司在经营理念、装备水平、管理水平等方面，与我国的物流企业相比具有极大的优势。在激烈的竞争环境中，我国的物流企业在提升行业竞争力，尤其是在培育核心竞争力和不可替代性的竞争力方面显得尤为紧迫。物联网的应用是从企业开始的，在该行业实现物联网普及前，率先完成物联网化改造的企业将具备明显的行业竞争优势。我国的物流企业应立足长远，投资于企业的物联网建设，提升企业的行业竞争力，积极把握物联网这一新科技浪潮带来的机会。

3. 物流企业提升信息化水平的需要

信息化是现代物流业的重要标志，提升物流企业信息化水平也是十大产业振兴规划对物流业提出的发展要求。现代物流服务业的服务主要是围绕信息流、物流和商流形成的一系列业务与活动。信息流在其中起着主导作用，决定着物流和商流活动的顺利进行。企业只有利用信息技术不断提升其信息化水平，才能更好地采集和管理信息，实现高效的物流活动，在提升自身行业竞争力的同时为社会提供更为完善的服务。物联网技术的发展被称为第三次信息技术浪潮，相比现有的计算机和互联网信息技术，物联网技术具有更全面的信息采集能力和更强大的信息传输及处理能力。物流企业可以利用物联网技术对物流服务过程中的信息流进行高质量的管理，从而更好地引导物流和商流活动的进行。

5.3.2　物流领域应用物联网技术的意义

物联网技术可以实现物流设备的智能监视和远程控制，更好地监控运输环节，提高运输效率，降低物流成本，并且可以优化物流的管理体系，提高物流效益，从而提高企业经济效益，覆盖范围更广、更方便，提高服务质量。物流领域应用物联网技术的意义主要体现在 5 个方面。

1. 增加物流企业的利润源泉

长期以来，我国的物流企业面临着利润源单一、利润点低的状况，物流企业抗击市场风险能力不足且盈利水平有限，影响了企业的稳定性。将物联网技术应用于物流企业，除了能够优化现有业务、提高现有业务的利润点，还能创造新的利润源泉。利用物联网技术，可基于物流信息衍生一系列的信息服务，如物流过程跟踪、物流咨询、物流方案规划、物流市场调查及预测等，从而为企业寻找新的利润增长点，而不是将物流利润局限在一个狭小的范围内。物流企业利用物联网技术可真正实现利润源泉的挖掘。一方面，物流企业需要时刻关注市场动态，及时了解市场及客户的新需求，并将其作为提供物联网服务的切入点；另一方面，物流企业需要建立企业的创新和学习机制，通过提高企业创新能力，开展优质便捷的增值性服务。

2. 降低物流企业的运营成本

物联网技术的应用可降低物流企业的运营成本。从物流企业的微观角度来讲，通过感知与控制实现的自动化处理流程和操作流程，可节省物流活动中的人工、管理、信息采集、信息传输和信息处理等费用成本。从物流企业的整体运作角度来讲，物联网的实时、快速、自动、全方位的物流信息采集技术，可协助物流活动进行有效的业务调度，以加强物流各环节间的信息沟通，优化企业内外部的整体资源配置，实现企业物流整体成本的降低。尤其是对于为特定产业提供供应链管理的物流企业，物联网带来的整体控制功能，为其实现敏捷制造、即时物流、零库存提供了有力的技术支持。从整个物流行业的角度来讲，当物联网完成了从企业应用到行业应用的跨越时，通过完善的行业标准规范及相关制度的约束和管理，企业与企业之间可形成共同工作和动态联盟机制，实现物联网环境下的行业资源优化和行业合作优化，每个物流企业都将在这种行业优化中降低自身运营成本。

3. 有利于建立智能物流系统，提升物流企业的服务水平

物流市场既是服务市场，又是卖方市场。满足客户的服务需求是物流行业的首要任务，也是物流企业提升行业竞争力、塑造品牌效应的关键。物联网技术的应用可以有效地解决物流企业的技术瓶颈，构建完善的、满足市场需求的智能物流服务体系。例如：利用物联网制订高效的工作流程，灵活地进行个性化调整，实现个性化的物流服务；对订单进行全程追踪，使客户掌握每一个订单在供应链流程中的状态；利用信息的控制整合供应链资源，为供应链管理提供精细化和快速化服务；通过大量行业信息的集成或分析，提供信息交易服务和行业咨询服务。

5.3.3 物联网技术在运输中的应用

目前，作为物联网基础的传感技术、RFID 技术、GPS 技术、ETC 技术、视频智能监控技术等在各运输行业中有着广泛的应用。

1. 公路运输中的物联网技术

公路运输是现代运输的主要方式之一，公路货物运输业是经济社会发展的一个基础性和先导性产业，也是构成陆上运输的两种基本运输方式之一。近年来，随着经济全球化进程的加快和市场竞争的日益加剧，公路运输在整个运输领域中占有重要的地位，也发挥着越来越重要的作用。由于公路运输具有门到门的直达运输的优势，同时它也是车站、港口、机场集散货物的重要手段，因此一个高效、便捷、安全的公路运输系统和物流配送体系，不仅成为地区和国家投资环境的重要组成部分，也成为决定地区和国家制造业竞争力的重要因素。

在公路运输管理中，车辆运行安全管理系统运用 RFID 等物联网技术，可实现实时定位跟踪查询、车速监测、事故处理、历史数据查询与打印、数据统计、系统设置和联网等功能。

在货运车辆定位追踪管理中，通过采用 GPS 对车辆进行定位，在任何时候，调度中心都可以知道车辆的所在地、离目的地的距离，同时还可以了解到货物还需要多长时间才能到达目的地，使配送计划可以精确到小时。这样就提高了整个物流系统的效率。另外，借助于 GPS 技术提供的准确位置信息，还可以对故障或事故车辆实施及时的救援。

GPS 技术在高速公路监控系统中的应用，最主要的是通过外场设备对现场交通状态进行实时采集，针对高速公路范围内的各种交通状况、交通事件和气象状况，利用建立的数学模型进行相关计算，生成相应的控制策略和控制方案，通过控制人员的确认采用不同的控制方案，然后通过可视信息等途径反馈给驾驶人员，引导交通流达到管理者期望的状态，同时保证了安全和高效。

2. 铁路运输系统中的物联网技术

铁路是国民经济的大动脉，铁路运输是现代化运输业的主要运输方式之一。我国铁路

的信息化发展速度很快，高铁运行调度与管理信息系统、铁路集装箱运输系统等都应用了物联网技术。例如，采用 RFID 技术来实现集装箱的跟踪管理，包括验货、装箱、移箱、装车等操作，进行实时监控；铁路大型养路车的在线监控系统设计融合了 GPS、GIS 以及 GPRS(General Packet Radio Service，通用分组无线服务)等技术。

未来"数字铁路"将全面采用物联网技术改造铁路系统，在基于运输系统、全球卫星定位系统、遥感及空间数据库信息化技术的基础上，大力推进铁路的信息化进程。

3. 航空运输系统中的物联网技术

航空运输即使用飞机、直升机及其他航空器运送人员、货物、邮件的一种运输方式。航空运输具有快速、机动的特点，主要适合运载的货物有两类：一类是价值高、运费承担能力强的货物，如贵重设备的零部件、高档产品等；另一类是紧急需要的物资，如救灾抢险物资等。

RFID 技术在航空货运管理上的应用可以为用户带来从货物代理收货到机场货站、安检、地面服务交接等环节效率的提高和差错率的降低，并可监控货物的实时位置。GPS 等技术在飞机空地指挥系统中也得到了广泛的应用。

4. 水路运输系统中的物联网技术

在水路运输中物联网技术的应用开发较早，尤其在港口信息化领域，很多港口都采用了 RFID 技术和 GPS 技术建立智能港口。许多航运港口部门已经或正在利用 GIS 技术建立网络型基础信息管理系统，实现港口、航道、水域的信息共享。此外，将 GIS 与 GPS、GSM 技术有机地结合在一起，可以实现船舶动态监控，利用 GIS 技术的数据采集手段建立矢量电子地图和水下地形图，通过 GPS 接收的卫星信号可为船舶入港的正确行驶提供必要信息。

5.3.4　基于物联网技术的物流仓储系统架构

库存管理在整个物流过程中占据着非常重要的地位。现代技术水平在不断进步，基于物联网技术的库存管理模式更能适应市场需求的变化，实时掌握物流过程中产品的品质、标识、位置等信息已经成为现代物流管理的新要求。基于物联网环境的仓储系统架构设计包括系统编码体系、射频识别系统、系统网络结构、服务及软件和系统硬件等 5 个部分。

1. 系统编码体系

仓储实体大致可以分为货物类、设备类、设施类、人员类和环境类。仓储管理时需要在实体对象上粘贴一定编码的 RFID 标签，才能实现仓储智能管理。仓储信息编码可参照 EPC 分字段的编码方式，信息访问以内部服务器为主，并保留访问外网的数据端口。

2. 射频识别系统

仓储信息自动化采集系统能够在货物移动和静止时对信息进行快速、准确的获取。采集系统主要有两类：一是普及范围最广的 RFID 系统，二是传感系统。RFID 系统在仓储管理中主要被应用于信息采集，体现为对人员、货物、设施和设备的监管，信息采集用于数量统计、定位、权限和流程管理等多个方面；而传感系统针对不可标识的物体收集信息，用于对工作环境、物品存储环境和物品形状的检测。

3. 系统网络结构

物联网仓储系统的网络是混合型网络，包括现场总线网络、局域网、无线传感网等，前两者的应用最多。物联网仓储系统涉及很多自动化、电子设施设备，如自动传输装置、智能机器、立体货架、电子显示屏、扩音器等，这些设备的信息交互是必须要解决的问题。网络拓扑结构包括星形、环形、树状、分布式结构和总线型。如果以总线技术搭建网络系统，可以分为 3 层结构，即数据采集系统、过程控制系统和监管系统。

4. 服务及软件

仓储系统服务是为仓储信息的采集、传输和处理设定控制和计算规则。通过这些规则为应用层提供必要的服务，满足仓储管理的需求。需求包括信息采集、数据集成、资源调度、流程优化和权限管理。这些服务以一定的输入、输出实现仓储系统的软件系统功能。软件系统处于仓储系统最高层，按功能大致分为业务应用、数据库和中间件 3 个部分。功能模块包括业务管理、安全管理、数据管理、协作管理、电子地图、设备管理和财务管理等。

5. 系统硬件

仓储系统所涉及的物联网相关硬件设备大致有计算机、手机、PDA、RFID 货物标签、RFID 托盘标签、RFID 工作人员标签、RFID 货位标签、叉车车载读卡器、天线、电子显示屏、电子语音设备、温度传感标签、湿度传感标签、光传感标签、红外传感器和相应读卡器、门式固定读卡器、摄像头、地标、通风和供暖设备等。

习　　题

1. 简述物联网系统架构。
2. 物联网的关键技术有哪些？
3. 物联网技术在物流中的应用有哪些？
4. 举例说明身边的传感器(列举 5 项以上)。

第 6 章

智能仓储设施与设备

案例导入

某医药企业的智能仓储

目前，医药行业对产品质量和追溯要求极高。某医药企业借助智能仓库管理系统，实现了对药品的全生命周期管理。

在入库时，仓库管理系统会对每一批药品进行详细记录，包括生产日期、批次、有效期等信息。在存储过程中，根据药品的特性和要求，控制仓库的温湿度等环境条件。在出库时，严格按照先进先出的原则，并确保药品的流向可追溯。通过仓库管理系统与药品监管码系统的对接，实现了对每一盒药品的精准追溯。一旦药品出现质量问题，智能仓库管理系统就可以迅速定位问题药品的批次和流向，并及时采取召回措施，从而保障了公众的用药安全。

6.1　智　能　仓　储

6.1.1　仓储概述

1. 仓储的概念

仓储是产品生产、流通过程中因订单前置或市场预测前置而使产品、物品暂时存放的场所。它是集中反映工厂物资活动状况的综合场所，是连接生产、供应、销售的中转站，对促进生产、提高效率起着重要的辅助作用。同时，围绕着仓储实体活动，做出清晰准确的报表、单据账目，会计部门据此进行准确核算，因此仓储是物流、信息流、单证流的合一。

2. 仓储的功能

仓储的价值主要体现在其具有的基本功能、增值功能及社会功能 3 个方面。

(1) 基本功能。基本功能是为了满足市场的基本储存需求，仓库所具有的基本操作或行为，包括储存、保管、拼装、分类等基础作业。其中，储存和保管是仓储最基础的功能。通过基础作业，货物得到了有效的、符合市场和客户需求的仓储处理，例如，拼装可以为进入物流过程中的下一个物流环节做好准备。

(2) 增值功能。增值功能是通过仓储高质量的作业和服务，使经营方或供需方获取额外的利益，这个过程称为附加增值。这是物流中心与传统仓库的重要区别之一。增值功能的典型表现方式包括：一是提高客户的满意度，当客户下达订单时，物流中心能够迅速组织货物，并按要求及时送达，提高了客户对服务的满意度，从而增加了潜在的销售量；二是信息的传递，在仓库管理的各项事务中，经营方和供需方都需要及时且准确的仓库信息。

(3) 社会功能。仓储的基础作业和增值作业会给整个社会物流过程的运转带来不同的影响，良好的仓储作业与管理会带来正面的影响，例如，保证了生产、生活的连续性。这些功能被称为社会功能，主要从 3 个方面进行理解。第一，时间调整功能。一般情况下，生产与消费之间会产生时间差，通过储存可以克服货物产销在时间上的隔离(如按季节生产但需全年消费的大米)。第二，价格调整功能。生产和消费之间也会产生价格差，供过于求、供不应求都会对价格产生影响，因此通过仓储可以克服货物在产销量上的不平衡，达到调控价格的效果。第三，衔接商品流通的功能。商品仓储是商品流通的必要条件，为保证商品流通过程连续进行，就必须有仓储活动。通过仓储，可以防范突发事件(如运输被延误、卖主缺货等)，保证商品顺利流通。

3. 仓储的类型

企业可以选择自建仓库、租赁公共仓库或采用合同制仓储，为库存的物料、商品准备仓储空间。

(1) 自建仓库仓储。相对于公共仓储而言，企业利用自建仓库进行仓储活动可以更大程度地控制仓储，管理也更具灵活性。

(2) 租赁公共仓库仓储。企业通常租赁提供营业性服务的公共仓库进行储存。

(3) 合同制仓储。合同制仓储公司能够提供专业、高效、经济和准确的分销服务。

一个企业是自建仓库还是租赁公共仓库或采用合同制仓储需要考虑的因素主要有周转总量、需要的稳定性和市场密度。

6.1.2 智能仓储概述

1. 智能仓储的含义

智能仓储就是在传统的仓储基础上，对仓储的设施、存储的管理系统、行为规范和标准进行设计和改进，通过科学的仓储系统改进和规划，利用先进的现代化智能设备构建统一的仓储网络，引进先进的技术改革，使仓储系统达到整体的统一管理和调度，实现智能仓储的真正自动化和智能化。

智能仓储是物流过程的一个重要环节，智能仓储的应用保证了货物仓库管理中各个环节数据输入的速度和准确性，确保了企业能及时准确地掌握库存的真实数据，以便合理保持和控制企业库存。通过科学的编码，还可方便地对库存货物的批次、保质期等进行管理。现代仓储系统内部不仅物品复杂、形态各异、性能各异，而且作业流程复杂，既有存储，也有移动，既有分拣，也有组合。因此，以仓储为核心的智能物流中心，经常采用的智能技术有自动控制技术、智能机器人码垛技术、智能信息管理技术、移动计算技术、数据挖掘技术等。当然，建立一个智能仓储系统还需要物联网的鼎力支持。

在一般意义上而言，智能仓储是指两条映射的主链相互作用而构成的现代信息管理系统。一条是"采集—处理—流通—管理—分析"的信息加工链，另一条是"入库—出库—移库—拣选—分发"的业务环节链。信息加工链包含了与物联网技术有关的先进信息技术，可以智能化地完成仓储物流业务环节链的各个业务管理过程，如物品流动实时监控、货位动态分配、统计报表输出等，使得仓储货物的流转效率提高、物流成本降低，从而为仓储物流的提供商带来最大化的利润，为仓储服务对象提供优良的服务，最大限度地降低了不必要的资源消耗，从整体上提高了产业链的信息化水平，带动了整个产业良性有序地发展。

2. 智能仓储的特点

智能仓储的智能特征主要表现在两个方面。第一，实现了仓储管理的智能化。由于它大量采用物联网感知技术，如 RFID 标签、传感器和 M2M 等技术，因此可以实时反映仓储货物的流动状况，主动传递异动信息，实现仓储物流过程的完全监控。第二，智能仓储具备了仓储管理决策的自动化特征。由于数据感知和处理与仓储生产调度实现了一体化，获取的实时数据可以即时地被二次加工处理。在对大量历史和即时数据进行科学建模、智能分析的基础上，系统将迅速准确地得出反馈结果，这将有助于企业了解仓储物流的真实状态，从而做出正确的生产决策，使得日益丰富的仓储个性化需求得到更加灵活的响应。

与传统的仓储相比，智能仓储有很多突出的优势。

(1) 智能仓储由统一的网络控制，这样既保证了智能仓储信息的安全，同时有利于智能仓储系统对仓储进行统一管理和控制。

(2) 智能仓储采用智能设备进行操作，大大减少了人工操作，节约了劳动成本，同时提高了仓储效率。

(3) 智能仓储采用智能软件进行人工控制和管理，大大提高了管理效率，同时由于软件的使用非常简单，使得客户可以亲自管理仓库。

(4) 智能仓储采用无线传感技术控制仓库的环境，保证了商品存放的环境安全，同时也大大提高了商品的存放时间。

3. 智能仓储的任务

智能仓储的任务包括以下几点：

(1) 提高货物出入库效率。智能仓储可实现非接触式货物出入库检验，问题货物标签写入检验信息与后台数据库联动。

(2) 提高货物盘库效率。库管员持移动式阅读器可完成非接触式货物盘库作业，缩短盘库周期，降低盘库人工成本，盘库信息与后台数据库联动，自动校验。

（3）提高货物移库效率。智能仓储可实现仓储货物在调拨过程中的全方位实时管理，可以准确快速地定位移库货物，提高移库工作灵活性；通过对移库货物的移库分析，可找出最佳货物存放位置。

6.2　智能仓储设施与设备

6.2.1　智能仓储设施与设备的概念

智能仓储设施与设备是物流仓储保管作业活动中所运用的智能化、自动化物流设施与设备，其种类较多，主要包括智能存储、自动输送、智能分拣等设施与设备。其中，智能存储设施与设备主要用于货品的存放，包括自动化立体仓库和密集仓储系统所涉及的立体货架、堆垛机、穿梭车、升降机等；自动输送设施与设备主要包括带式输送线、辊筒输送线以及链式输送线等，主要用于托盘和周转箱的输送；智能分拣设施与设备包括交叉带分拣系统、翻盘分拣系统、滑块分拣系统、摆轮分拣系统等，以及以 AGV 和机械臂为核心的机器人分拣系统。

由上述设施与设备组成的智能仓储设施与设备系统是智能仓储设施与设备应用的重要组成部分。智能仓储设施与设备系统是综合利用计算机、云计算、互联网和物联网等先进技术，将高位立体货架、巷道堆垛机、升降设备、自动出入库输送设施与设备、自动分拣系统设施与设备、室内搬运车、机器人等设备进行系统集成，形成具有一定感知能力、自行推理判断能力、自动操作能力的智慧系统。典型的智能仓储设施与设备系统包括自动化立体仓库系统和穿梭车式密集仓储系统。

与传统的仓储设施与设备相比，智能仓储设施与设备系统具有能耗低、无污染、效率高、技术含量高等特点，承载着国家对企业"转型升级、智能制造"等的重要期望。同时，第三方物流、电商等行业的兴起，对仓库规模、出入库效率和准确率要求更高，仓储物流企业面临着库存扩容、减员增效、技术升级、降本增效的现实需要，智能仓储设施与设备系统的建设成为企业的当务之急。更多企业具有智慧升级改造的迫切需求，这也是智能仓储设施与设备高速发展的重要动力。

6.2.2　智能仓储设施与设备的特征

智能仓储设施与设备具有管理系统化、操作信息化、作业自动化、数据智慧化、网络协同化等特征。

1. 管理系统化

智能仓储设施与设备不是简单的独立运作的仓库设备，它由 WMS 和 WCS (Warehouse

Control System，仓库控制系统)进行集中管理、集成调度，并与仓储活动涉及的各类人力资源、货品器具、信息数据等集成在一起，由仓储管理系统统一管理控制，实现在管理系统支撑下的功能集成与一体控制。

2. 操作信息化

智能仓储设施与设备一般不需要人工直接进行操作，而是通过计算机进行管理控制，操作人员仅需录入有关信息参数，监测设施与设备运行状态数据，设施与设备系统会自动感知与识别信息并执行仓储作业活动。

3. 作业自动化

智能仓储设施与设备普遍应用机械自动化、人工智能技术，能够实现出入库、分拣输送、包装集装等作业活动的自动化，快速且准确地完成货品存取与收发。作业环节部分或全部实现无人化，作业效率大大提升。

4. 数据智慧化

智能仓储设施与设备在作业过程中，能够实时记录作业数据，并将数据信息上传至信息系统数据库，通过数据的集中存储管理与分析处理，挖掘有用信息，监控设施与设备运行，智能完成设施与设备启停、状态报警、货位分配、货品指定、路线选择、库存控制等运行控制与管理决策活动，实现仓储作业智慧化。

5. 网络协同化

智能仓储设施与设备系统与企业采购系统、生产系统、销售系统、配送系统等有机对接，形成一种智慧物流链，使企业的物变成智能化的"活"物，在需要的时间，以需要的数量、需要的状态，出现在需要的地方。智能仓储设施与设备的前伸后延，不仅为智能仓储设施与设备行业带来新的发展契机，也为客户带来更多价值，助力客户实现智能制造。

6.3　自动化立体仓库

6.3.1　自动化立体仓库概述

1. 自动化立体仓库的概念

自动化立体仓库简称"立库"，一般是指采用高层货架来储存单元货物，用相应的物料搬运设备进行货物入库和出库作业的仓库。利用立体仓库设备可实现仓库高层合理化、存取自动化、操作简单化。

自动化立体仓库主要是指基于高层货架和巷道堆垛机进行自动存取的立体仓库。自动化立体仓库系统(Automated Storage and Retrieval System，AS/RS)，也称为自动存取系统，由高层货架、巷道堆垛机、出入库输送系统、自动化控制系统、计算机仓库管理系统及其周边设备组成，可对集装单元货物实现自动化保管和计算机管理。自动化立体仓库如图 6-1 所示。

图 6-1   自动化立体仓库

2. 自动化立体仓库的特点

1) 自动化立体仓库的优势

自动化立体仓库的优势主要体现在以下 7 个方面：

(1) 提高空间利用率。自动化立体仓库可充分利用仓库垂直空间，其单位面积的存储量远大于传统仓库；可以实现随机存储，任意货物存放于任意空仓内，由系统自动记录准确位置，避免传统仓库分类存放货物所造成的大量空间闲置，大大提高了空间的利用率。

(2) 实现物料先进先出。传统仓库由于空间限制，将货物码放堆砌，常常是先进后出，导致货物积压、空间浪费。而自动化立体仓库系统能够自动绑定每一票货物的入库时间，自动实现货物先进先出。

(3) 智能作业账实同步。传统仓库的管理涉及大量的单据传递，且很多单据由手工录入，流程冗杂且容易出错。而立体仓库管理系统在与 ERP(Enterprise Resource Planning，企业资源计划)系统对接后，从制定生产计划到下达货物的出入库指令，可实现全流程自动化作业，且系统自动过账，保证了信息准确及时，避免了账实不同步的问题。

(4) 满足货物对环境的要求。相比传统仓库，自动化立体仓库能较好地满足特殊仓储环境的需要，如避光、低温、有毒等特殊环境，保证了货品在整个仓储过程中的安全，提高了作业质量。

(5) 可追溯。通过条码技术等可准确跟踪货物的流向，实现货物的物流全过程可追溯。

(6) 节省人力资源成本。在自动化立体仓库内，各类自动化设备代替了大量的人工作业，大大降低了人力资源成本。

(7) 及时处理呆滞料。自动化立体仓库系统的物料在入库时会自动建账，不产生死料，可以搜索一定时期内没有操作的物料，及时处理呆滞料。

2) 自动化立体仓库的劣势

自动化立体仓库的劣势主要体现在以下 4 个方面:

(1) 投资建设成本高、周期长。

(2) 存储货物有严格要求。

(3) 管理维护要求高。

(4) 柔性相对较差。

6.3.2　自动化立体仓库的类型

自动化立体仓库的类型较多,可按照存取货物单元的形式、自动化立体仓库建筑的形式和巷道轨道的形式等进行分类。

1. 按照存取货物单元的形式进行分类

自动化立体仓库按照存取货物单元的形式可分为托盘式和箱式自动化立体仓库。

1) 托盘式自动化立体仓库

托盘式自动化立体仓库是一种以托盘单元为基本存取单元的自动存取系统,一般应用于整箱、整件货物的存取,具有适用范围广、承载能力强、存储密度大的特点。如图 6-2(a) 所示为托盘式自动化立体仓库。

(a) 托盘式自动化立体仓库

(b) 箱式自动化立体仓库

图 6-2　自动化立体仓库

托盘式自动化立体仓库的高度可达 40 m，常用荷重为 1000 kg，储位量可达 10 万余个托盘，适用于大型仓库。而一般仓库最普遍的高度以 6～15 m 为主，储位数为 1500～2000个。托盘式自动化立体仓库可应用于大型生产型企业的采购件仓库、成品件仓库、柔性自动化生产系统(FAS)以及流通领域的大型流通中心、配送中心等。

托盘式自动化立体仓库在货物入库前，首先要进行集装单元化工作，即根据货物包装及重量等特性进行组盘，以便符合托盘尺寸、承重和堆高等要求，再由巷道堆垛机将其送至指定货位。

2) 箱式自动化立体仓库

箱式自动化立体仓库是针对物流箱、吸塑盘或者纸箱的存储和订单拣选系统，其荷重一般小于 300 kg，以储存重量较轻的物品为主，是一种轻负载式立体仓库。为保证拣货效率，箱式自动化立体仓库一般高度为 5～10 m，随着定位技术和堆垛机运行速度的不断提升，也有超过 20 m 的大型箱式立库出现，例如苏宁南京云仓的箱式立库系统的整个货架高22 m，共有 33 840 个料箱存储位。"堆垛机 + 料箱拣选"结构的箱式自动化立体仓库通常也称为 Miniload(迷你堆垛机)。如图 6-2(b)所示为箱式自动化立体仓库。

作业时，物流箱和纸箱被传送到配有针对巷道设计的起重设备的订单拣货工作站，以便拣货人员直接操作。箱式自动化立体仓库可以与流利式货架和电子标签拣选系统结合，借助于箱式自动化立体仓库可以自动补货到拣选位置，从而使订单拣货系统更有效。

与 AS/RS 相比，Miniload 系统具有更高的作业效率。例如，苏宁南京云仓的 AS/RS 每小时可实现自动存取双循环 30 个托盘(单循环 50 个托盘)，而 Miniload 系统每小时可实现小件料箱和硬纸箱自动存取双循环 1400 箱(单循环 1800 箱)，能够实现每天 60 万件商品的补货出库。

2. 按照自动化立体仓库建筑的形式进行分类

自动化立体仓库按照其建筑的形式可分为整体式和分离式自动化立体仓库。

1) 整体式自动化立体仓库

整体式自动化立体仓库是指库房与货架合一的仓库结构形式，仓库建筑物与高层货架相互连接，形成一个不可分开的整体。货架除了存储货物，还作为建筑物的支撑结构，是建筑物的一部分。一般整体式自动化立体仓库的高度在 15 m 以上。这种仓库结构重量轻，整体性好，抗震性好。如图 6-3(a)所示为整体式自动化立体仓库。

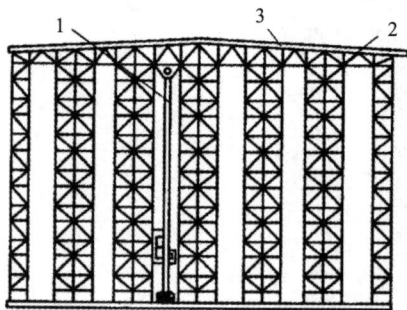

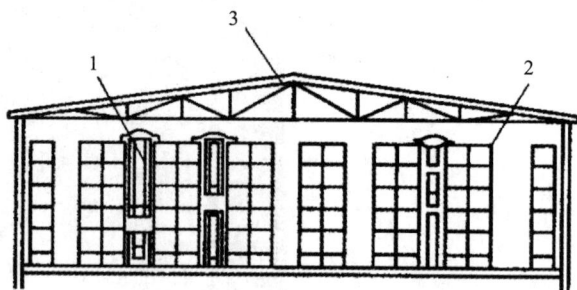

(a) 整体式自动化立体仓库   (b) 分离式自动化立体仓库

1—堆垛机；2—货架；3—仓库建筑结构。

图 6-3 两种不同建筑形式的自动化立体仓库

2) 分离式自动化立体仓库

分离式自动化立体仓库是指库架分离的仓库结构形式，货架单独安装在仓库建筑物内。分离式自动化立体仓库的高度一般在 15 m 以下，但也有 15～20 m 的。这种仓库适用于利用原有建筑物作库房，或在厂房和仓库内单建一个高货架的场合。无论哪种形式，高层货架都是主体。如图 6-3(b)所示为分离式自动化立体仓库。

3. 按照巷道轨道的形式进行分类

巷道轨道的形式即堆垛机在巷道中行走的方式，主要有直行巷道、U 型巷道以及转轨巷道 3 种形式。

1) 直行巷道自动化立体仓库

直行巷道自动化立体仓库的特点是每个巷道必须配置一台堆垛机在轨道上来回行走，这种形式可以使出库入库分布在巷道的两头，也可以使出入库都在一头。出库和入库分时进行，系统出入库的效率较高。

2) U 型巷道自动化立体仓库

U 型巷道自动化立体仓库的特点是两个直行轨道中间直接采用弯道连接，堆垛机可以在两个巷道内自由运行往返。与直行巷道立体仓库相比，这种仓库出入库效率有一定下降，但是在满足需求的前提下，可以两个巷道共用一台堆垛机，可减少资金投入。但如果堆垛机出现故障，两个巷道左右的货架都不能进行货物存取。

3) 转轨巷道自动化立体仓库

转轨巷道能实现多巷道轨道之间的转移，通过转轨机构自动切换运行轨道，使得轨道具有可扩展性。这种仓库的特点是在满足出入库频率要求的前提下，减少了堆垛机的数量，可以降低立体仓库的设备成本，自动化程度高，但其控制过程复杂，通信难度大，出入库效率较低，成本也较高。

4. 按照货物单元出入高层货架的形式进行分类

货物单元出入高层货架的形式，可根据仓库各区域布局总体情况进行灵活选择，包括贯通式、同端出入式、旁流式和分层式等，如图 6-4 所示。

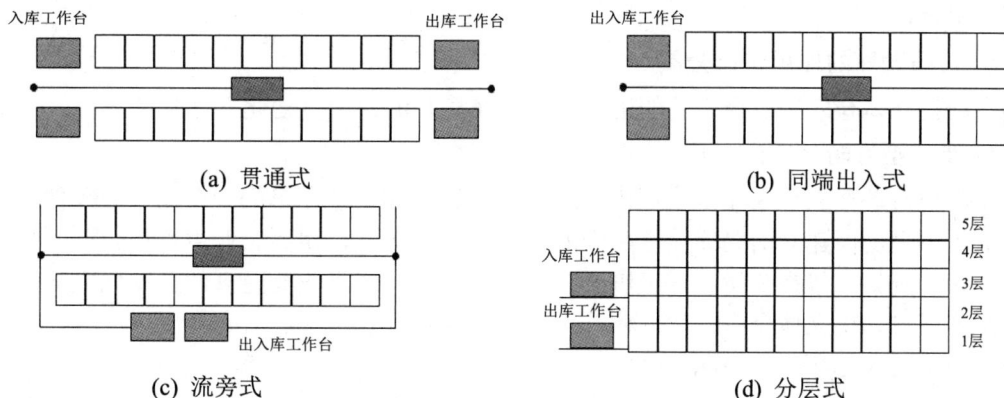

图 6-4　自动化立体仓库货物单元出入高层货架的形式

根据货物单元出入高层货架工作台的 4 种形式，可将自动化立体仓库分为 4 类。

1) 贯通式自动化立体仓库

贯通式自动化立体仓库即货架区出入库的工作台布置在堆垛机巷道的两端，货物单元由一侧出入，这样可以避免出入库交叉。

2) 同端出入式自动化立体仓库

同端出入式自动化立体仓库即货架区出入库的工作台布置在堆垛机巷道的同一端，可设置为同口出入或异口出入，这样能够方便出入库的统一管理。

3) 旁流式自动化立体仓库

旁流式自动化立体仓库即货架区出入库的工作台布置在堆垛机巷道的旁边，需要配合自动输送系统将货物送到工作台。

4) 分层式自动化立体仓库

分层式自动化立体仓库即货架区出入库的工作台布置在不同楼层中，以适应仓库整体出入库流程及区域布置的需要。

5. 按照储存货物的特性进行分类

自动化立体仓库按照储存货物的特性可分为常温、低温和防爆型自动化立体仓库。

1) 常温自动化立体仓库

常温自动化立体仓库的温度一般控制在 5～40℃，相对湿度控制在 90%以下。

2) 低温自动化立体仓库

低温自动化立体仓库包含恒温仓库、冷藏仓库和冷冻仓库。

(1) 恒温仓库：根据物品特性，自动调节储存温度和湿度。

(2) 冷藏仓库：温度一般控制在 0～5℃，主要用于蔬菜和水果的储存，要求有较高的湿度。

(3) 冷冻仓库：温度一般控制在 −35～2℃。

3) 防爆型自动化立体仓库

防爆型自动化立体仓库以存放易燃易爆等危险货物为主。设计系统时，应严格按照防爆的要求进行。

6. 按照仓库的作用进行分类

自动化立体仓库按照仓库的作用可分为生产型和流通型自动化立体仓库。

1) 生产型自动化立体仓库

生产型自动化立体仓库是工厂内部为了协调工序和工序、车间和车间、外购件和自制件物流的不平衡而建立的仓库。这类仓库与生产紧密衔接，距离企业生产线较近，是一种在线仓库。例如，华为公司、东风汽车公司为满足生产线供应而建立的自动化立体仓库就属于生产型自动化立体仓库。

2) 流通型自动化立体仓库

流通型自动化立体仓库是一种服务性仓库，是为了协调生产厂和用户间的供需平衡而建立的仓库。这种仓库进出货物比较频繁，吞吐量较大。京东、苏宁等大型配送中心建立的自动化立体仓库属于这种类型。

6.3.3　自动化立体仓库的构成

自动化立体仓库是机械和电气、强电控制和弱电控制相结合的产品。它主要由货物存储系统、货物存取和输送系统、管理和控制系统等 3 大系统组成，还有与之配套的建筑设施、供电系统、空调系统、消防报警系统、称重计量系统、信息通信系统等土建工程和辅助设施。

1. 货物存储系统

高层货架是自动化立体仓库最为主要的存储设备。货架存储所用的托盘、货箱、集装容器也属于存储设备。

2. 货物存取和输送系统

货物存取和输送系统主要是用来完成货物存取和出入库等作业。它一般由堆垛机、堆垛叉车、AGV、输送机和装卸机械等组成。堆垛机和堆垛叉车是自动化立体仓库中货物存取的主要设备。堆垛机在各个高层货架间的巷道内来回往复移动，它的载重平台沿着堆垛机的支架上下移动，而堆垛机的货叉沿平台的左右方向移动，这样就可以方便地将货物存入货架的货位或从货位取出所需货物。输送机的作用是将入库的货物输送到货架巷道口，以便供堆垛机将其存入货格，或者将取出的货物转送到货物要出库的位置，再通过叉车、起重机等装卸机械完成所需入库货物的卸车和出库货物的装车作业。

3. 控制和管理系统

1) 控制和管理系统的架构

控制和管理系统的选用一般是根据自动化立体仓库的要求来决定的。有的仓库只对堆垛机、输送机的单台 PLC 采取控制；有的仓库对各单台机械实行了联网控制；有的仓库则采用了先进的三级计算机管理和监控系统。

自动化立体仓库所采用的三级计算机管理和监控系统(如图 6-5 所示)主要由控制系统、监控系统和计算机管理系统构成。其中，控制系统是自动化立体仓库能成功运行的关键，通过输入控制器的相关指令，以保证各种机械可以按顺序或并行运行。监控系统是自动化立体仓库的信息枢纽，通过对仓库中各类设备的运行任务、运行路线和运行方向进行监控和统一调度，以保证它们按照指挥系统的指令进行货物的搬运活动。而计算机管理系统是自动化立体仓库的指挥中心，主要用来完成自动化立体仓库的高级管理工作,如账目管理、库存管理、货位管理及信息跟踪的数据管理。

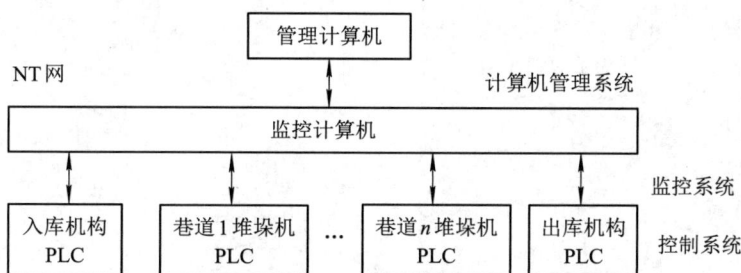

图 6-5　自动化立体仓库中的三级计算机管理和监控系统

2) 控制和管理系统的核心功能模块

存取作业管理模块是控制和管理系统的核心功能模块，主要包括入库作业管理和出库作业管理两个模块。

(1) 入库作业管理模块。货物单元在入库时，由输送系统运输到入库台，货物进入射频识别阅读器可读取范围时，条形码或电子标签所携带的信息被读入，并被传递给中央服务器。控制系统根据中央服务器返回的信息来判断是否入库，当能够确定入库时根据仓库管理系统货位分配原则自动分配货位，并发送包含货位坐标的入库指令给执行系统。堆垛机通过自动寻址，将货物存放到指定货位。在完成入库作业后，堆垛机向控制系统返回作业完成的信息，并等待接收下一条作业命令，同时控制系统把作业完成的信息返回给中央服务器数据库。

(2) 出库作业管理模块。管理员在收到货物出库信息后，根据要求将货物信息输入管理计算机的出库单，中央服务器将自动进行库存查询，并按照先入先出、均匀出库、就近出库等原则生成出库作业命令，传输到终端控制系统中。控制系统根据当前出库作业及堆垛机状态，安排堆垛机的作业序列，将安排好的作业命令逐条发送给相应的堆垛机。

堆垛机到指定货位将货物取出并放置到巷道出库台，然后向控制系统返回作业完成的信息，等待进行下一个作业。监控系统向中央服务器系统返回该货物出库完成的信息，管理系统更新库存数据库中的货物信息和货位占用情况，完成出库管理。如果某一货位上的货物已全部出库，则从货位占用表中清除此货物记录，并清除该货位占用标记。

6.3.4 堆垛机

堆垛机也称为堆垛起重机，是立体仓库中最重要的搬运设备。它是随着立体仓库的出现而发展起来的专用起重机，其主要用途是在高层货架的巷道内来回穿梭，将位于巷道口的货物存入货格，或从货格中取出货物并运到巷道口。如图 6-6 所示为堆垛机。

图 6-6 堆垛机

1. 堆垛机的分类

堆垛机的分类方式很多,如按有无人搭乘分类、按支持形式分类、按控制方式分类等。

1) 按有无人搭乘分类

堆垛机按有无人搭乘可分为人货升降式堆垛机和货升降式堆垛机。人货升降式堆垛机的货台和操作室为一体,操作者和货物一起上下。货升降式堆垛机有专用的货台、独立的检查室。

2) 按支持形式分类

堆垛机按支持形式可分为悬垂式堆垛机和地面式堆垛机。悬垂式堆垛机是指堆垛机悬挂在行走导轨上;地面式堆垛机是指堆垛机在地面导轨上行走。

3) 按控制方式分类

堆垛机按控制方式可分为手动式堆垛机、半自动式堆垛机、自动式堆垛机和远程控制式堆垛机。

(1) 手动式堆垛机是指操作者在操作室或操作台,对行走、升降和移载等运动实行手动控制的堆垛机。

(2) 半自动式堆垛机是指在手动式堆垛机的基础上增加行走、升降的空位以及自动控制货叉运动的堆垛机。

(3) 自动式堆垛机是在基本体上设计设定器,操作者只需通过计算机进行出入库设定便可以实现自动存取货物的堆垛机。

(4) 远程控制式堆垛机是通过远程控制就可以实现自动运转的堆垛机。

4) 按移动方式分类

堆垛机按照移动方式可分为选货式、货叉移载式、台车移载式和输送机移载式堆垛机。

(1) 选货式堆垛机是操作者直接通过手工操作对货架中的货物进行存取作业的堆垛机。

(2) 货叉移载式堆垛机是通过货叉移动实现存取货物的堆垛机。其中货叉又分为单叉、双叉和多叉。

(3) 台车移载式堆垛机是通过台车移动实现货物移载作业的堆垛机。

(4) 输送机移载式堆垛机是通过输送机运送实现货物移载作业的堆垛机。

5) 按使用环境分类

堆垛机按使用环境可分为一般用、低温用、高温用和防爆用堆垛机。

(1) 一般用堆垛机是在常温、常湿度条件下工作的堆垛机(温度为 0~40℃,湿度为 45%~85%)。

(2) 低温用堆垛机是在 0℃ 以下工作的堆垛机。

(3) 高温用堆垛机是在 40℃ 以上的温度条件下工作的堆垛机。

(4) 防爆用堆垛机是在防爆条件下工作的堆垛机。

6) 按轨道配置分类

堆垛机按轨道配置分为直线导轨式、曲线导轨式和在移动台车导轨上行走的堆垛机。

(1) 直线导轨式堆垛机是指在直线导轨上往复运动的堆垛机。

(2) 曲线导轨式堆垛机是在直线和曲线导轨上往复运动的堆垛机。

(3) 在移动台车导轨上行走的堆垛机可随移动台车移动，因此可进入其他巷道工作。这样可以减少直线导轨式堆垛机数量，减少投资。

2. 巷道堆垛机

巷道堆垛机是堆垛机中最常用的类型之一，它主要有两种形式，分别为有轨巷道堆垛机和无轨巷道堆垛机。无轨巷道堆垛机又称为高架叉车，使用灵活机动，作业面积大，但不适用于大型自动化立体仓库。因此，目前应用比较广泛的是有轨巷道堆垛机。

有轨巷道堆垛机的结构如图 6-7 所示。它由行走电动机通过驱动轴带动车轮在下导轨上做水平运动；由提升电动机通过钢丝绳带动载货台做垂直升降运动；由载货台上的货叉做伸缩运动。通过上述三维运动可将指定货位的货物取出或将货物送入指定货位。行走认址器用于测量堆垛机的水平行走位置；提升认址器用于控制载货台的升降位置；货叉运动方向使用接近开关定位。通过光电识别以及光通信信号的转化，可实现计算机控制，也可实现堆垛机控制柜的手动和半自动控制。

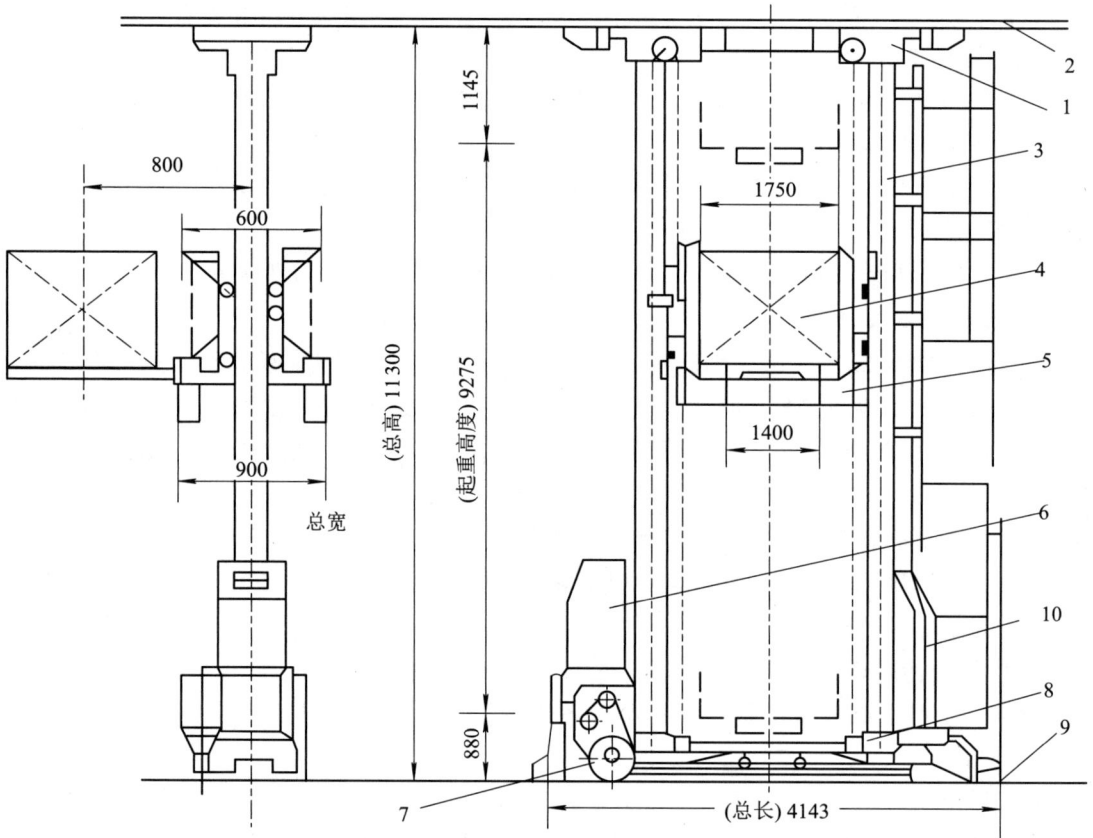

1—上梁；2—天轨；3—立柱；4—载货台；5—存取货机构；6—运行机构；
7—车轮；8—下梁；9—地轨；10—起升机构。

图 6-7　有轨巷道堆垛机的结构

有轨巷道堆垛机主要由上梁、下梁、载货台、存取货机构、立柱、运行机构、起升机构、车轮和地轨等几大部分组成。

3. 有轨巷道堆垛机的技术参数

有轨巷道堆垛机作为立体仓库中的重要设备，会直接影响着立体仓库的运行效率和经济效益。一般情况下，选择有轨巷道堆垛机的依据是其技术参数。

1) 载荷参数

有轨巷道堆垛机的载荷参数是指其额定起重量。该参数主要反映有轨巷道堆垛机的起重能力，额定起重量的选择主要受货物类型、货架形式、作业要求等因素的影响。额定起重量一般为 0～5 吨，最高可达 20 吨。

2) 速度参数

有轨巷道堆垛机的速度参数是指其执行机构的运行速度指标，主要包括有轨巷道堆垛机的水平运行速度、起升速度和货叉伸缩速度。其水平运行速度一般为 80 m/min，最高可达 180 m/min；起升速度为 15～25 m/min，最高可达 45 m/min；货叉的伸缩速度一般为 5～15 m/min，最高可达 30 m/min。

3) 尺寸参数

有轨巷道堆垛机的尺寸参数包括有轨巷道堆垛机的外形尺寸(长、宽、高)、起升高度、下降深度和最低货位极限深度。其中，最低货位极限深度是指货叉表面在最低一层货格的低位时，到地轨安装水平面的垂直距离。该参数还影响自动化立体仓库的货架布局。

4) 货叉尺寸参数

有轨巷道堆垛机的货叉尺寸参数是指能够进行正常作业的货叉伸出长度，它直接影响相应托盘的几何尺寸参数。货叉的尺寸参数与货叉的结构形式及使用材料有关。

5) 巷道宽度

有轨巷道堆垛机的巷道宽度是指其正常运行情况下的最小巷道宽度。巷道宽度与货架类型、货物种类以及货叉类型等因素有关。

6.3.5　堆垛机平均作业周期的计算

堆垛机的作业周期有平均单循环作业周期和平均复合作业周期两种。

1. 平均单循环作业周期

堆垛机从出入库工作台到达所有的出入库货位时间的总和除以总货位数的值，称作平均单循环作业周期，如图 6-8 所示。

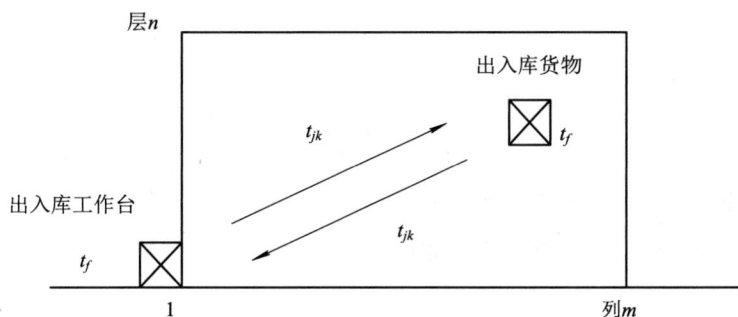

图 6-8　单循环作业周期

平均单循环作业周期的计算公式为

$$t_{ms} = \frac{\sum_{j=1}^{m}\sum_{i=1}^{n} t_{jk} \times 2}{mn} + 2t_f + t_i \tag{6-1}$$

式中：t_{jk}——第 j 层到第 k 列所对应的货位出入库台的运行时间；

t_f——堆垛机货叉叉取(或存放)作业的时间；

t_a——堆垛机作业的附加时间，包括堆垛机的定位、操作、信息查询及传输等的时间。

当库容量很大时，按上式计算平均作业周期的计算量很大，故不常采用，而常采用简易算法。下面介绍一种计算平均单循环作业周期的经验方法。

如图 6-9 所示，当出入库台位于货架的一侧 P_0 点时，以 P_0 为原点，在货架内取两个点 P_1 和 P_2。其中，$P_{1x} = \frac{1}{5}L$，$P_{1y} = \frac{2}{3}H$，$P_{2x} = \frac{2}{3}L$，$P_{2y} = \frac{1}{5}H$，且 L 为货架全长，H 为货架全高。

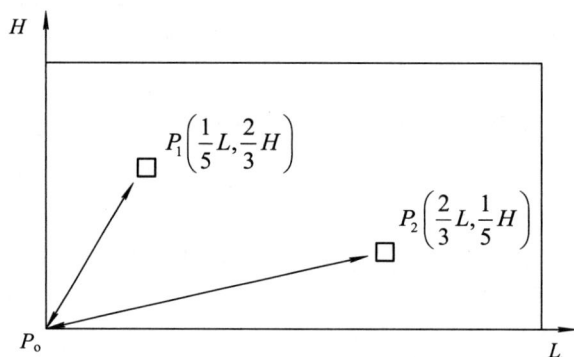

图 6-9   平均单循环作业周期的计算

分别计算从 P_0 到 P_1、P_2 两点的作业周期，将两者的平均值作为该巷道堆垛机的平均作业周期，即平均单循环作业周期的经验公式为

$$t_{ms} = \frac{1}{2}[t(P_1) + t(P_2)] \tag{6-2}$$

或

$$t_{ms} = t_{P_1} + t_{P_2} + 2t_f + t_a \tag{6-3}$$

式中：$t(P_1)$——堆垛机完成 P_1 货位的作业周期；

$t(P_2)$——堆垛机完成 P_2 货位的作业周期；

t_{P_1}——P_0 点到 P_1 点的运行时间；

t_{P_2}——P_0 点到 P_2 点的运行时间。

2. 平均复合作业周期

复合作业是指从出入库台到指定的货位存货后，随即到另一个货位取货，再返回到出入库台的全过程。如图 6-10 所示，其复合作业周期是按 $P_0 \rightarrow P_1 \rightarrow P_2 \rightarrow P_0$ 的总时间计算的。

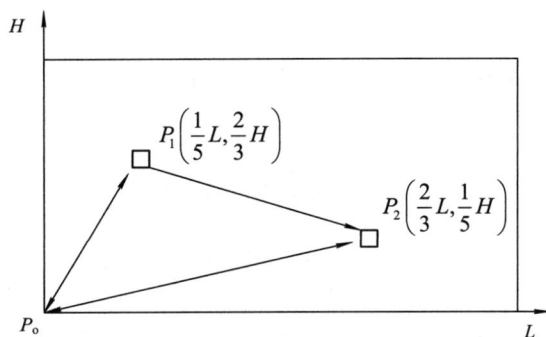

图 6-10　平均复合作业周期的计算

如果 P_1 点和 P_2 点的定义与平均单循环作业周期的计算公式即式(6-2)中一样，则平均复合作业周期的经验计算公式为

$$t_{md} = t_{P_1} + t_{P_2} + t_{P_1 P_2} + 4t_f + 2t_a \tag{6-4}$$

式中：$t_{P_1 P_2}$——堆垛机从 P_1 点到 P_2 点的运行时间；

　　　t_{md}——平均复合作业周期；

　　　t_{P_1}、t_{P_2}、t_f、t_a 同前述。

需要说明的是，平均作业周期的计算公式均为经验计算式，前提条件为各货位的存取概率相同。当仓库内各货位不均匀使用或者某些货位具有优先使用权时，使用此公式计算可能误差较大，这时可采用计算机模拟方法计算其平均作业周期。使用模拟计算得到的平均作业周期更准确、更符合实际。

6.3.6　自动化立体仓库的出入库能力计算

自动化立体仓库的出入库能力用仓库每小时平均入库或出库的货物单元数来表示。堆垛机的出入库能力就是指每台堆垛机每小时平均入库或出库的货物单元数。

采用单循环作业方式时，堆垛机的出入库能力为

$$P_1 = \frac{3600}{t_{ms}}$$

式中：P_1——每小时出库或入库的货物单元数；

　　　t_{ms}——平均单循环作业周期。

采用复合作业方式时，堆垛机的出入库能力为

$$P_1 = \frac{3600}{t_{md}} \times 2$$

式中：P_1——每小时出库或入库的货物单元数；

t_{md}——平均复合作业周期。

若库内有 n 台堆垛机（即巷道数为 n），则仓库的出入库能力为

$$P = nP_1$$

例　某自动化立体仓库有 4 条巷道，每条巷道配备一台堆垛机，若堆垛机的运行速度为 100 m/min，升降速度为 20 m/min，货叉存取货时间为 25 s，附加时间为 5 s，货架总长 L 为 80 m，高 H 为 15 m，假设各货物存取概率相同，试分别计算采用单循环作业方式和复合作业方式时本库的出入库能力(即满负荷时每小时出入库托盘数)。

解　(1) 采用单循环作业时的平均作业周期为 t_{ms}。用经验算法，取 P_1 点和 P_2 点，且使

$$P_{1x} = \frac{1}{5}L, P_{1y} = \frac{2}{3}H$$

$$P_{2x} = \frac{2}{3}L, P_{2y} = \frac{1}{5}H$$

则

$$t_{ms} = t_{P_1} + t_{P_2} + 2t_f + t_a$$

由于

$$t_{P_1} = \max\left[\frac{P_{1x}}{V_x}, \frac{P_{1y}}{V_y}\right] = 0.5\,\text{min} = 30\,\text{s}$$

$$t_{P_2} = \max\left[\frac{P_{2x}}{V_x}, \frac{P_{2y}}{V_y}\right] = 0.54\,\text{min} = 32\,\text{s}$$

故

$$t_{ms} = 30\,\text{s} + 32\,\text{s} + 2 \times 25\,\text{s} + 5\,\text{s} = 117\,\text{s}$$

$$P = 4P_1 = \left(4 \times \frac{3600}{117}\right)\text{盘/h} = 123\,\text{盘/h}$$

(2) 采用复合作业方式时的平均作业周期为 t_{md}。

$$t_{md} = t_{P_1} + t_{P_2} + t_{P_1P_2} + 4t_f + 2t_a$$

由于

$$t_{P_1P_2} = \max\left[\frac{P_{2x} - P_{1x}}{V_x}, \frac{P_{1y} - P_{2y}}{V_y}\right]$$

$$= \max[0.373, 0.35] = 0.373\,\text{min} = 22.4\,\text{s}$$

故

$$t_{md} = 30\ \text{s} + 32\ \text{s} + 22.4\ \text{s} + 4 \times 25\ \text{s} + 2 \times 5\ \text{s} = 194.4\ \text{s}$$

$$P = 4P_1 = \left(4 \times \frac{3600}{194.4} \times 2 \right) 盘 / \text{h} = 148\ 盘 / \text{h}$$

6.4　自动化立体仓库应用实例

下面以科伦集团密集式自动化储分一体仓库系统为例,简单介绍自动化立体仓库的应用。科伦集团创立于 1996 年,历经 20 多年的发展,现已成为拥有海内外 100 余家企业的现代化药业集团。随着企业不断发展,生产线持续扩建,仓库面积严重不足,仓库设备自动化水平发展严重滞后,仓库爆仓、仓库员工数量多、劳动强度高且效率低,综合物流成本居高不下,这给高速发展的科伦集团带来了巨大的挑战。企业希望通过高效精准的物流技术,利用现有仓库,解决企业仓储物流的痛点,增加仓储量、减少用人、降低综合物流成本。

针对科伦集团的企业特点,兰剑智能科技股份有限公司的规划团队对历史订单大数据进行了全面分析和深入挖掘,秉承“唯有创新”的企业理念,基于“密集储分一体”的设计理念,在业内率先提出了密集式自动化储分一体仓库系统的创新解决方案。

密集式自动化储分一体仓库系统由自动码垛机、输送系统、堆垛机、穿梭车、货架等设备组成。密集式自动化储分一体仓库系统带来的优势体现在 6 个方面。

1. 技术创新,首推“密集储分一体”系统

创新性的提出“密集储分一体”概念,实现了仓储区和发货区紧密而巧妙的结合,二者在技术和设备上不再具有分明的区别,从而大大增加了系统的柔性,系统更加灵活和高效。

2. 密集化仓储,增加仓储量

改变以往三层货架存储形式,采用三层密集货架实现货物的密集存储,充分利用空间,与传统仓储形式相比,其仓储量提升 2 倍。

3. 自动化程度高,柔性化运储

通过自动码垛机实现整件药品自动码垛,和生产线实现无缝衔接。采用自动控制系统,通过堆垛机和穿梭车进行动态、精准的柔性存储,并根据出库计划,及时有效地按批次、数量安排出库作业,从入库到出库实现全程自动化的准无人化管理,大大提高仓库自动化水平。

4. 动态管理,全过程监控

自动密集储分一体系统的货物信息可以进行自动输入和自动跟踪,通过软件硬件集成的方式实现动态存储管理、自动进出及全过程监控。

5. 单元模块化设计,使用维护方便

该仓库系统采用并行设计理念,模块化设计方法,各个单通道设备互为独立运行,当某一单机设备出现故障时,不会影响整个系统的运行。

6. 降低企业物流成本

与普通货架相比，该仓储密度提高 2 倍，用工量降低 70%，并且采用堆垛机与穿梭车相结合的货物搬运方式，实现了药品从生产流水线到成品仓库存储的全流程自动化，提高了物流系统的运行效率，使仓储面积更省、操作人员更少，大大降低了企业物流运营成本。

习　　题

1. 简述自动化立体仓库系统的概念和优点。
2. 简述智能仓储的特点和优势。
3. 自动化立体仓库由哪几部分组成？
4. 有轨巷道堆垛机由哪几部分组成？

第 7 章

智能配送装备

案例导入

京东无人智慧配送站

2018 年，京东自主研发的全球首个无人智慧配送站在陕西西安落成并投入使用。京东无人智慧配送站面积为 14.4 m²、高 3.6 m，可存储至少 28 个货箱，具有 1 个发货箱，能存放 1 辆终端无人车并为其充电。该配送站运行时，无人机将货物送到无人智慧配送站顶部，并自动卸下货物。货物将在内部实现自动中转分发，从入库、包装，到分拣、装车，全程 100%由机器人操作，最后再由配送机器人完成配送。京东智慧配送站在末端配送方面引入了地图与路区规划技术，结合区域特点、订单分布及配送人员状态，智能规划站点选址与配送覆盖关系，并为配送员优化配送路线，确保订单快速且准确地送达。在 2024 年"双 11"期间，京东物流通过智能调度算法，实现了运输资源的最优配置，末端配送站点的人效同比提升了 23%。

7.1　智能配送装备概述

7.1.1　智能配送装备的概念

配送作为一种源于传统送货的现代经济活动，它是在一定的经济合理区域范围内，在用户的要求下，展开拣选、加工、包装、分割、组配等一系列物流作业，然后按时送到用户指定地点的一种业务形式。运输与配送的区别主要在于：运输是针对物流干线、支线的中远距离、大批量货物运送活动，而配送是在一定区域内面向最终用户的近距离、多频次、小批量送货活动，处于物流的末端环节。

智能配送进一步强调了信息流在配送过程中的作用。信息化、自动化、协同化、敏捷化、集成化镶嵌在配送活动之中，使配送活动更加便捷、高效、宜人。因而，智能配送可以看作是以现代信息技术为支撑，有效融合了物流与供应链管理技术，使效率、效果和效益持续提升的配送活动。

车辆是传统的配送装备，随着智能物流装备技术的发展及物流配送模式的不断创新，越来越多的具备智能控制功能的物流装备应用于物流配送过程中，如无人配送车、配送无人机等，大大提升了物流配送的效率和服务水平。

所谓智能配送装备，是应用于物流配送过程中，具备复杂环境感知、智能决策、协同控制等功能，能够实现自动化、智能化、无人化运行的物流装备。

7.1.2　智能配送装备的特征

智能配送装备主要具有无人化运行、智能感知与决策、强调人机交互等特征。

1. 无人化运行

智能配送装备能够实现无人驾驶，自动将货物送达用户，真正实现了"无接触式"配送。例如，2020年新冠疫情期间，京东应用无人配送车为医院配送药品及所需物资，诺亚物流机器人穿梭于医院内部各科室递送药品及器材，实现了"无接触式"配送，最大限度地减少了病毒传播风险。

2. 智能感知与决策

物流配送面对的是物流末端复杂的开放式环境，如城市主干道、小区内部道路、空中或地下环境等，情况复杂、干扰较多，要求智能配送装备具备高度的智能感知与决策系统，能够根据环境实际情况进行快速灵活的自我调整。

3. 强调人机交互

智能配送装备直接面向末端用户进行送货，要求能够和用户进行良好的沟通和信息交互，因此需要具备功能完善、界面友好的人机交互能力。

7.1.3　典型的智能配送装备

典型的智能配送装备主要包括无人配送车、配送无人机、智能快递柜和地下智能物流系统等。

1. 无人配送车

无人配送车又称为配送机器人。它除了具备智能网联汽车的技术特征，还在高精度定位导航，特别是室内定位导航以及人机交互方面具有更高的要求。当前，谷歌、京东、顺丰、苏宁等已将无人配送车应用于快递配送、外卖送餐、医院物资供应服务等领域中。

2. 配送无人机

无人机有固定翼、多旋翼、无人直升机等多种类型，可用于大载重、中远距离支线运输，也可用于末端货物配送。配送无人机是用于配送领域的无人机，多以多旋翼无人机为主。当前，顺丰、京东等物流企业均在大力发展无人机配送。配送无人机在快递领域已有普遍应用。

3. 智能快递柜

智能快递柜是用于公共场合(小区)投递和提取快件的自助服务设备，具有智能化集中存取、24 h 自助式服务、远程监控和信息发布的功能特征。目前，智能快递柜已广泛配置于居民小区、园区、学校、办公楼等场所。未来，涵盖快递柜、无人车、无人机的无人配送站是配送装备发展的趋势。

4. 地下智能物流系统

地下智能物流系统在末端配送环节可以与大型商超、居民小区建筑运输管道相连，最终发展成为各需求点的地下管道配送网络，并达到高度智能化。目前，北京、上海等城市将建设地下智能物流系统作为未来城市建设的重点工程。

7.2　无人配送车

7.2.1　无人配送车概述

1. 无人配送车的概念

无人配送车是指基于移动平台技术、全球定位系统、智能感知技术、智能语音技术、网络通信技术和智能算法等技术支撑，具备感知、定位、移动、交互能力，能够根据用户需求、收取、运送和投递物品，完成配送活动的机器人。如图 7-1 所示为无人配送车。

图 7-1　无人配送车

无人配送车进行快递包裹配送，是智能物流体系生态链中的终端，面对的配送场景非常复杂，需要应对各类订单配送的现场环境、路面、行人、其他交通工具以及用户的各类场景，进行及时有效的决策并迅速执行，这需要无人配送车具备高度的智能化和自主学习能力。

2020 年，京东、菜鸟、顺丰、苏宁等电商平台已经开始尝试使用无人车进行配送，其末端配送的无人车开始在校园、园区内进行运营。一些机器人和无人驾驶研发公司也在为末端配送做着诸多努力，例如新石器、智行者在测试园区的无人配送，赛格威、优地、云迹等机器人公司在测试楼内的配送。2020 年，应对新冠疫情时，无人配送车在运送医疗物资、保障居民生活物资需求等也发挥了重要作用。目前，无人配送车的应用已经不再局限于校园、园区等封闭性环境，在喧闹的城市街头也会看到无人配送车的"身影"。在无人配送车应用方面，顺丰在无锡、杭州、合肥等地均投放了无人车，用于快递末端配送。无人车配送已经成为顺丰末端环节强有力的补充。截至 2024 年，顺丰速运苏州吴江中转场约有180 台新石器无人配送车，它们从 2003 年 11 月起"上岗"，派件路线达 200 多条，日均派件量 10 万多件，累计派件量近 500 万件。

2. 无人配送车的优势

无人配送车的优势主要体现在以下 4 个方面：

(1) 提高配送效率。无人配送车可以实现全天候、全时段运行投递，弥补快递员不足的缺陷，提高配送效率，特别是针对零星小批量订单更具效率，并且能够把配送员解放出来，让更多的配送员去单量大的区域。

(2) 实现无接触配送。通过无人化配送可以减少人与人的接触，特别适用于特殊或危险环境以及特殊情况下的货物配送。

(3) 提升用户体验。无人配送车的出现使与用户的沟通交流更具智能化，能够更好地满足用户的需求；同时在一定程度上也能满足部分用户"求鲜"的心理，提升用户体验。

(4) 环保节能。环保节能是无人配送车的一个重要优势。传统物流配送需要大量的燃料和人力资源，无人配送车通常采用新能源驱动，减少了对燃料的依赖，降低了物流配送对环境的污染，有助于改善城市环境质量，促进了环保事业的发展。

7.2.2   无人配送车的关键技术及工作流程

1. 无人配送车的关键技术

无人配送车主要包含 4 项关键技术，分别是 360°全自动驾驶感知系统、融合定位系统、规划决策系统和仿真云计算平台。

(1) 360°全自动驾驶感知系统。该系统可全面感知关键区域中的所有障碍物，并可准确预测感知范围内的车辆及行人的运动状态。

(2) 融合定位系统。该系统通过将多种传感器获取的道路特征与高清地图进行比对，从而得到车辆厘米级位置信息，使车辆在 GPS 不可用的情况下依然可以获得准确定位。

(3) 规划决策系统。规划决策系统可根据实时城市交通动态信息，生成高效舒适的动态轨迹，在突发紧急情况下可保证周边环境和无人车的安全。

(4) 仿真云计算平台。利用该平台可以根据实时道路情况生成上万种类似场景，实现每日数万千米的演练，不断提高无人车的场景处理能力。

2．无人配送车的工作流程

无人配送车的工作流程主要包括接单、送货、自主定位、自主规划路径及避障、货物送达。

1）接单

配送站接收到来自附近消费者的订单时，配送系统会自动跟消费者沟通确认交货时间及交货地点，形成配送单信息，然后工作人员会迅速根据配送单信息完成取货，并交给无人配送车。

2）送货

无人配送车通过物联网技术已经同步更新配送信息，包括地址与运送路线。装好货物后的无人配送车便出发送货，它会通过头顶安装的摄像头和激光制导雷达避让障碍物，识别场景信息，构建三维地图。

3）自主定位

基于三维地图，并结合 GPS 导航的信息，无人配送车可以利用搭载人工智能芯片的"大脑"自主分析出目前所在的位置以及目的地方位。

4）自主规划路径及避障

无人配送车借助激光雷达和视觉实时识别技术，规避周围的行人、车辆和障碍物，从而规划出最优运行路径。同时，它会发出语音提醒过往的行人和车辆，并自行避让、加减速。如果无人配送车发生故障，可在第一时间联系工作人员处理。

5）货物送达

抵达消费者地点后，无人配送车会通过短信将含有商品取件码的链接发送给消费者，消费者通过取件码即可打开无人配送车的车身取出货物。

7.2.3　无人配送车的应用与国内无人配送车

1．无人配送车的应用

当前无人配送车主要在快递配送、生鲜配送、医院物流等场景运行。

1）快递配送

随着电商行业日趋发展成熟，网络购物成为用户消费的首要选择，随之而来的是购物交易量的激增。如此大的业务量造成众多快递员超长时间的工作以及用户对快递速度的抱怨。面对城市内快递的短途运送，使用无人配送车，可以一次性投递，降低人力成本，分担快递员的部分工作，也可以完全依照用户的空闲时间送货，提高配送效率。现有的快递无人配送车，主要专注于解决"最后一公里"的配送。

"菜鸟小 G"依托识别、定位和内置算法等技术，具备规划路线、避让行人、识别红绿灯、感知电梯拥挤程度及自行乘坐电梯等配送机器人的基本功能。它一次可装载 10 个包裹，在到达目的地时会向收件人发送取件信息，同时在屏幕上会显示一个二维码，取件人通过软件扫描二维码，即可开启抽屉拿到快件，取件人继续在手机上操作即可关闭抽屉。在"菜鸟小 G"的基础上，菜鸟又推出"小 G Plus"配送机器人，它能够搭载多至 200 件包裹。

京东旗下的无人配送车同样拥有配送所需的基本功能，其搭载量为 30 件。该产品的主要功能亮点在于能依据物品尺寸调整柜子大小并做到车体与箱柜分离，便于整体更换箱柜。无人配送车到达配送点后，用户即可收到它发送的取货信息，并可以通过面部识别、取货码、链接等方式取货，取完关上舱门即可，便捷又高效。目前该配送车已经正式上路，在 2020 年抗击疫情中大展身手，实现了全场景常态化运营，未来将会在更多城市应用。

2) 生鲜配送

生鲜配送日常需求大、时间要求紧，是配送领域的一项重要内容。无人配送车的加入能大大提高生鲜配送效率，已得到良好应用。

苏宁推出的"卧龙一号"无人配送车，主要承担苏宁小店周边社区 3 km 范围内的订单，送线上 1 小时生活圈的即时服务，保证生鲜果蔬日常用品和食物均能新鲜及时送达到家。并且它能够突破天气和时间限制实现各种恶劣天气和夜晚时间配送，真正做到 24 小时准时配送服务。

3) 医院物流

除了快递和生鲜这种日常生活品的配送，还有相对特殊的医院因医药品、医疗耗材、被服等物资的大量流转，这些都需要占用大批人力与时间成本，而且紧急状况下物资的调取仅以口头医嘱的形式传达，不利于管理。因此，为节省人力与时间成本，让医护人员将更多精力放在医治患者上，同时推进医院物资管理精准化，在医院中应用无人配送车(配送机器人)即可实现准确运送、配送信息可视化与管理可追踪。

上海木木机器人技术有限公司自主设计生产的诺亚医院物流机器人，主要聚焦药品、标本和手术室 3 个配送方向。因配送物资存在不同，诺亚的配送箱体具有一定差异，分为整体封闭式和全开放式两种形式。使用过程中，由医护人员在终端系统下单，库管人员配货，以密码锁和医护人员工作卡登记的形式，进行医用物资的放入和取出。而且，诺亚在配送过程中会发出语音信号，提示和提醒周围人群及时避障。

上海钛米机器人股份有限公司研发的钛米机器人在产品设计上拥有多种形式，可应用于不同场景。例如，一体箱主要用于高级耗材的运输；抽屉式药柜用于普通耗材和药品等配送；冷链式用于运输需要冷藏的药品、检验样本或者医疗器械等；而推车式主要针对手术前被服、器械包的配送。该类配送机器人运送分类详细，管理精细化。统一由医护人员在终端系统申领耗材，再经库管人员扫码配货，最后由医护人员扫码或者指纹识别取货。由此可见，医院物流配送机器人实现了医疗物资智能管理与医护人员减负减压的双赢。

2. 国内主要的无人配送车

目前，国内一些科技企业研发出了多款无人车。这些无人车搭载路径规划算法，可实现智能物流配送作业。国内主要的无人配送车如下：

(1) 蜗必达无人物流车。该产品搭载了智行者科技自主研发的 AVOS 系统，提供了多传感器自适应融合算法、环境认知算法、设计合理的路径规划算法、高可靠性的控制算法和智能配送的解决方案，可实现人性化且智能化的自动物流配送。

(2) 新石器无人驾驶物流车。该产品是可量产的 L4 级自动驾驶车规级无人车，可移动的智能终端，已在雄安新区、世园会园区、朝阳公园、首钢园区、福州飞凤山、西安大唐不夜城、西安古城墙、菜鸟物流园等地部署运营。2022 年，新石器慧通(北京)科技有限公司陆续投入共计 161 辆无人驾驶物流车支援上海抗疫，在上海国家会展中心方舱医院、上海市杨浦区中心医院、上海市普陀区跨国采购中心方舱医院等 7 家医院和 85 个小区内提供无接触防疫物资配送和无接触售菜服务。截至 2024 年上半年，累计交付部署该无人车超2000 台。

(3) 小蚂哥物流机器人。小蚂哥物流机器人是一款无人配送智能物流机器人，拥有自主行驶、GPS 定位、主动避障、规划行车路线等多项功能，可以配送外卖、快递等多种商品，实现"最后一公里"的自动化配送，到达目的地后可以自动通过语音电话通知用户取货。

(4) 速腾聚创无人物流车 G Plus。速腾聚创科技有限公司是自动驾驶激光雷达环境感知解决方案的提供商，利用自主研发的机器人感知产品，将激光雷达传感器硬件方案、三维数据处理算法和深度学习技术相结合，通过持续的技术创新，让机器人拥有超越人类眼睛的环境感知能力。该公司的主要产品为无人物流车 G Plus。该款物流车搭载了来自速腾聚创的固态激光雷达 RS-LiDAR-MI(Pre)，拥有 3D 环境感知能力，能让无人物流车看清楚行驶方向上的行人、小汽车、卡车等障碍物的形状、距离、方位、行驶速度、行驶方向，并指明道路可行驶区域，从而保证无人物流车能在道路环境中顺利通行。

7.3　无　人　机

7.3.1　无人机概述

1. 无人机的概念

1927 年，英国军方的"喉"式单翼无人机试飞成功标志着无人机的正式诞生，至今已有 90 多年的历史。因科技的进步无人机历经了多次演变和进化。根据中国民用航空局飞行标准司的规定：无人机是由控制站管理(包括远程操纵或自主飞行)的控制器，也称远程驾驶航空器。其中控制站(也称遥控站、地面站)是无人机系统的组成部分，包括用于操作无人机的设备。无人机的主要价值在于替代人类完成空中作业，并且能够形成空中平台，结合其他部件扩展应用。

用于物流领域的无人机称为物流无人机，按照承担运输或配送任务的不同，又分为运输无人机或配送无人机。

2. 无人机的特征

无人机是一种具备以下 5 个特征的飞行器。

1) 不载人且无人驾驶

最初无人机是应用在战争中的，其研制初衷是无须人在飞机驾驶舱中驾驶，飞机就能够通过一定的指令携带炸弹飞至攻击目标的上方投弹，避免己方人员的伤亡。无人机技术日益更新换代，用途不断扩大，目前无人机可用于航拍、勘探、农业喷药、运输货物等多个方面，但不载人且无人驾驶是其最基本的特征，这也是区别于民用航空飞机的一个重要特征。

2) 具有以飞控系统为核心的无人机系统

无人机系统是由飞控系统、数据链路系统、发射回收系统和动力系统构成的。飞控系统是无人机系统的"大脑"，对无人机飞行的稳定性、数据传输的准确性起着决定作用；数据链路系统是地面控制站(包含遥控器)和无人机之间的"桥梁"，保证无人机与地面控制站之间信息传送实时准确；发射回收系统确保无人机顺利安全起飞和降落；动力系统则是由电源、电机、电调和桨叶组成的，是无人机空中作业的能量来源。

3) 具有能够执行一定任务的载荷设备

无人机的研发目的是要完成一定的任务，包括军事目标轰炸和情报收集、娱乐航拍、货物运输配送和农业喷洒等。完成这些任务的前提是无人机要装载相关的任务载荷设备。

4) 兼具视距内和超视距运行能力

按照中国民用航空局飞行标准司所颁布的《轻小无人机运行规定》，视距内运行是指无人机驾驶员或无人机观测员与无人机保持直接目视视觉接触的操作方式，航空器处于驾驶员或观测员目视视距半径 500 m 内，相对高度低于 120 m 的区域内；超视距运行是指无人机在目视视距以外运行。无人机因具有执行任务的特性，所以既需要在视距内运行也需要超视距运行，但大多数情况下是处于超视距运行状态。

5) 与航模具有本质上的区别

航模一般是由人通过遥控器控制的，没有飞控系统，只能在视距内运行，主要用于娱乐用途，基本不具备执行特定任务的能力。

3. 无人机在智能配送中的优势

无人机在智能配送中的优势主要体现在 4 个方面。

1) 方便高效且超越时空

相比地面运输，无人机具有方便高效、节约土地资源和基础设施等优点。在一些交通瘫痪路段、城市的拥堵区域以及一些偏远地区，地面交通无法畅行，导致物品或包裹的投递比正常情况下耗时更长或成本更高。在这些环境和条件下，只有无人机运输方式才能实现"可达性"，这是其他方式所无法替代的。并且物流无人机通过合理利用闲置的低空资源，可以有效减轻地面交通的负担，节约资源和建设成本。

2) 成本低且调度灵活

相比一般的航空运输和直升机运输，无人机运输具有成本低、调度灵活等优势，并能弥补传统的航空运力空白。随着航空货运需求量逐年攀升，持证飞行员的数量和配套资源以及飞行员和机组成员的人工成本等成为发展的制约因素。而无人机货运的成本相对低廉，且无人驾驶的特点能使机场在建设和营运管理方面实现全要素的集约化发展。

3) 节约人力

物流人力短缺问题一直存在，特别是每逢节假日和物流高峰期，人工短缺和服务水平降低的问题往往更为突出。无人机号称"会飞的机器人"，在盘点、运输和配送等物流环节加以合理地开发利用，并辅以周密部署和科学管理，能配合好其他作业方式，节约人工，通过协助人力发挥"人机协同"效应，便能产生最佳效益。

4) 产能协同和运力优化

在科学规划的基础上,综合利用"互联网＋无人机""互联网＋机器人"等技术和方式,能实现产能协同和运力优化。为了处理一些快速交货和连续补货的订单,亚马逊、沃尔玛等企业在建设先进的信息系统、智能仓储系统以及优化业务流程的基础上,还规划了智能、高效的无人机城市配送中心(如亚马逊的无人机塔)以及"无人机航母"(空中配送基地)等。

作为新技术的应用,无人机送货是对传统方式的有益补充,传统的"铁公机"、管道运输、水运和多式联运,加上无人机的末端配送和支线运输,必将使现代物流的服务能力再上新台阶,其整体的效率、成本和运力也将得到优化和重构。

7.3.2　无人机的分类

无人机可按其用途和机身机构进行分类。

1. 按用途划分

无人机按用途可分为军用级无人机、专业级无人机和消费级无人机。

(1) 军用级无人机的科技含量高、体积大,巡航时间长,飞行速度快、航程远,它主要使用燃料作为动力。军用级无人机主要用于携带导弹轰炸敌对军事目标或收集情报。

(2) 专业级无人机的续航时间长,安全性较高,主要用于影视航拍、农业植保喷洒、快速配送等。

(3) 消费级无人机一般体积小,续航时间短,飞行距离短,主要用于航拍或遥控飞行娱乐。

2. 按机身机构划分

按照不同机身机构来分类,无人机可分为固定翼无人机、无人直升机、多旋翼无人机以及垂直起降固定翼无人机。

1) 固定翼无人机

固定翼无人机的机身外形特征为机翼与机身垂直,外形像"十"或"士",与日常民用航空飞机的外形类似。它将螺旋桨或涡轮发动机产生的推力作为动力。固定翼无人机又分为上单翼、中单翼、下单翼、鸭式和无尾翼无人机。其中,中单翼、下单翼、鸭式无人机的机动性好,动力性能好,但稳定性较差,这类无人机一般用于军用。物流无人机主要为上单翼和无尾翼无人机。

固定翼无人机具有续航能力较强、能量利用率高的特点,且由于其产生升力的原理,可以达到很高的飞行速度。另外,固定翼无人机承载能力强,在飞行中可通过对襟翼和尾翼的微调来维持平衡和稳定,其灵活性较差,转向较慢且转向弧度较大。

2) 无人直升机

无人直升机的机身外形类似于有人直升机,它主要依靠主旋翼提供升力,一般有一个尾翼用以抵消主旋翼产生的自旋力,起到增稳的作用。其优点是能够定点悬停;缺点是体型较大、结构复杂、技术难度大、造价高。

3) 多旋翼无人机

多旋翼无人机的机身有多个桨叶,主流的多旋翼无人机有四旋翼无人机、六旋翼无人机和八旋翼无人机,其升力来源于旋叶旋转产生的推力。它的优点是体积较小、结构简单、造价低，能够定点悬停，相比只有一个旋翼的无人直升机，多旋翼无人机的悬停精度更高，稳定性和灵活性得到提升；缺点是一般采用纯电驱动，持续工作时间较短。它一般适用于小型货物末端配送。

4) 垂直起降固定翼无人机

垂直起降固定翼无人机融合了固定翼无人机和多旋翼无人机，是改良后兼具二者优点的机型。相比固定翼无人机和多旋翼无人机，它具有更好的稳定性，而且可以垂直起降，不受场地限制，在复杂地形和建筑物密集区域中均可顺利作业，在飞行过程中具有空气动力性能和流线性。

7.3.3　无人机的关键技术及技术难点

1. 无人机的关键技术

无人机主要包含 4 项关键技术，分别是飞行控制技术、无线通信遥感技术、失控保护技术和避障技术。

1) 飞行控制技术

飞行控制技术是无人机的核心技术，它主要负责数据的采集、控制率的计算、航线的确定、飞行任务的完成、起落的控制、紧急情况的处置等，可以控制无人机的飞行姿态、高度、速度、航向等。由于存在强风、气流紊乱、载重变化、飞行倾角的变化以及其他一些干扰因素，飞行控制技术就显得尤为重要，对飞行的鲁棒性、稳定性要求也很高。根据控制对象的不同，飞行控制技术可以分为飞行姿态控制技术和飞行导航控制技术。通常将两者分开设计，避免相互干扰。

2) 无线通信遥感技术

无人机要完成飞行任务以及执行其他的任务，离不开地面控制指令。无人机执行任务的相关信息及其实时状态有必要传递到地面站，为了方便查看、纠正、储存这些信息，就需要通信技术的支持。无人机通过 4G 网络和无线电通信遥感技术与调度中心和自助快递柜等进行数据传输。

3) 失控保护技术

失控保护技术是指无人机进入失控状态时将自动保持精确悬停，失控超时将飞往就近快递集散点的一种技术。

4) 避障技术

无人机避障技术是指无人机能够自主地避开障碍物的智能技术。避障技术可保证无人机飞行的安全性，减少自身损失以及给人员和环境设施造成的伤害。避障技术的原理很简单，就是发现并绕开障碍物。控制技术、定位技术、计算机技术、视觉技术的发展推动了避障技术的快速发展。

2. 无人机的技术难点

目前，无人机虽然发展迅速，但是也存在技术难点。

1) 路线规划和自动避障

由于路途情况比较复杂，现在的无人机还很难进行自主路线规划。实现无人机自主路径规划，解决其自动避障问题势在必行。如何安全地让无人机避开障碍物，同时又不偏离航线，这是无人机目前面临的主要难题之一。

2) 续航能力

碍于电池的重量和体积，目前的无人机为减轻机身的起飞重量，都搭载了高蓄电量的电池。但物流无人机必须保证长航时、大航程的作业，因此，降低能耗、提升电池的利用效率是目前相对可行的方案。

3) 安全性问题

在恶劣天气下，特别是强降雨天气，如何保障物流无人机的安全飞行也是当下亟须解决的重要问题。由于无人机的大部分控制系统由电子元件构成，在降雨天气下，如果不能保证各部件的防水性能或者没有采取合理的防水措施，将会导致无人机电子元件短路，无人机就会中断工作任务甚至危害到其他人的生命安全。

7.3.4　无人机在物流行业中的应用

1. 无人机在物流行业中的应用场景

在物流行业中，无人机主要应用在载重与中远距离支线运输、末端配送、仓储管理等场景中。

1) 载重与中远距离支线运输

送货的直线距离一般为 100～1000 km，吨级载重，续航时间达数小时。应用场景主要有跨地区的货运(采取固定航线、固定班次、标准化运营管理)、边防哨所、海岛等物资运输以及物流中心之间的货运分拨等。

2) 末端配送

空中直线距离一般在 10 km 以内(对应地面路程可能达到 20～30 km，受具体地形地貌的影响)，载重在 5～20 kg，单程飞行时间在 15～20 min，易受天气等因素影响。应用场景主要包括派送急救物资和医疗用品、派送果蔬等农土特产物品等。

3) 仓储管理

无人机可用于大型高架仓库中高架储区的检视和货物盘点；也可用于集装箱堆场、散货堆场(如煤堆场、矿石堆场和垃圾堆场)等货栈堆场的物资盘点或检查巡视。

2. 无人机在智能配送中的应用模式

无人机在智能配送中的应用模式主要有 5 种。

1) 配送车(无人车) + 无人机

配送车在离开仓库之后，只需行走在主干道上即可，然后在每个小路口停车，并派出无人机进行配送，完成配送之后无人机会自动返回配送车再执行下一个任务。

2) 配送站(快递柜) + 无人机

终端自助快递柜在收到用户放入的快件后，向调度中心发送收件请求。调度系统自动派出合适的无人机，并向无人机发送相关任务指令以及目的地坐标。无人机收到任务指令后飞往目的地，终端自助快递柜将实时引导无人机着陆并进行自动装卸快件。快件在送达目的快递柜之后，终端自助快递柜智能系统将向用户发送领件信息。

3）无人机＋配送员

无人机将货物送达指定地点，由配送员配送给客户。

4）无人机＋无人车

当距离较远时，无人机将货物送达客户区域，由该区域的无人车驳接，将货物配送至客户手中。

5）子母型无人机

该模式将多旋翼无人机作为子机，直接运载货物，而将固定翼无人机作为母机，能够装载和释放多架子机，以此实现无人机物流中多点对单点和单点对多点的结合。

7.4 智能签收设备

常见的智能签收设备有智能驿站塔、智能小盒和智能快递柜 3 种。

7.4.1 智能驿站塔

近年来，多家公司开展了智能驿站塔的研发，如菜鸟智能驿站塔(如图 7-2 所示)。菜鸟智能驿站塔高度超过 5 m，呈正八面体形，配备自动传动系统，通过对接无人机、无人车，实现全天候无人传送投递。

图 7-2　菜鸟智能驿站塔

1. 智能驿站塔的核心技术

智能驿站塔的核心技术包括生物体征识别技术、多传感器识别技术和云计算技术。

1）生物体征识别技术

生物体征识别技术包括对指纹、掌纹、人脸、虹膜、指静脉、声纹、步态等多种生物特征的识别。智能驿站塔采用了人脸识别技术，其识别过程涉及图像处理、计算机视觉、机器学习等多项技术。

2) 多传感器识别技术

识别的主要任务是对经过处理的信息进行辨识与分类。多传感器识别技术根据被识别(或诊断)对象与特征信息间的关联关系模型对输入的特征信息进行辨识、比较、分类和判断,识别与计算包裹的大小,最终判别包裹的储藏形式。

3) 云计算技术

云计算技术采用类似"立体停车库"的存储方式,内部存储空间精确匹配每一个快递的大小,单个存储单元能够上下调节的最小距离为 2 cm,存储的位置与快件高度相匹配。

2. 智能驿站塔的优势

智能驿站塔的优势主要有以下 4 点:

(1) 智能驿站塔可以存储 600～800 件包裹,而且空间可灵活调整,满足人口密集、用地紧张地区的需求。

(2) 智能驿站塔具备独有的批量投递功能,有 16 个投递口,方便快递员批量投递,提高效率。

(3) 智能驿站塔强化了交付功能,无人机能从柜顶将快递放入快递柜,无人车也可以与此连接,一天 24 h 均可工作。

(4) 智能驿站塔实现了"最后一公里"人(顾客)、柜(八面体柜)、机(无人机)、车(无人车)、站(配送站)的全面人工智能协同。

7.4.2　智能小盒

智能小盒的典型代表是菜鸟驿站推出的菜鸟小盒。菜鸟驿站是一个由菜鸟网络牵头建立,面向社区和校园的物流服务网络平台,是菜鸟网络五大战略方向之一。2018 年 5 月 25 日,菜鸟驿站发布了其智能科技产品——菜鸟小盒,这是一款可以用手机一键打开、容量自由伸缩、自带摄像头的智能包裹神器,可在用户家门附近悬挂,占用空间很小。菜鸟小盒容量最大可达 42 升,相当于 28 寸的行李箱,不使用时盒子可以缩成最小状态,厚度仅 10 多厘米。菜鸟小盒升级版还可以实现刷脸开盒、语音交互,通过温度调节储存生鲜,并且支持授权共享空间等更多"黑科技"功能。例如,它支持授权共享空间功能。用户可以通过授权,让社区邻里使用自己的菜鸟小盒,包括与邻居小盒进行绑定,方便快递员在包裹较多时使用。如图 7-3 所示为菜鸟智能小盒。

图 7-3　菜鸟小盒

1. 智能小盒的关键技术

智能小盒的关键技术包括温度自主调节技术和安全解锁技术。

1）温度自主调节技术

智能小盒可以自主调节温度，为生鲜提供低温冷藏，为汤汁和饭菜提供保温加热，并可以远程控制。

2）安全解锁技术

智能小盒内置三种解锁方式，其表面有一个二维码、一个摄像头和一个数字按键。使用时，用户可通过淘宝、支付宝、菜鸟裹裹等多种手机客户端小程序扫描二维码，来识别自己是否这款菜鸟小盒的授权用户，如果是业主和拥有者，小盒就会自动打开。如果是快递员扫码，只有符合条件的快递员，且送的订单也是这家的订单，小盒才会打开。如果附近没有网络，菜鸟小盒的数字按键就提供了另一种解锁方式。菜鸟小盒在数字按键里面做了算法，可以动态变换密码，业主可以通过手机端获取密码，输入密码就可以打开小盒。最后一种解锁方式是可以通过人脸识别解锁并打开小盒。

2. 智能小盒的优势

智能小盒的优势有以下两点：

（1）守在家门口的菜鸟小盒能够自己收取包裹。方便与智能是设计的出发点，快递员不会因为上门没人而发愁。

（2）智能小盒是为用户提供零售时代最后零米的新生活设施，带来了真正意义上的体验变革。

7.4.3 智能快递柜

智能快递柜(如图7-4所示)是指在公共场合(如小区)可以通过二维码或者数字密码完成投递和提取快件的自助服务设备。

图7-4 智能快递柜

1. 智能快递柜的特征

智能快递柜主要具有以下特征：

(1) 智能化集中存取。智能快递柜是一个基于物联网能够将快件进行识别、暂存、监控和管理的设备，它与服务器一起构成智能快递终端系统，由服务器对系统的各个智能快递柜进行统一管理，并对快件的入箱、存储以及领取等信息进行综合分析处理。

(2) 24 h 自助式服务。当收件人不在时，配送员可以将快件放在附近的智能快递柜中，等收件人有空时再去取回。

(3) 远程监控。配送员投递的包裹后，服务器会通过短信的形式发送取件码至用户的手机上，或者用户在小程序中自助获取对应包裹的取件码，然后在终端的取快件操作界面输入正确的取件码号，后台对比成功后会有开箱弹框提示。

2. 智能快递柜的结构

智能快递柜有不同的规格，以丰巢快递柜为例，从柜体来看，通常分为标准柜和拓展柜。标准柜由 1 个主柜和 4 个副柜(共 84 格)组成，拓展柜即两侧副柜，可以进行拓展、增加，或者根据实际需求进行缩减。一个快递柜通常由不同规格的格口组成，不同的快递柜公司制造的快递柜格口尺寸会有不同，大部分有大、中、小三种尺寸的规格。

智能快递柜真正的核心技术是其内部的组件，由主控机、锁控板、电源适配器、散热扇以及监控系统等组成，每一个副柜都要应用到一张锁控板。

3. 智能快递柜的功能

智能快递柜有智能取件、智能寄件、暂存、广告、监控、照明和语音提示等功能。

1) 智能取件功能

智能取件是智能快递柜的主要功能。配送员首先选择与快递大小相对应的格口，扫描运单并输入手机号，之后将配送物品放入快递柜中，并发送短信提醒收件人。利用智能快递柜的智能取件功能，一是节省时间，也就是说一天之内快递员能投递更多的快递，提升了配送效率；二是方便了消费者，例如，上班族、学生等没有办法守在家里等快递的消费者的收件灵活度大大增加了。从另一方面来看，这也是一种促进消费的行为。

2) 智能寄件功能

智能寄件也是智能快递柜的功能之一，主要是方便个人用户。用户在 APP 上选择快递公司，填写寄件信息，之后到智能快递柜输入寄件码，在支付运费后快递柜会自动打开，将需要寄送的物品放入快递柜即可。完成后，智能快递柜终端会自动通知快递公司取件寄送，再由快递员取件后打印运单、发件。

3) 暂存功能

除寄件和取件功能以外，快递柜还有暂存的功能。企业用户可以完成物品的多次存和取，轻松实现物品交换、库存管理，如玩具租用、家电租用、洗衣、租书等。个人用户也可以将其用于暂存物品，只要填写好存件人、取件人的信息，选择所需的格口尺寸、取件时间等即可。这样的功能有点类似于储物柜。

4) 广告功能

智能快递柜的主柜屏幕在没有人取件或寄件时会播放广告，也就是说有人靠近快递柜或者在准备使用快递柜之前，映入眼帘的就是广告。同时副柜上可以贴上广告贴纸等，这是一种非常直观的宣传方式。广告既属于智能快递柜的一项功能，又是其利润来源之一。

5) 监控、照明和语音提示功能

每一个智能快递柜的上方都会有一个监控器,可以实时记录寄件人、取件人的时间,这为货物遗失等问题提供了有效的证据。为了方便用户晚上操作,在夜间当用户靠近快递柜时,快递柜自用灯会自动亮起,当用户离开了之后会自动熄灭。

7.5 地下智能物流系统

7.5.1 地下智能物流系统概述

1. 地下智能物流系统的概念

地下智能物流系统是指运用自动导向车、两用卡车或胶囊小车等承载工具,通过大直径地下管道、隧道等运输通路,对货物进行输送的一种全新概念的自动化运输配送系统。20 世纪 90 年代以来,利用地下物流系统进行货物运输的研究受到了各国政府的高度重视,并作为未来可持续发展的技术领域。

在城市,地下智能物流系统与物流配送中心和大型零售企业结合在一起,实现网络相互衔接,客户在网上下订单以后,物流中心接到订单,迅速在物流中心进行高速分拣,通过地下管道物流智能运输系统和分拣配送系统进行运输或配送。地下智能物流系统也可以与城市商超结合,建立商超地下物流配送中心。

地下智能物流系统的末端配送可以与居民小区建筑的运输管道相连,最终发展成一个连接城市各居民楼或生活小区的地下管道物流运输网络,并达到高度智能化。当这一地下智能物流系统建成后,人们购买任何商品都只需点一下鼠标,所购商品就像自来水一样通过地下管道很快地"流入"家中。

2. 地下智能物流系统的特征

地下智能物流系统的特征如下:

(1) 与客运节点的物流隔离。地下智能物流系统与客流系统分离,实现人货分流,能够最大限度保障交通安全。

(2) 对地下空间的高度利用。地下智能物流系统充分利用地下交通资源,减少对地面有限交通资源的占用。

(3) 货物运输的全自动化。货物运输过程采用自动化输送设备,实现了无人化运行,能够 24 h 流转,极大地提高运输与配送效率。

3. 利用地下智能物流系统进行物流配送的优势

地下智能物流系统是一种新兴的运输和供应系统,是现代物流创新发展的新技术,是一种具有革新意义的物流配送模式。在城市道路拥堵越来越严重的情况下,地下智能物流系统具有巨大优越性。目前,世界上的一些发达国家,包括美国、德国、荷兰、日本等对地下智能物流系统的可行性、网络规划、工程技术等方面展开了大量的研究和实践工作。研究表明,地下智能物流系统不仅具有速度快、准确性高等优势,而且是解决城市交通拥堵、减少环境污染、提高城市货物运输的通达性和质量的重要且有效的途径，符合资源节约型社会的发展要求，是城市可持续发展的必要选择。其优势主要体现在以下 3 个方面：

(1) 城市土地资源利用结构方面：降低公共道路等设施的土地占用率，缓解城市交通拥堵等问题。

(2) 货运效率方面：降低城市货物运输成本，提高服务质量，同时可以避免因气象灾害条件引发的拥堵和物流损坏等问题，从而实现安全可靠、经济高效的目的。

(3) 社会资源和城市环境方面：运载工具采用清洁能源，可以降低货物运输过程中的能源消耗和环境污染，同时还可以减小由各种货运车辆的振动造成的道路沿线交通噪声危害。

7.5.2　地下智能物流系统的发展模式及构成

1. 地下智能物流系统的发展模式

目前，地下智能物流系统的发展模式大致可以归纳为基于地铁等隧道、管道舱体和车辆 3 种。

1) 基于地铁等隧道模式

该模式的地下智能物流系统依托地铁、隧道等轨道交通系统进行物流运输和分配，主要采用客货同列、按厢分载的运作方式，将地铁一物两用，充分节约资源和成本。例如"城铁系统＋地铁站自提柜"模式，通过智能分拣将批量货物配送到城市各地铁站，再简单分拣放入地铁包裹自提货柜，客户下班坐地铁到站后提货回家。这种模式比较容易实现。

2) 基于管道舱体模式

根据运输载体的不同，可将货物的运输管道又分为气力运输、浆体运输和舱体运输管道。不同的运输载体可适用于不同条件下的货物运输。

3) 基于车辆模式

该模式的地下智能物流系统一般采用以电池作为能源和动力进行驱动，并且由具有自动导航功能的特殊车辆完成地下货物运输，如两用卡车和自动导向车等。基于车辆模式的物流发展模式是目前地下物流领域研究的热点，具有较好的发展前景。

从目前城市运输和供应系统的发展情况来看，实现自动导航是地下物流配送的主要趋势。地铁地下物流系统概念模型为开放式嵌入系统，在依托地铁网络完成运输的运作过程中易受到客运的干扰和限制；而舱体地下物流系统概念模型需要驱动车辆或者外加驱动力才能运行，运行过程占用整个通道段，很难适应小批量、多批次的城市配送需求，另外管道的到达性差，还需要通过地面短驳完成最终配送。相对来说，车辆地下物流系统发展模式更加适合城市物流配送的固有的特性和绿色高效的发展趋势，其中车辆的设计又是关键。

对于以上 3 种不同的物流发展模式，其不同的运输特性和适应性决定了其不同的应用范围，在进行设计和建设的时候，应该综合考虑城市自身的发展特点进行选择。

2. 地下智能物流系统的构成

总体来看，地下智能物流系统是一种"地下干线运输＋综合管廊＋配送塔"的物流体系。物品经过地下运输系统运输到分拣中心分拣，再经过地下管廊自动配送到商业设施地下仓储中心,或地上与地下结合的社区智能配送塔,客户凭密码或手机在小区配送塔自提包裹。其整个运作过程可分为 3 个模块。

(1) 模块 1:结合轨道交通完成从港口、火车站、高铁站、空港城到各城区的主干道输送。

(2) 模块 2:结合综合管廊增加物流输送功能,一次开挖,共享复用,完成从区集散点经次干道至各小区各建筑物的输送。

(3) 模块 3:与园区、小区地产结合,通过楼宇自动化、配送塔完成到户到家的终极目标。

以上 3 个层次的模块也可以反向运行。

从具体构成上看,地下智能物流系统主要包括以下 4 个方面:

(1) 运输工具。自动化的货物运输系统的运输工具主要是 AGV、类火车系统或者囊体。

(2) 地下设施。运输设备在专用的设施如隧道、轨道、管道、专用集卡通道等中运行。

(3) 物流节点。利用进行货物接收、分拣、发运、存取的终端和物流中心等节点来服务不同的地区和客户。

(4) 中心控制系统。中心控制系统用于实现车辆的调度、应急处理和网络的发展建设等运营管理问题。

7.5.3   地下智能物流系统的行业应用

早在 19 世纪末期,人们已经开始利用气力管道系统(Pneumatic Capsule Pipeline,PCP)和水力管道系统(Hydraulic Capsule Pipeline,HCP)来运输颗粒状的货物,这可以作为地下物流系统的初级形式。早期系统是以电力的轨道运输方式和以气力或水力的管道运输方式。当时科技水平发展程度不高,所以自动化控制水平不高,而且都不具备自动导航的功能。

英国是最早研究地下物流系统的国家之一。20 世纪初,由于工业化的快速发展,伦敦街头变得拥堵不堪,邮件递送业务经常受到影响,因此地下邮局被引入。1927 年,英国伦敦街头地下的“邮局地铁”首次开通,全长 37 km,曾被视为“工程学奇迹”,在最繁忙的时候,它每年可递送 14 亿封信件。

随着经济和技术的飞速发展,城市面临着交通拥堵、用地紧张、生存空间拥挤、环境恶化等问题。自 20 世纪末以来,地下智能物流系统的研究越来越受到重视。其中以英国、美国、荷兰、日本和德国等为主要代表的相关政府部门及学术机构,针对港口、机场等交通枢纽提出了建设地下物流系统的可行性研究。

当前世界各国在地下智能物流系统方面的主要规划与应用如下:

(1) 日本的双模式卡车(Dual Mode Truck,DMT)系统。它最大的特点是其运载工具可以在地上道路和地下轨道上行驶,避免了长距离地下隧道的开挖,既能实现城市内部与城际间的货物运输无缝衔接,同时又能够合理地控制工程建设造价。

(2) 美国的货运穿梭系统(Freight Shuttle System,FSS)。它是一种适用于相距不到 500 km 的两个点之间的货物运输的专用系统,为其特别设计的货运机车可以装载 45 英寸的集装箱。

(3) 英国提出的摩尔地下货运管道(MOLE Underground Freight Pipeline,MUFP)系统。

它采用了 MOLE 公司提供的直线感应电动机驱动的专用货运机车，依据运载货物的尺寸类型分为 Bulk、Urban 和 Container 3 种机车形式，可分别用于运输包裹、小型托盘和集装箱。

(4) 德国的 Cargo Cap 系统。它采用的运载工具是在管道中成编组运行的胶囊小车，其最大的特点是将地下物流系统与城市交通结合起来规划建设。

(5) 美国的地下货物快速运输系统。它运用 Hyperloop 高速运输系统，Hyperloop 系统能够在真空管道中以极高的速度运输货物，理论最高时速可达 1200 km。

(6) 瑞士的地下货运交通系统(Cargo Sous Terrain，CST)。它由地下运输隧道和高效环保的城市货物配送中心组成，内部采用悬挂式运输机与自动无人驾驶车相结合的运输方式。

随着城市化的发展和物流技术的进步，我国对地下物流系统也进行了积极的探索。2000年，钱七虎院士倡导了我国地下物流研究。2004 年，我国对地下物流开始了最早的应用，当时广州从瑞典引进技术，规划建设地下垃圾管道输送系统，使垃圾通过封闭的管道到达回收站等待处理，让小区里的垃圾变得无影无踪。2014 年，由我国自主研发的"LuGuo 种子输送分类储藏智慧系统"面世，这一系统可以将不同种类的种子袋准确无误地送到指定地点。该系统实际是针对城市物流"最后一公里"的一个解决方案，其地上轨道物流完全可以流畅衔接地下管道物流，可实现智能配送、精准分流，非人力自动送达入户，相比传统物流可节能 90%。

在概念方案研究中，代表性成果是上海市政工程设计研究总院所提出的上海洋山港地下货运交通系统方案、上海地下垃圾运输系统、虹桥国家会展中心地下货物运输方案、沿海地下集装箱捷运系统方案等。我国北京通州副中心地下物流系统规划采用与地铁共用隧道的方式来建设，创造性地提出了"地铁＋地下物流系统"的概念，充分利用地下物流系统的自动化特征和地铁轨道的富余来运输货物，节省地下物流系统造价，减少地面货运车辆。该项工程截至 2024 年上半年，主体结构已完成 91%，2025 年底将具备通车条件。

习　　题

1. 什么是智能配送装备？它们有什么特征？
2. 无人车和无人机各有哪些特征？
3. 无人机主要由哪些系统构成？
4. 简述地下智能物流系统的发展模式及构成。

第 8 章

智能拣选装备与技术

案例导入

苏宁"超级云仓"

苏宁"超级云仓"依靠高密度存储、SCS 货到人拣选、高速交叉分拣等国内领先的智能化设施，日处理包裹可达 181 万件。在新一代无人仓中，包裹从下单、拣选、打包、贴标、出库全流程仅需 30 min；无人机、"5G 卧龙一号"无人配送车等科技产品让物流配送工作效率最大化。

8.1　智能拣选装备

8.1.1　智能拣选装备概述

1. 拣选作业

拣选作为物流中心的核心作业，是指工作人员根据客户订单要求，将正确的商品按准确的数量从存储的货架/货垛中取出，并搬到理货区/包装区的过程，也就是将商品从存储区域库位中拣选出库的过程。

通常来说，拣选作业时间占整个仓储作业时间的 30%～40%，拣选搬运成本约占仓储搬运成本的 90%，拣选人员的数量占仓储作业人员数量的 60%以上。在传统拣选系统中，拣选人员 70%的作业时间是在移动，只有 30%的作业时间用于挑选物资。因此，拣选作业为仓储作业中劳动密集程度最高、作业时间最长、作业成本占比最高的环节，是物流中心中最核心、最重要的组成部分，其效率决定了企业物流中心的整体运作效率。

2. 智能拣选装备

拣选装备是为从货架或料堆上拣出所需货物提供支持的工具或设备。传统的拣选装备包括拣货台车、手推车等，由拣货员将其推至货架前进行拣货。随着技术的发展，仓储管理人员可以借助 RF(射频)枪、语音拣选系统、电子标签拣选系统等进行工作。近几年，出现了新型智能拣选装备，如智能眼镜、腕表等。仓储管理人员可以将智能终端(如 iPad 等)配备到拣选小车上辅助仓储管理作业。拣货方式的改变也带来了拣选装备的升级，"货到人"拣货方式催生了 AGV 机器人、机械臂、多向穿梭车、Miniload 拣选工作站等装备在货物拣选中的应用，智能化、无人化机器人技术应用场景越来越广泛。

智能拣选装备是将自动识别、导航定位、人工智能、自动化控制等技术应用于货物拣选过程中，能够实现辅助人工拣选或无人化拣选的物流装备。

智能拣选装备具有拣选效率高、拣选差错率低、可以实现少人或无人化运作的特征，能够有效提升配送中心运行效率，减少运营成本，降低拣选人员的劳动强度，在当前仓储配送中心运作中得到了普遍应用。

8.1.2　智能拣选装备的分类

从拣选作业方式来看，拣货作业可分为"人到货"和"货到人"两种主要类型。

1. "人到货"拣选系统

"人到货"拣选即拣选员根据拣选信息指示前往物流中心物资存储区域，到达指定库位，拣选指定种类及数量的物资，并运送出库至指定位置。它主要以人工操作为主、技术应用为辅。

2. "货到人"拣选系统

"货到人"拣选即拣货员只在拣选区域内部执行分拣任务，无须前往物资存储区域，所需物资及相关拣选信息由系统自动输送至拣选区域。它主要以技术应用为主、人工操作为辅。

与传统的"人到货"方式相比，"货到人"方式具有以下优势：

(1) 拣选效率提高。由于节约了行走时间，同等作业量下，"货到人"拣选效率更高，有数据表明甚至能达到普通人工拣选的 3～6 倍。

(2) 拣选准确率更高。由于简化了劳动者的操作流程，相对单一化的重复动作使得拣选差错率的控制更为有效，在常规拣选差错率 3%～5% 的基础上准确率可提升 10 倍。

(3) "货到人"方式降低了劳动强度，改善了作业环境，大幅减少了行走距离，在减少拣货人员作业量的同时，也降低了补货、容器周转等仓库内其他环节的劳动强度。另外，由于传统仓储作业场地占地面积较大等因素，无法大面积改善劳动者的作业环境，如夏季高温期的库内作业、冷藏冷冻仓储库内的作业等，通过"货到人"工作站方式，在不大幅增加成本的前提下就可改善员工作业环境条件。

8.2　"人到货"拣选系统

典型的智慧型"人到货"拣选系统包括 RF 拣选系统、语音拣选系统、电子标签拣选系统、智能穿戴拣货设备、智能拣货台车等。

8.2.1　RF 拣选系统

1. RF 拣选系统的概念

RF 即射频，是指具有远距离传输能力的高频电磁波。射频技术在无线通信领域中被广泛使用。手持 RF 拣选系统是通过无线网络传输订单，借助手持 RF 终端上的显示器，向作业人员及时、明确地下达货架内补货(入库)和出库提示，具有加快拣选速度、降低拣货错误率、合理安排拣货人员行走路线、免除表单作业等显著优点，并且使用简单灵活。如图 8-1 所示为手持 RF 拣选系统。

图 8-1　手持 RF 拣选系统

2. RF 拣选系统的基本原理

RF 拣选系统使用小型手持计算机终端(带有条码扫描器)来传递拣选作业信息。作业时，由后台计算机系统向手机终端发出拣选指令，屏幕上会显示货位、品种、数量等信息，拣选人员走到相应的货位拣取货物。使用手持终端拣货时，通常都要求扫描货物和货位条码，拣选作业准确率很高。

远程用户界面通过射频在两个独立终端间传送数据，与具有系统支持和独立硬件的相关用户进行对话。RF 拣选系统可以与客户的系统在线连接，通过扩频传输，中央服务器可以连接手持终端和叉车终端。RF 终端与套指扫描器相连，拣选人员在拣选订单时可将其戴在手臂上。这意味着拣选人员可随时随地接收订单，直接从显示屏上读取订单信息，在 RF 终端上确认订单后，无线电数据通过接口传送至计算机。

3. RF 拣选系统的组成

RF 拣选系统主要由以下 4 个部分组成：

(1) 无线 AP 设备：即无线接入点设备，用于提供基本的无线通信信道。

(2) 无线手持终端：可以运行客户终端程序或浏览器程序的便携移动计算机，一般可配置激光扫描头，由程序调用专门的扫描函数控制激光扫描，以便采集一维或二维条码数据。

(3) 无线数据终端业务执行程序：利用无线数据终端应用开发工具实现的一套可执行程序，可运行在无线数据终端设备上，是对现有管理系统对应功能的替代。

(4) 中间件服务进程：运行在服务器或客户机上的后台处理程序。通过该处理程序，可以实现终端业务执行程序与现有应用系统数据库之间的数据交换，保证现场操作与信息处理的同步。

4. 拣选叉车 RF 拣选系统

RF 拣选系统应用于拣选叉车，能够提高叉车拣货的智能化水平，也是常用的拣选形式之一。它是在高位拣选叉车或拣选式巷道堆垛起重机上装置出入库终端，根据 WMS 和无线数字传输显示拣选系统进行作业。

当供应商或货物通知物流中心按配送指示发货时，拣选叉车 RF 拣选系统在最短的时间内从庞大的高层货架存储系统中准确找到要出库的商品所在位置，并按所需数量出库，将从不同储位上取出的不同数量的商品按配送地点的不同运送到不同的理货区域或配送站台，以便装车配送。

8.2.2　语音拣选系统

1. 语音拣选系统的概念

语音技术是将任务指令通过文本转语音(Text To Speech，TTS)引擎转化为语音并播报给作业人员，并采用波形对比技术将作业人员的口头确认转化为实际操作的技术。企业通过实施语音技术可以提高员工的拣选效率，降低最低库存量及整体运营成本，并且大幅减少错误配送率，最终达到提升企业形象和客户满意度的目的。如图 8-2 所示为语音拣选系统。

图 8-2　语音拣选系统

语音拣选的效率超过 RF 扫描，因为它让"手和眼睛获得自由"。语音操作者在视觉上专注于已分配的任务，而不需要使用键控输入到扫描单元，因而消除了键控操作的失误。同时，使用 RF 扫描，无论佩戴何种设备，都会在一定程度上限制双手的自由，使得拿物品尤其是重型或棘手的物品变得困难，降低了拣选速度，而用语音报告替换 RF 扫描，能够解放双手，提高精准度和生产率。

2. 语音拣选系统的基本流程

语音拣选可以简单地分为 3 个步骤：

(1) 系统通过语音播报给操作员一个巷道号和货位号，并要求他说出货位校验号。

(2) 操作员把这个货位校验号读给系统听，当系统确认后，作业系统会告诉操作员所需选取的商品和数量。

(3) 操作员从货位上搬下商品，然后进入下一个流程。

整个操作过程非常简单，而且当前语音识别技术非常成熟，对操作员的口音没有特别要求，语音识别度非常高。

3. 语音拣选系统的架构

拣选作业由 WMS 通过开放数据库互联(Open Database Connectivity，ODBC)接口传入语音系统，语音系统拣选完毕后返回到 WMS。语音拣选系统的硬件主要包括蓝牙降噪耳麦、穿戴式随身携带小型计算机、条码扫描设备(选配)和打印设备(选配)等。

8.2.3 电子标签拣选系统

1. 电子标签拣选系统的概念

电子标签拣选系统是以快速、准确、轻松地完成拣选作业为目的而设计的，是微电子技术和计算机软件技术快速发展的产物，它使拣选作业实现了半自动化。电子标签拣选系统以一连串装于货架格位上的电子显示装置(电子标签)取代拣货单，电子标签指示拣取的物品及数量，辅助拣货员的作业，从而达到有效降低拣货错误率、加快拣货速度、提高工作效率、合理安排拣货员行走路线的目的。如图 8-3 所示为电子标签拣选系统。

图 8-3 电子标签拣选系统

电子标签拣选系统简化了拣选工作的操作难度，也为物流配送体系带来了以下优势:

(1) 拣选作业的工作人员数目将大大减少，平均减少一半以上。

(2) 拣选作业消耗的时间将缩短 30%～50%。

(3) 拣选准确率将大幅度提升，能达到 90%以上的拣选准确率。

(4) 工作效率将至少提高 50%。

(5) 可实现无纸化操作，降低拣选的成本和耗费。

电子标签拣选系统的使用，能够实现对拣选作业的及时、科学、准确、连续、统一的现代化管理，可使物流配送作业实现规模化、现代化、自动化，降低物流配送的成本。

2. 电子标签拣选系统的组成及工作原理

电子标签拣选系统依靠明显的储位灯光的引导，省略了以前的制作订单文件、查找货品等复杂而烦琐的环节，将拣选作业简化为单纯的看、拣、按 3 个动作。该系统包括 WMS 系统、控制 PC、控制器、连接盒、信号灯、字幕机和电子标签等，如图 8-4 所示。

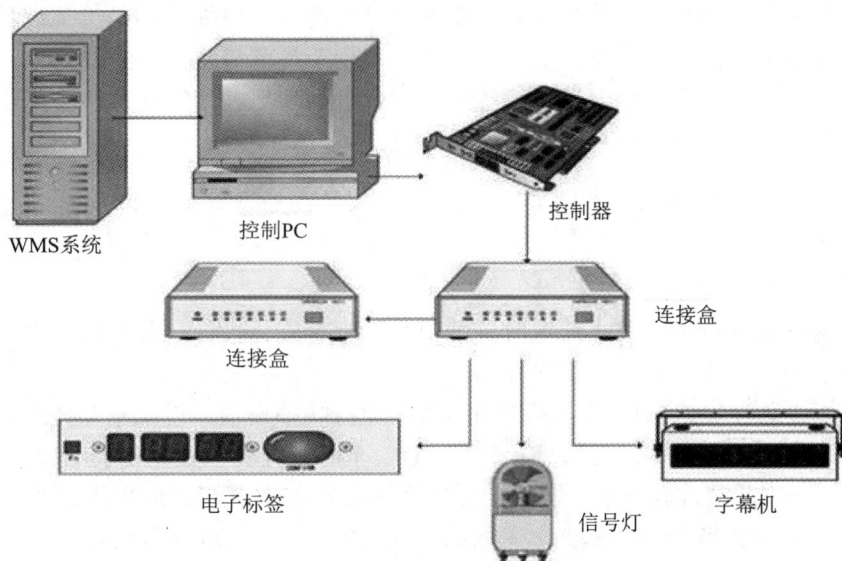

图 8-4　电子标签拣货系统的组成

电子标签拣选系统由控制 PC 将需拣选的物品信息通过通信网络发送到拣选作业现场，拣选员通过观看电子标签上显示的数目来拣取物品，拣取规定数量的物品后按下"完成"键，将完成的信息发送到控制 PC 上，数据库的库存数量会进行相应的更改，进而完成该位置物品的拣取。

3. 电子标签拣选系统的架构

电子标签拣选系统分为控制层、通信网络层和应用操作层。

1) 控制层

控制 PC 是整个电子标签拣选系统的"大脑"，是系统的控制中心。在控制 PC 中搭载了电子标签拣选系统的操作软件。当有物品需拣取时，控制 PC 要将原始的订单或发货单进行处理，形成拣选信息，并按照一定的原则进行分类。然后，它会将信息发送给下位机，并通过灯光显示的部分提示拣选员进行操作。当拣选完成后，下位机将拣取完成的信息发送到控制 PC，控制 PC 接收信息后会对数据库中的物品信息进行修改。

2) 通信网络层

通信网络是分布在整个电子标签拣选系统的"神经"，是整个拣选系统能够快速、准确运行的关键。系统中，控制 PC 必须通过通信网络部分才能发送命令到下位机。在通信网络的选择上，要选择稳定性高、实时性好、环境适应性强的通信总线，主要包括无线通信网络、CAN(Controller Area Network，控制器局域网)总线通信网络、RS485 总线通信网络等形式。

3) 应用操作层

下位机及电子标签的光电显示部分是拣选员和拣选系统进行交互的主要部件。系统的下位机一般都采用单片机或可编程逻辑控制器来控制光电部分,但随着嵌入式技术的发展,也渐渐开始采用 ARM 微处理器来控制光电部分。电子标签的光电部分主要用于提示拣选员进行拣选作业,并引导拣选员直接走到需拣物品的位置,可节省寻找需拣物品的时间。

电子标签的光电部分是系统与人最主要的互动部件。其主要作用是给拣选员提示,主要的提示方式有声音提示和灯光提示。声音提示是用于提醒拣选员有物品拣取,一般使用蜂鸣器来实现;灯光提示是用于指示待拣物品的位置,一般使用发光二极管来实现。在拣选数量的显示方面,一般采用八段数码管来实现。

8.2.4　智能穿戴拣货设备

1. 智能穿戴拣货设备的概念

智能穿戴设备是应用穿戴式技术对日常用品进行智能化设计、开发出可以穿戴的设备的总称,如手表、手环、眼镜、服饰等。

智能穿戴设备在物流领域可应用的产品包括免持扫描设备、现实增强技术——智能眼镜、外骨骼、喷气式背包等。在国外,UPS、DL 等物流企业已使用免持设备与智能眼镜进行物品的分拣。目前,国内也已有企业在订单拣选过程中利用 AR 智能眼镜进行拣货,快件分拣员戴上 AR 智能眼镜即可扫描整个产品货架,采用触控的交互模式,轻轻一按眼镜腿两侧即可查找、跟踪、解锁多个条码商品信息。AR 显示屏还能标识具体商品的位置,指导仓储工作人员找到相应的货位,几秒即可完成分拣,同时物流系统信息也会自动更新。

2. 智能穿戴拣货设备的构成及原理

智能穿戴拣货设备的构成主要包括上位机、货物识别装置、蓝牙数据发送装置和反馈装置。上位机分别与货物识别模块和蓝牙数据发送装置相连,蓝牙数据发送装置与反馈装置无线连接。

拣货时,通过货物识别装置检测货物,并将检测结果上传至上位机;上位机将所得结果进行分类处理,若该货物是需要进行挑拣的,则通过蓝牙数据发送装置将信号发送至反馈装置;反馈装置接收到信号后通过振动模块或语音模块提醒相关人员,使得相关人员不需要去查看货物的类别即可进行拣货,从而极大地提高了拣货效率,有效降低了相关人员的劳动量,还降低了错拣率。

3. 智能穿戴拣货设备的典型应用

1) 智能眼镜

亚马逊智能眼镜配备可穿戴计算机,可以在拣选过程中快速识别商品所处的位置,而且内置有图像传感器,能够识别与某项任务相关的物品。这种传感器还有可能识别邮寄地址、条码或二维码等包裹标记。

DHL 与理光(Ricoh)、可穿戴设备解决方案供应商 Ubimax 合作,将视觉分拣技术应用于仓库的分拣流程中。DHL 员工可通过智能眼镜扫描仓库中的条码图形来加快采集速度和减少错误。DHL 还与 Vuzix 合作打造了一套"免提式"仓库解决方案,其 M100 智能眼镜与 Ubimax 开发的仓库"Vision Picking"软件协作,提供了实时的物品识别、条码阅读、室内导航和无缝信息集成,直接连接到 DHL 的仓库管理系统。应用该方案之后,分拣效率可提高 25%。

菜鸟积极推动 AR 智慧物流系统的应用,利用微软的 HoloLens 头戴式设备来查看所有快件的信息,仓库商品的重量、体积等相关信息都会映入操作者眼帘。这一系统方便操作者快速找到对应商品在仓库中所处的位置,并且会自动规划最优路线提示操作者拿到相应订单的商品。如图 8-5 所示为菜鸟 AR 智慧物流系统。

图 8-5　菜鸟 AR 智慧物流系统

2) 智能手环

UPS 使用基于摩托罗拉 RS507 蓝牙戒指(如图 8-6 所示)成像仪的系统。这一可穿戴设备包括一个戴在手指上的支持蓝牙的免提式条码扫描仪以及一个戴在员工手腕或髋部的小型终端。利用这一设备,UPS 员工能够更快速地获取及处理条码图像,加快拣货和将包裹装车的速度。

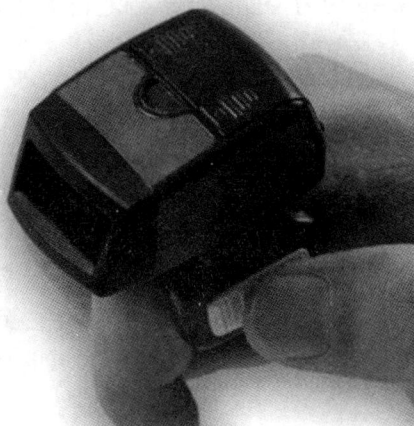

图 8-6　蓝牙戒指

xBand 是一款多传感器可穿戴腕带(如图 8-7 所示)，可与 xPick(一种视觉选择系统)结合使用，提供基于 RFID 的免提手动订单拣选解决方案。通过组合 xPick 和腕带 xBand，可以实现最佳的订单挑选过程。当到达存储或检索箱时，多传感器腕带能够完全直观地确认订单，而不需要使用外部和耗时的调试步骤。xBand 的核心技术是 RFID。通过集成的 RFID 技术，xBand 可通过蓝牙与主机设备(或平板计算机)进行通信。它可用于识别位置，确定任务是否已完成或通知用户他正在进入某个区域。例如，当员工移动他的手臂来拣选货物时，xBand 会自动扫描物体盒子或架子上的 RFID 标签，并向平板计算机自动发送确认信息。在拣选器视野右侧的可视化旁边，xBand 能确认拣选的声音和放置动作是否正确，并针对不正确的拣选动作进行触觉振动反馈或提醒。

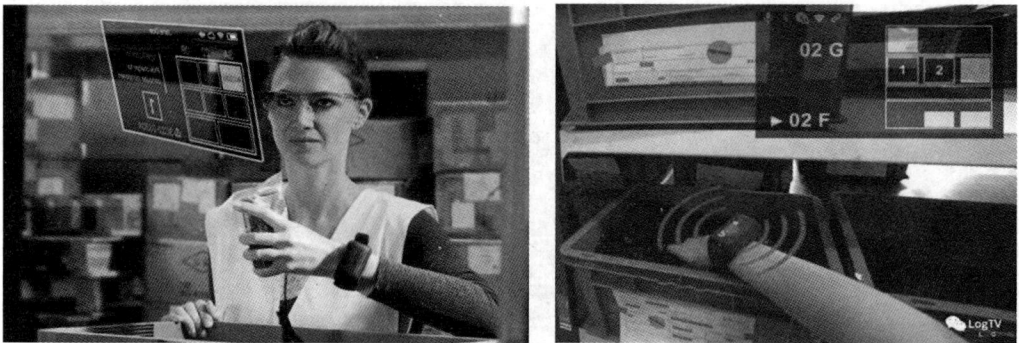

图 8-7   xBand 可穿戴腕带

3) 机械外骨骼

机械外骨骼是一种由金属材料框架构成且可让人穿戴的机器装置，这个装置可以提供额外能量来供四肢运动。在物流作业中，机械外骨骼可用于货品的搬运、拣选及配送等过程。

例如，蜂鸟即配公司应用的一款上半身外骨骼设备，其自重为 7 kg，负载为 10～30 kg，适合频繁搬箱作业，能够有效降低使用者腰部的受力负担。还有一款全身外骨骼装备，由傲鲨智能研发，其设计自重 16 kg，额定负载为 50 kg，整个骨骼有 12 个运动自由度。工作时，使用者通过整个骨骼把力量传导到地面，无论背负的物体有多重，使用者主要承担操作力，肩膀只需要承受 5～10 kg 的力，就如同一台笔记本计算机的重量。

8.2.5   智能拣货台车

1. 智能拣货台车的概念

智能拣货台车是针对电商、医药、快消、美妆以及离散制造等行业研发的一款集灵活、智能、精准等优势为一体的产品。智能拣货台车集订单的分、拣、核、包、发为一体，囊括了 RF 枪、电子标签、标签打印机、装载设备、传感器等多种设备，同时又可与 WMS、WCS 等硬件设备智能连接，具有异常信息智能反馈等功能，可实现订单作业智能分配和拣选路线智能优化。它广泛应用于服装、电商、医药等领域的智能分拣。

2. 智能拣货台车的构成

智能拣货台车主要包括小车主体、平板计算机(或手持终端)、RFID 设备、订单箱、打印机、称重设备、电子标签设备、供电系统等，如图 8-8 所示。

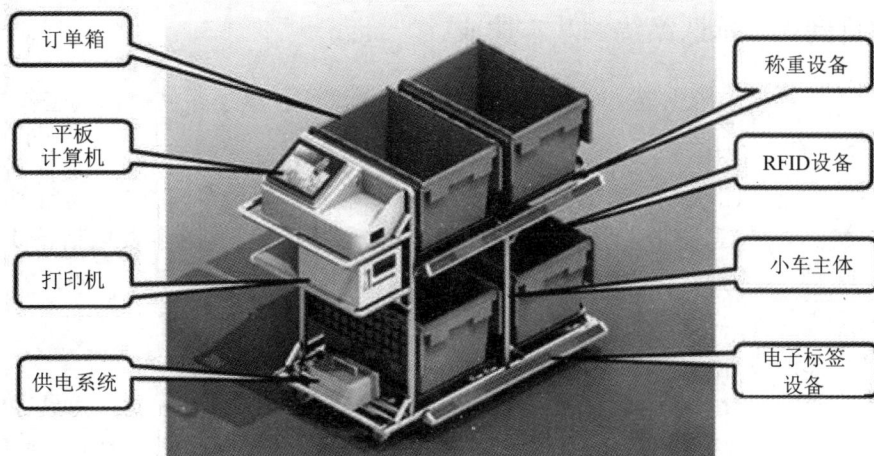

图 8-8　智能拣货台车的基本结构

3. 智能拣货台车的应用优势

智能拣货台车主要的应用优势如下：

(1) 订单作业智能分配，拣选路线智能优化。

(2) 拣选人员在仓库中的走动距离可降低 30%。

(3) 拣选人员的搬运工作负荷可减少 70%。

(4) 平均订单拣选效率可提升 50% 以上。

(5) 小件盘点效率可提升 90% 以上。

(6) 拣货、包装、复核工作一站式完成。

(7) 拣选人员可在智能拣选台车上完成多单同拣、按箱零拣、复核订单、打包订单等工作。

4. AGV 智能拣货台车

AGV 智能拣货台车是具有自动导引和移动功能的拣货台车，除上述拣货台车的基本功能以外，它还可以自行导航移动至拣货位置，配合拣货人员进行拣选。

AGV 智能拣货台车的基本工作原理为：所有的拣选订单任务直接由系统下达指令到 AGV 拣选台车，AGV 拣选台车根据系统内货品的分布位置，自动导航到商品位置停泊，通过车载显示终端告诉拣选人员被拣选商品的位置和数量。这种技术进一步减少了人工作业，解放了劳动力。目前，该技术除了应用于拆零拣选，也已经在沃尔玛等企业实现了整箱拣选作业，针对新零售、冷链、大宗商品、第三方物流等领域将有良好的应用前景。

8.3 "货到人"拣选系统

典型的智慧型"货到人"拣选系统包括 Miniload 拣选系统、箱式穿梭车拣选系统、类

Kiva 机器人拣选系统、AutoStore 系统、旋转货架拣选系统等。

8.3.1 "货到人"拣选系统的基本构成

"货到人"拣选系统主要由 3 部分组成，即存储系统、输送系统和拣选工作站。

1. 存储系统

存储系统从过去比较单一的立体库存储，目前已发展到多种存储方式，包括平面存储、立体存储、密集存储等，存储形式也由过去主要以托盘存储转变为主要以料箱(或纸箱)存储。无论是哪种存储方式，存储作业的自动化是实现"货到人"的基础，如何实现快速存取是考虑的重点问题。

目前，常见的存储系统有以下几种：

(1) AS/RS。自动化立体仓库系统(AS/RS)是最传统的存储方式，主要以托盘存储为主，其本身有多种形式，如单深度和多深度立体库、长大件立体库、桥式堆垛立体库等。因为堆垛机本身存取能力的限制，这种存储方式主要用于整件拣选，很少用于拆零拣选。

(2) Miniload 系统。Miniload 系统具有与 AS/RS 不同的特性和不同的作业能力。Miniload 系统在 20 世纪 80 至 90 年代已经在日本广泛应用于拆零拣选，其中尤其以"货到人"拣选为主。Miniload 系统有多种形式，货叉和载货台的形式就多达数十种，使其具有广泛的适应性，其存取能力最高可达每小时 250 次。Miniload 系统当前仍然是"货到人"拆零拣选的重要存取方式。

(3) 旋转式货柜。这是一种更加"迷你"的"货到人"拣选储存系统，其形式有数十种之多，但仍然受限于其存取能力和储存能力，在工厂的应用不太广泛。

(4) 自动导引搬运车系统(AGVS)。AGV 开始是作为一种输送系统存在的，广泛应用于汽车装配、烟草等制造企业以及港口等场合。随着 AGV 的不断发展，不仅其形式发生了改变，其应用场合亦发生了根本性的变化。亚马逊推出的 Kiva 系列机器人，实际上已将 AGV 的应用从单纯的输送转变为一个集存取与输送于一体的"货到人"系统，即 AGVS，其应用前景广阔。

(5) 箱式穿梭车。箱式穿梭车取代 Miniload 完成存取作业，以满足每小时多达 1000 次的存取作业的需求，将存取效率提升了一大步。随着这一理念的提出，相似的技术层出不穷，如旋转货架系统、AutoStore 系统、纵向穿梭车系统等。这些系统的一个共同特点是高效、柔性，是"货到人"拣选系统的主要发展方向。

(6) 2D 和 3D 密集存储系统。这是一个集 Miniload、穿梭车、提升机等多种系统于一体的全新一代存储系统，它分为托盘和料箱两种方式。其存储效率是传统立体库存储的 1.5～3 倍，被称为存储系统的里程碑成果。

2. 输送系统

"货到人"拣选技术的关键技术之一是如何解决快速存储与快速输送之间的匹配问题。例如，采用多层输送系统和并行子输送系统的方式，可完成每小时 3000 次以上的输送任务，相比存取作业具有更高的效率，能够满足(甚至远远超过)"货到人"快速拣选输送的要求，关键是要将输送系统置于整个"货到人"系统中进行综合考虑，实现存取、输送与拣选系统的良好衔接。同时，由于"货到人"系统输送流量较大，会使设备成本大幅度增加，从而导致物流系统整体成本大幅度增加，这就需要综合考虑输送成本与输送效率的平衡。

3. 拣选工作站

拣选工作站的设计非常重要。一个工作站要完成每小时多达 100 次的拣选任务，依靠传统方法是无法完成的。通过采用电子标签、照相、RFID、称重、快速输送等一系列技术，能够使得拣选工作站满足实际作业需求。许多物流装备和系统集成企业都把拣选工作站作为研究"货到人"系统的重要内容，不断提升拣选工作站的效率。

拣选工作站主要包括进货装置、提示装置和周转装置 3 个部分。需要拣选的货品通过输送系统到达拣选工作站的进货装置；提示装置通过中央显示屏、数码显示器等设备显示需要拣选货品的所在位置、数量以及需要放置的货位；周转装置用于放置拣选出的货品，一般包括多个货位或槽口。拣选人员在利用拣选工作站进行拣选时，只需根据提示装置的提示进行拣选，同时可以多订单同时拣选，能够大幅提高拣货效率，降低拣选人员的疲劳程度。

基于无人化的拣选工作站是指用机器人代替拣选人员作业，依靠多轴机器人控制系统、视觉系统、末端触觉系统、多功能夹持器等先进技术以及优化算法，实现拣选作业的高度智能化、无人化运作。

8.3.2　Miniload 拣选系统

Miniload 拣选系统具有广泛的适应性，是最重要的"货到人"拆零拣选解决方案之一。目前，国内外多家物流装备企业均可提供 Miniload 拣选系统，技术已非常成熟。

1. Miniload 拣选系统的工作原理

在接收货物时，货物被放置在标准化容器或托盘中，这些容器或托盘被传送到自动存取系统的导入点；自动存取系统将容器存储并检索放置到存储缓冲区中；自动分拣系统将容器提取和存放到动态分拣位置，或通过传送带传送到分拣工作站；分拣人员挑选所需的库存单位、数量，并将剩余库存的容器运回自动存取系统的存储位。

2. Miniload 拣选系统的特点

(1) 优点：

① 产品可存放在原纸箱中。

② 小型自动存取机器适用于非常狭窄的过道，可实现高密度存储。

③ 在较小的仓库占地面积内，可容纳高库存品种。

(2) 缺点：吞吐能量比较低。

(3) 使用场景：

① 适用于需要高密度存储以最大限度减少仓库空间需求的货品。

② 适用于需要快速订单周转时间的仓库情形。

③ 适用于需要安全存储环境或配套操作的货品。

3. Miniload 拣选系统的典型应用

下面介绍两个 Miniload 拣选系统的典型应用。

(1) Robot Miniload 智能快存系统。该系统由德马与菜鸟网络联合打造，包括机器人料箱暂存系统、3D 自动识别拣选机器人和智能分拣机器人，并配备德马最新一代高模组化输送系统。整个系统在无人操作环境下可自行完成整箱入库、缓存、取货出库、拆零拣选、货物分拣、输送出库的整个作业流程。如图 8-9 所示为 Robot Miniload 智能快存系统。

图 8-9   Robot Miniload 智能快存系统

(2) 苏宁云仓 Miniload 箱式仓储拣选系统。该系统主要用于小件料箱和硬纸箱的存储与拣选货位的补充。高 22 m 的双深位货架系统实现了自动存取双循环 1400 箱/h(单循环 1800 箱/h)。

8.3.3   Multi-Shuttle 多层穿梭车拣选系统

穿梭车拣选系统根据作业对象的不同主要分为托盘式穿梭车拣选系统和箱式穿梭车拣选系统，前者主要用于密集存储，后者则用于"货到人"拣选。箱式穿梭车拣选系统也称为 Multi-Shuttle 多层穿梭车拣选系统，是高速存储拣选解决方案的典型代表，以能耗低、效率高、作业灵活等突出优势成为"货到人"拆零拣选的最佳方式，近些年得到快速发展和大范围应用。

1. Multi-Shuttle 多层穿梭车拣选系统的工作原理

在接收产品时，分箱产品被放入标准实体(容器或托盘)中，完整的箱子可以原样存放，将货物运送到缓冲区的导入点；垂直升降机将容器运输至存储层，穿梭机器人可存储和取回相应货位的货物；拣货人员通常在工作站可一次拣选多个订单，拣选完成后容器中的剩余库存由穿梭机器人移回存储缓冲区。

2. Multi-Shuttle 多层穿梭车拣选系统的特点

(1) 优点：
① 具有极高水平的拣选效率，可达每小时 1000 次以上。
② 人机工程学工作站可设计为操作员同时拣选多个订单。
③ 具有极高的吞吐量和可高达 12 m³ 的存储容量。
④ 穿梭机器人运动范围广，可在多层水平和垂直面上移动，也可以在存储缓冲区的其他通道上通行。

(2) 缺点：

① 资本投资要求高。

② 货品的尺寸和重量受到限制。

(3) 使用场景：

① 适用于极高的拣选吞吐量环境，高效率是企业的核心关键。

② 适用于计划通过快速的订单周转时间带来竞争优势的情形。

③ 适用于具有高安全性、高可用性要求的货品。

3. Multi-Shuttle 多层穿梭车拣选系统的典型应用

下面介绍两个 Multi-Shuttle 多层穿梭车拣选系统的典型应用。

(1) DEMATIC 多层穿梭车系统(如图 8-10 所示)。

① 该系统的特点主要有：吞吐率极高，采用双循环、直通式和串联式升降机配置(结合高速穿梭车和智能控制系统)，可快速访问库存，吞吐量高达每小时 1200 件货品。

② 高密度存储，不同尺寸纸箱的多深位智能存储可在冷藏或冷冻环境中确保最大化的空间利用率。

③ 具有灵活性，提供各种型号，包括静态、伸缩和带式穿梭车，用于处理货柜、纸箱和纸箱流动货架的补充，可轻松添加额外穿梭车以提供更高的吞吐量，还可在高效的"无灯光"环境中运行。

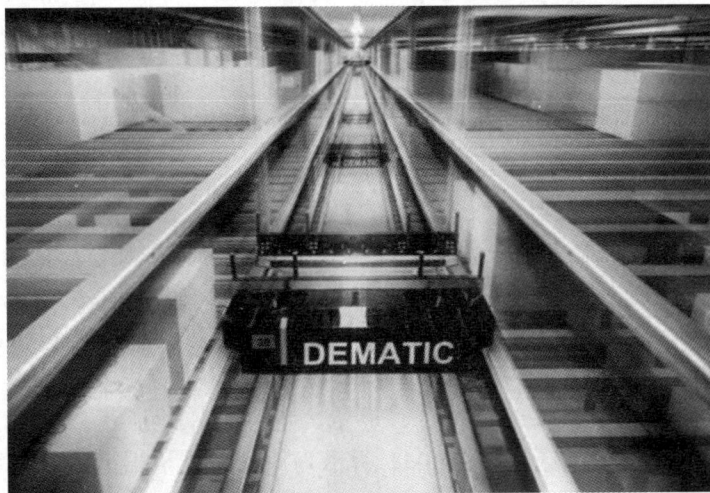

图 8-10 DEMATIC 多层穿梭车系统

(2) 国药集团应用的 Multi-Shuttle 系统。国药集团是中国最大的医药企业之一，为了满足日益增长的拆零拣选需求，国药集团上海物流中心引进了 Multi-Shuttle 系统，每天完成多达 30 000 次的拆零拣选。这是中国第一个采用拆零"货到人"拣选系统的医药物流中心，4 个拣选工作站可以完成每小时多达 3500 次的拣选作业。同时，这一"货到人"拣选系统可以达到 99.95%以上的准确率。

8.3.4 类 Kiva 机器人拣选系统

Kiva 拣选系统利用机器人顶部升降圆盘将货物举起，根据无线指令的订单将货物所在的货架从仓库搬运至员工处理区,从而实现其"货到人"的拣选功能。随着亚马逊Kiva机器人的大规模应用,类Kiva机器人(也称为智能仓储机器人)得到越来越多的关注和追捧。目前,类Kiva机器人拣选系统在电商、商超、零售、医药、快递等多个行业实现了成功应用。

1. 类Kiva机器人拣选系统的工作原理

在接收产品时,产品被补充到货架上,由类Kiva机器人回收和搬运;在拣选时,类Kiva机器人将货架运到拣选站,操作员在那里进行连续拣选,操作员通常在微光指示器的帮助下同时采集多个订单,并将其点亮以确保准确性;拣选完成后机器人再将货架送回存储区。

2. 类Kiva机器人拣选系统的特点

(1) 优点:

① 高度自动化,可以大幅度替代人工。

② 项目实施速度快,交付周期短。

③ 系统投资相对固定式自动化系统更低。

④ 灵活性非常强,易于扩展。

(2) 缺点:

① 无法充分利用高度。

② 拣选工作站人机工程学不理想。

(3) 使用场景:

① 适用于SKU量大、商品数量多、有多品项订单的场景。

② 适用于低层建筑内的拣选作业。

3. 类Kiva机器人拣选系统的典型应用

下面介绍两个类Kiva机器人拣选系统的典型应用。

(1) 上海快仓智能机器人系统。快仓智能系统对移动机器人进行智能调度,以移动机器人实现"货到人"作业方式,以集成众多人工智能算法的软件系统为核心,达到硬件和软件的高度整合。整个系统由近百台移动机器人、可移动货架、工作站等硬件设备组成,通过自主研发的WMS进行管控,使用WCS对各种物流设备进行最合理的调度,快速、安全地完成商品上架、拣选、补货、退货、盘点等作业流程。拣选工作站采取先拣货后分拣的形式进行货物拣选。如图8-11所示为快仓智能机器人系统在菜鸟网络惠阳仓内大规模应用的场景。

(2) 浙江国自机器人Picking AGV(如图8-12所示)。在"货架到人"的基础上,"货箱到人"应运而生。与类Kiva式移动机器人相比,"货箱到人"机器人可准确地搬运所需货箱到拣选工位,适合多SKU的存储和拣选场景,效率进一步提高。浙江国自机器人在2017年推出的Picking AGV及拣选系统是一种典型的"货箱到人"解决方案。Picking AGV一次可直接锁定5个目标SKU箱,且从货架区到工作站只需走一次,Picking AGV还具有一个自由旋转的装载平台,在叉卸货时无须转弯,极大地降低了对存储货架区巷道宽度的要求。2020年,国自公司将Picking AGV升级到多层料箱拣货机器人,该产品适用于SKU品类多、订单分散度高的BC类"货到人"场景,单次可实现5~8个料箱的同步作业。其工作效率比传统人工提升了3~4倍,投资回报周期平均为1.5~2年。Picking AGV至今已在美国史泰博公司各仓库稳定运行超千台,其使用的稳定性和方案的先进性已充分得到市场的验证和肯定。

图 8-11 菜鸟快仓智能机器人系统

图 8-12 浙江国自机器人 Picking AGV

8.3.5 AutoStore 系统

AutoStore 系统(如图 8-13 所示)是由 Swisslog(瑞任格)公司针对中小件商品存储拣选而推出的"货到人"解决方案,将货物放到标准的料箱里面,通过料箱堆叠的方式进行存储,可以有效利用仓库的上部空间,在很小的空间内实现高密度存储。

图 8-13　AutoStore 系统

1. AutoStore 系统的工作原理

利用 AutoStore 系统拣选时，货品被放置在标准化的容器中，然后被传送到 AutoStore 系统的导入点；存储空间由垂直堆垛的托架组成，机器人沿 x 轴移动至需要放置的货位顶端，然后货品由升降机沿 y 轴向下移动至存储通道下部。

AutoStore 系统除了可以将高流动量的商品分配在离拣选站台更近的区域存储，还可以将低流动量的商品分配在远离拣选站台区域进行存储，从而实现拣选效率的最优。商品的属性会随着正常拣选作业的触发频率慢慢地分化出来，从而实现动态存储，提高拣选效率。

2. AutoStore 系统的特点

(1) 优点：

① 操作员可以同时选择一个或多个订单，多个机器人可在平面上同时移动，效率较高。

② 无操作通道或空间损失，存储效率高。

③ 可在较小的仓库占地面积内容纳非常高的库存品种。

④ 自动优化存储系统，速度更快的机器人始终位于系统顶部。

⑤ 高度安全的存储环境。

⑥ 易于扩展系统的灵活性。

(2) 缺点：

① 有高度限制(一般为 5 m)。

② 取出堆叠在下层存放的货品时可能存在倒垛情况。

(3) 使用场景：

① 适用于需要高密度存储以最大限度减少仓库所需空间的场景。

② 适用于大批量零售企业(如沃尔玛、英国阿斯达)。

3. AutoStore 系统的典型应用

Komplett 是一家挪威大型电商零售企业，向挪威、瑞典、丹麦的消费者及公司提供计算机配件、计算机及其他相关电子设备。公司采用 AutoStore 系统建设了占地面积 25 200 m² 的挪威 Sandefjord 配送中心，其中包括 33 700 个料箱、55 台机器人及 28 个工作站台。与先前的传统仓库相比，实施 AutoStore 系统后，总吞吐量提升了 30%，仓库存储密度提升了 60%。

安富利(AVNET)是世界最大的半导体、机电与电子元件经销商之一。AVNET 在德国波音(近慕尼黑)的配送中心使用了 AutoStore 系统。该仓库占地面积 1100 m²，系统中的 45 000 个料箱存储了 35 000 个品项。该配送中心共有 37 台机器人用于存取货物与输送料箱至 16 个拣选站台，速度达 680 个料箱每小时，吞吐量达 1000 个订单每小时，每天拣选 5000 个订单，并收货 2000 个订单。

2020 年 7 月，中国零售电商领域的首套 AutoStore 正式落户北京，是一个用于存放与配送隐形眼镜的自动化仓库。该仓库总占地面积约 500 m²，超过 10 000 个料箱。这套 Autostore 系统的高密集储存能力极大程度上解决了客户对成品集中存储与高效准确拣选的双重需求。

8.3.6　旋转货架拣选系统

旋转货架拣选系统与 Miniload 拣选系统一样，均是非常成熟的"货到人"拣选解决方案，适合存储小件商品。随着对旋转货架拣选系统的技术创新，其效率得到了大幅度提高。此外，旋转货架拣选系统还具备高密度存储功能，可以实现自动存储、自动盘点、自动补货、自动排序缓存等一系列拣选动作。

1. 旋转货架拣选系统的工作原理

货品储存在旋转货架的货位上，通常为每个拣货员/拣货站设置 2～3 个拣选货位；驱动货品向拣选面流转，当订单商品到达拣选口时，系统自动识别停止运转的设备，拣货员看到灯光提示即过去拣货；拣货员可一次选择一个或多个订单，并通过 RF 或语音终端进行确认；拣选完成后，旋转传送带旋转以准备下一次拣选，同时也可以实现货品边进边出。

2. 旋转货架拣选系统的特点

(1) 优点：

① 无操作通道，实现高密度存储。

② 可在较小的仓库占地面积内存储高库存品种。

③ 用更加柔性的工作面替代拣选工作台，如此一来，可以在订单高峰期为临时增加的工人预留足够多的操作界面。

(2) 缺点：

① 旋转货架的补货需要等待时间，不能进行拣选。

② 机器的总吞吐量较低。

(3) 使用场景：

① 如果整个系统的设计是智能化的，可以同时补货和批量拣选多个订单，那么旋转货架可以用来支持高速高吞吐量的拣选环境。

② 在吞吐量相对较低的情况下可用于缓慢移动的部件存储，适合高价值的小型货物。

③ 尽管该系统单次拣选效率不高，但是非常适合于大型、SKU 数量多的场景，如电商仓库。

3. 旋转货架拣选系统的典型应用

下面介绍两个旋转货架拣选系统的典型应用。

(1) 苏宁云仓胜斐迩旋转系统(如图 8-14 所示)。苏宁云仓内应用的胜斐迩旋转系统是一种高度自动化的存拣一体化系统，与拣选站配合使用，主要用于拆零商品的存储与拣选。借助这一拣选方式，拣选效率大幅提高，每个拣选人员可以操作 750 次/h，货品件数可以达到 1000～1200 件/h，是传统拣选方式的 10 倍以上。该系统在有限的空间内高动态运作，能够精确地操作、导航、指挥、控制每一次传输，实现零错误率拣选，同时，运用高容量的传输设备与控制技术实现高频率的存取。

图 8-14 苏宁云仓胜斐迩旋转系统

(2) 瑞士医药公司 Galexis 仓库旋转货架系统。该系统与拣选到桶工作站和拣选到箱工作站组合，有效地提高了订单拣选的灵活性和高效性，广泛应用于电子商务、零售、医药和图书等行业。该系统由 1 个标准模块和 4 个旋转盘组成，每个旋转盘带有 1 个独立的自动储存和 1 个拣选单元。该系统的仓储规划不仅节省了很多空间，而且每小时能处理高达 6000 个周转箱。系统的最小组成单元可以拼组，按照特定项目的要求进行规模化组合。如图 8-15 所示为医药仓库旋转货架系统。

图 8-15　医药仓库旋转货架系统

习　　题

1. "人到货"和"货到人"拣选系统的区别是什么？
2. 智能穿戴拣选设备有哪些类型？
3. 类 Kiva 机器人拣选系统的工作原理及特点是什么？
4. 比较不同类型的"人到货"和"货到人"拣选系统的特点，并简述其适用场景。

第 9 章

智能分拣输送设备

案例导入

武汉市菜鸟智慧物流园的智能分拣系统

在武汉菜鸟智慧物流园中上万平方米的分拨中心内，分拣设备高速运转。蓝色的 AGV 在宽敞明亮的工厂中像小精灵一样穿梭，近 30 米高的堆垛机在如擎天柱般的立体存储仓内运转，经过智能系统自动规划存储位的商品在自动出库和入库，"走下"高速分拣机的装箱快递被智能分拨机器人送往指定区域装车。

订单商品到货后，工作人员从货车上卸下到仓货物后，用叉车有条不紊地将打包好的货品摆上链式输送线；在录入商品特性后，蓝色的 AGV 会将货物接驳到指定的工作站，然后由巨大的堆垛机送到 30 多米高的立库货架上。不同步骤之间无缝衔接，整个过程井然有序。在现场，除了日常运维设备的工程师，几乎看不到其他流水线工人。

接到配送订单商品出库时，智能堆垛机率先上场，在 30 多米高的空间内精准抓取，将订单内的多种货物依次取出；紧接着，等候在旁的 AGV 沿着既定轨迹将货物稳稳运送至分拣台。

待坚果零食、薯片、洗面奶、洗衣液等货物备齐后，操作台的计算机系统上已清晰显示专属包装方案：使用相应长宽的标准型号箱体，按照洗衣液、洗面奶、薯片、坚果零食的顺序依次放入。其中，洗衣液和洗面奶的瓶口需要用塑料缠绕，装箱完成后，工作人员还细心地给箱中填充充气缓冲包。

相比人工包装纯凭眼睛和经验判断、估算，菜鸟研发的装箱算法要"轻松"得多。就在订单生成的瞬间，AI(人工智能)通过商品大数据迅速地与纸箱长宽高和承重量进行匹配，并且计算出商品在箱子里如何摆放最节省包装，整个过程连 1 s 都不到。打包员熟练地扯出"瘦身胶带"，利落地打上"十字捆"，贴上电子面单。几分钟后，包裹严实的纸箱从仓库出发，经由一道百米长的连廊，与传送带上的众多包裹一起，鱼贯而入自动分拣线。上万平方米的分拨中心内，信号灯闪烁，分拣设备高速运转。从隔壁仓库源源不断涌入的包裹在这里快速完成"队伍整编"，循着面单上的"四段码"，自动流转到相应的出口。最后装车上路，从智能仓库出发，奔向全国各地的千家万户。

9.1　智能分拣输送设备系统概述

9.1.1　分拣及智能分拣输送设备系统的概念

1. 分拣

拣选与分拣的区别：拣选是仓储配送中心的配货人员按订单要求的商品名、规格、型号、数量，将商品从存储的货架或货垛中取出，搬运到理货区的过程；而分拣可以作为拣选的上一个环节为拣选准备物料，也可以作为拣选的下一个环节为配送做准备。

商品在从生产企业流向客户的过程中，总是随着商品数量和商品集合状态在变化。因此，有必要将集装化的货物单元解体，重新分类，形成新的供货单元。

分拣就是根据客户的要求，迅速、准确地将货物从其储位拣取出来，并按照一定的方式进行分类、集中、等待配装和送货的作业过程。分拣输送设备是按照订单需求对物品进行分拣，将分拣出的物品送达指定位置的机械设备。

分拣对物流的各环节都起到了非常关键的作用。例如，在物流配送作业的各环节中，50%的人力劳动直接与拣货作业相关，30%～40%的工作时间也将消耗在拣货工作中，企业在拣货作业方面的人工支出成本占物流配送中心总成本的 15%～20%。

按照分拣手段的不同，可以将分拣分为人工分拣、机械分拣和自动分拣 3 大类。

(1) 人工分拣。人工分拣基本上靠人力搬运，或者可以利用最简单的器具和手推车等。这种分拣方式劳动强度非常大，但是分拣的效率却非常低。

(2) 机械分拣。机械分拣大多指利用以机械(如输送机)为主要的输送工具，通过在各分拣位置配合作业人员进行分拣。这种分拣方式投资不多，也可以在一定程度上减轻劳动强度，提高分拣的效率。

(3) 自动分拣。自动分拣则是指货物从进入分拣系统到指定的位置为止，所有的作业均是按照计算机的指令自动完成的。因此，这种分拣方式的分拣处理能力相当强，分拣的货物品种和数量也非常大。

随着智能技术的深入应用，自动分拣设备已逐渐具备了智能识别、智能决策、智能调整、智能控制等功能，向智能分拣设备发展。

2. 智能分拣输送设备系统

在现代物流运作过程中，输送设备和分拣设备往往结合使用，共同完成货物出入库和拣选工作，同时在智能技术的支持下，形成智能分拣输送设备系统。

智能分拣设备是运用信息感知、自动识别、智能控制技术，根据计算机指令或进行自主判断，实现物流分拣输送自动化、智能化运作的机械设备。

智能分拣输送设备系统由中央计算机控制，应用大量传感器、控制器和执行器，能够自动完成货品的进出库、装卸、分类、分拣、识别、计量等工作，在现代物流运作中具有十分重要的作用。它是生产制造和物流运作过程中，组成机械化、连续化、自动化、智能化流水作业线不可缺少的部分，是自动化仓库、配送中心、大型货场的生命线。

智能分拣输送设备系统能够充分发挥速度快、流向多、效率高、差错率低和基本实现智能化、无人化作业的优势，目前已在国内外大多数大型配送中心应用。

配送中心每天接收来自不同供应商的数以万计的商品，并按商品品类等信息进行准确、快速分类后存储至指定地点，当配送中心接到订单发货指示后，智能分拣输送设备系统要在最短的时间内从上述指定地点中精准迅速地找到所需商品，并从不同储位上取出商品，按配送信息的不同，运送到不同的区域或站台集中打包，以便装车发运。智能分拣输送设备系统的运行效率、准确率、可用度等，是决定配送中心物流系统的作业效率、作业成本、作业质量和用户满意度的重要因素。

智能分拣输送设备系统具有以下特征：

(1) 能连续、大量地分拣输送货物。由于采用大生产中使用的流水线自动作业方式，智能分拣输送设备系统不受气候、时间、人的体力等限制，可以连续运行。其分拣输送能力一般可以达到连续运行 100 h 以上，每小时可分拣 7000 件包装商品，如果使用人工分拣，则每小时只能分拣 150 件左右，同时分拣人员也不能在这种劳动强度下连续工作 8 h。

(2) 误差率极低。分拣误差率的大小主要取决于所输入信息的准确性大小，这又取决于信息的输入机制。如果采用人工键盘或语音识别方式输入，则误差率在 3% 以上，如果采用条码、射频标签等扫描输入，除非条码、射频标签的制作本身有差错，否则不会出错，可大大降低误差率。

(3) 基本实现无人化。建立智能分拣输送设备系统的目的之一就是减少人员的使用，减轻员工的劳动强度，提高人员的使用效率，因此智能分拣输送设备系统基本能做到无人化。人员在分拣输送作业中的使用仅局限于：送货车辆抵达分拣输送线的进货端时，由人工接货；由人工控制分拣输送系统的运行；分拣线末端由人工将分拣出来的货物进行集载、装车；由人工负责智能分拣输送设备系统的经营、管理与维护。

9.1.2　智能分拣输送设备系统的工作原理

智能分拣输送设备系统按照预先设定的计算机指令对物品进行分拣，并将分拣出的物品送达指定位置，一般由输送机械部分、电气自动控制部分和计算机信息系统联网组合而成。

它可以根据用户的要求和场地情况，对货品按用户、地名、品名进行自动分拣、装箱、封箱等连续作业。

智能分拣输送设备系统的工作原理为：被拣货物经由各种方式(如人工搬运、机械搬运和自动化搬运等)送入分拣系统，经合流后汇集到一台输送机上；物品接受激光扫描器对其条码的扫描，或通过其他自动识别的方式，如光学文字读取装置、声音识别输入装置等方式，将分拣信息输入计算机；计算机再将所获得的物品信息与预先设定的信息进行比较，将不同的被拣物品送到特定的分拣道口位置上，完成物品的分拣工作。分拣道口可暂时存放未被取走的物品。当分拣道口满载时，由光电控制，阻止分拣物品不再进入分拣道口。

分拣输送过程由收货、合流、分拣和分流、分运等阶段组成。

(1) 收货。配送中心接收货物时，会在货物的外包装上贴上标签(包括商品品种、货主、储位或发送地点等)，再将货物运送到指定地点(如货架、加工区域、出货站台等)。当货物准备出库时，利用标签引导货物流向指定输送机的分支上，以便集中发运。

(2) 合流。在智能分拣输送设备系统中，货物由多台收货机接收并进入分拣系统，合并到一台汇集输送机上，即合流。

(3) 分拣和分流。把货物标签上的信息输入控制系统后，当货物到达分拣口时，由控制系统给自动分拣机发出指令，开动分支装置，进行分拣和分流。

(4) 分运。分拣出来的货物离开主输送机，按配送地点的不同运送到不同的理货区域或配送台集中，以便装车配送。

9.1.3　智能分拣输送设备系统的基本构成

智能分拣输送设备系统一般由自动控制与计算机管理系统、自动识别装置、自动分拣装置、输送装置、前处理设备及分拣道口组成，如图 9-1 所示。

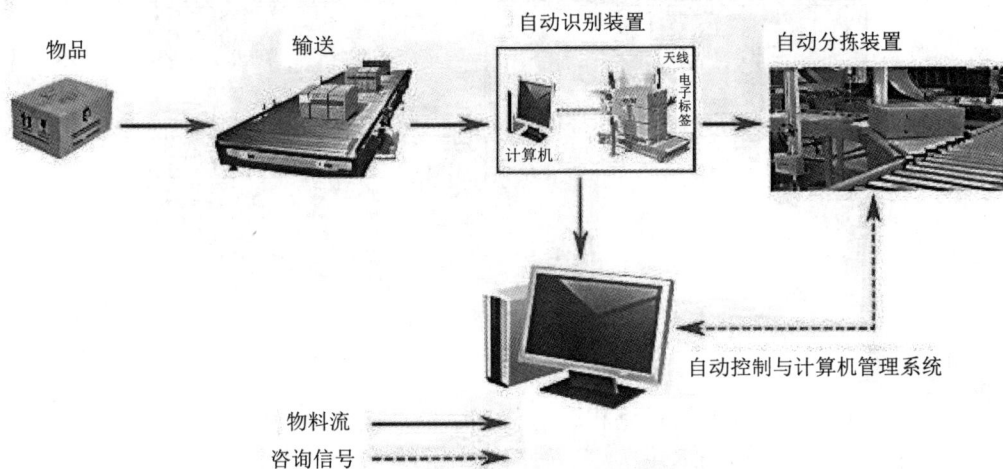

图 9-1　智能分拣输送设备系统的基本构成

1. 自动控制与计算机管理系统

自动控制与计算机管理系统是整个自动分拣的控制和指挥中心，分拣输送系统中各部件的一切动作均由该系统决定。其作用是识别、接收和处理分拣输送信号，根据分拣输送信号指示输送机构运行，指挥分类机构按一定的规则(如品种、地点等)对货物进行自动分类，从而决定货物的流向。

分拣输送信号来源于条码扫描、键盘输入、质量检测、语音识别、高度检测及形状识别等，经信息处理后，转换成相应的输送单、拣货单、入库单或电子拣货信号，以便进行自动分拣作业。

2. 自动识别装置

自动识别装置是物料能够实现自动分拣的基础系统。在物流配送中心，广泛采用的自动识别系统是条码自动识别系统和无线射频系统。

自动识别系统的光电扫描器安装在分拣机的不同位置，当物料在扫描器的可见范围内时，扫描器会自动读取物料上的条码信息，经过对码软件即可翻译成条码所表示的物料信息，同时感知物料在分拣机上的位置信息，这些信息会被自动传输到后台计算机管理系统中。

3. 自动分拣装置

自动分拣装置(如图 9-2 所示)是指将自动识别后的物料引入到分拣机主输送线上，然后通过分类机构把物料分流到指定的位置。

分类机构是智能分拣输送设备系统的核心设备，主要包括挡板式分拣机、滑块式分拣机、浮出式分拣机、倾斜式分拣机、托盘式分拣机、悬挂式分拣机、滚柱式分拣机、分拣机器人等。

图 9-2　自动分拣装置

4. 输送装置

输送装置的作用是将物料输送到相应的分拣道口，以便进行后续作业。输送装置主要由各类输送机械组成，又称为主输送线，如图 9-3 所示。

图 9-3　输送装置

5. 前处理设备

前处理设备是指分拣系统向主输送装置输送分拣物料的进给台及其他辅助性的运输机和作业台等，如图 9-4 所示。

图 9-4　前处理设备

进给台的功能有两个：一个是操作人员利用输入装置将各个分拣物料的目的地址送入分拣系统，作为物料的分拣作业指令；二是控制分拣物料进入主输送装置的时间和速度，保证分类机构能准确进行分拣。

6. 分拣道口

分拣道口也称为分流输送线，是将物料脱离主输送线使之进入相应集货区的通道。一般由钢带、传送带、滚筒等组成滑道，使物料从输送装置滑入缓冲工作台，然后进行入库上架作业或配货工作，如图 9-5 所示。

图 9-5　分拣道口

菜鸟广州增城全自动化仓库通过自动识别包裹实现"货找人"，其传送带上每隔一段距离就有传感器，它可识别纸箱上的条码，再决定纸箱下一步去哪，支持路线合并和分流，一个订单对应的包裹会被传送到不同货架装入商品。

9.2　输送装置

输送装置中的输送机有多种分类形式。按照输送介质，可将输送机分为带式输送机、链式输送机、辊子输送机等；按照输送机所处位置，可将输送机分为地面输送机、空中输送机和地下输送机；按照结构特点，可将输送机分为具有挠性牵引构件的输送机和无挠性牵引构件的输送机；按照安装方式，可将输送机分为固定式输送机和移动式输送机；按照输送的货物种类，可将输送机分为输送件货输送机和输送散货输送机；按照输送货物的动力形式，可将输送机分为机械式输送机、惯性式输送机、气力式输送机、液力式输送机等。以下就几种典型输送机进行介绍。

9.2.1　带式输送机

1. 带式输送机的概念与特点

带式输送机是以输送带作牵引和承载构件，通过承载物料的输送带的运动进行物料输送的连续输送设备。

带式输送机是连续输送机中效率最高、使用最普遍的一种机型，广泛适用于采矿、冶金、家电、电子、电器、机械、烟草、注塑、邮电、印刷、食品以及物件的组装、检测、调试、包装及运输等行业。它主要用于在水平和倾斜(倾角不大)方向输送大量散粒物料或中小型成件物品。

带式输送的主要特点如下：

(1) 输送物料种类广泛。输送物料的范围可以从很细的各种物料到大块的岩石、石块、煤或纸浆木料，能以最小的落差输送精细筛分过的或易碎的物料。由于橡胶输送带有较好的抗腐蚀性，所以在输送强腐蚀性或强磨损性物料时，其维修费用较低。带式输送机还可以输送黏性物料和有一定温度的热料，也可以输送成件物品。

(2) 输送能力范围宽。带式输送机的输送能力可以满足任何要求的输送任务，既有轻型带式输送机完成输送量较小的输送任务，又有大型带式输送机实现每小时数千吨甚至上万吨的输送任务。

(3) 输送线路的适应性强。带式输送机的输送路线布置灵活，可以适应各种地形和空间需求，并对自然环境的干扰较小，其线路长度可根据需要进行调整。

(4) 灵活的装卸料。带式输送机可以根据工艺流程的要求灵活地从一点或多点受料，也可以向多点或几个区段卸料。

(5) 可靠性强。带式输送机的可靠性也为所有工业领域的使用经验所证实，它的运行极为可靠，在许多需要连续运行的重要生产单位，如发电厂厂内煤的输送、钢铁厂和水泥散料的输送以及港口船舶装卸散装物料等。

(6) 安全性高。带式输送机具有很高的安全性，需要的生产人员很少。与其他运输方式相比，带式输送机发生事故的机会比较少，不会因为大块物料掉下来砸伤人员或由于大型笨重的车辆操纵失灵而引起事故。

(7) 费用低。带式输送机系统运送 1 吨散装物料所需的劳动工时的能耗，在所有运输散装物料的工具中通常是最低的，而且它所占用的维护人员的时间少，较少零件的维护和更换可在现场很快地完成，维护费用低。

2. 带式输送机的主要类型

带式输送机可以按承载能力、可否移动、输送带的结构形式、承载方式、输送机的线路布置和驱动方式进行分类。

1) 按承载能力分类

带式输送机按承载能力可分为以下 3 类：

(1) 轻型带式输送机：专门应用于轻型载荷的输送机。

(2) 通用带式输送机：应用最广泛的带式输送机，其他类型的带式输送机都是这种输送机的变形。

(3) 钢绳芯带式输送机：应用于重型载荷的输送机。

2) 按可否移动分类

带式输送机按可否移动可分为以下 4 类：

(1) 固定带式输送机：输送机安装在固定的地点，不需要移动。

(2) 移动带式输送机：具有移动机构，如轮、履带。

(3) 移置带式输送机：通过移动设备变换设备的位置。

(4) 可伸缩带式输送机：通过储带装置改变输送机的长度。

3) 按输送带的结构形式分类

带式输送机按输送带的结构形式可分为以下 8 类：

(1) 普通输送带带式输送机：输送带为平型，带芯为帆布或尼龙帆布或钢绳芯。

(2) 钢绳牵引带式输送机：用钢丝绳作为牵引机构，用带有耳边的输送带作为承载机构。

(3) 压带式输送机：两条闭环带，其中一条为承载带，另一条为压带。

(4) 钢带输送机：输送带是钢带。

(5) 网带输送机：输送带是网带。

(6) 管状带式输送机：输送带围包成管状或用特殊结构的输送带密闭输送物料。

(7) 波状挡边带式输送机：输送带边上有挡边以增大物料的截面，倾斜角度大时，一般在横向设置挡板。

(8) 花纹带式输送机：用花纹带以增大物料和输送带的摩擦，提高输送倾角。

4) 按承载方式分类

带式输送机按承载方式可分为以下 3 类：

(1) 托辊式带式输送机：用托辊支撑输送带。

(2) 气垫带式输送机：用气膜支撑输送带。另外，还有磁性输送带、液垫带式输送机，它们的共同点是对输送带连续支撑。

(3) 深槽型带式输送机：由于加大槽深，除用托辊支撑以外，也起到对物料的夹持作用，可增大输送倾角。

5) 按输送机的线路布置分类

带式输送机按输送机的线路布置可分为以下 3 类：

(1) 直线带式输送机：输送机纵向是直线，但是在铅锤面上可有凹凸变化的曲线。

(2) 平面弯曲带式输送机：可在平面上实现弯曲运行。

(3) 空间弯曲带式输送机：可以在空间实现弯曲运行，有倾斜输送方式以及水平倾斜混合输送方式。在自然条件允许的情况下，带式输送机最好采用水平输送方式或接近水平输送方式，当输送带的布置需要有一定的倾斜时，倾斜角不能太大，否则会引起物料沿输送带下滑，造成生产率降低甚至不能正常输送。

6) 按驱动方式分类

带式输送机按驱动方式可分为以下 3 类：

(1) 滚筒驱动带式输送机：包括单滚筒驱动带式输送机和多滚筒驱动带式输送机。

(2) 线摩擦带式输送机：用一个或多个输送带作为驱动体。

(3) 磁性带式输送机：通过磁场作用驱动输送带。

3. 带式输送机的构成

输送带既是承载货物的构件，又是传递牵引力的牵引构件，带式输送机依靠输送带与滚筒之间的摩擦力来平衡地进行驱动。

典型的带式输送机主要由输送带、支承托辊、驱动装置、改向装置、制动装置、张紧装置、装载装置、卸载装置和清扫装置组成。图 9-6 所示为某一具体的带式输送机的结构图。

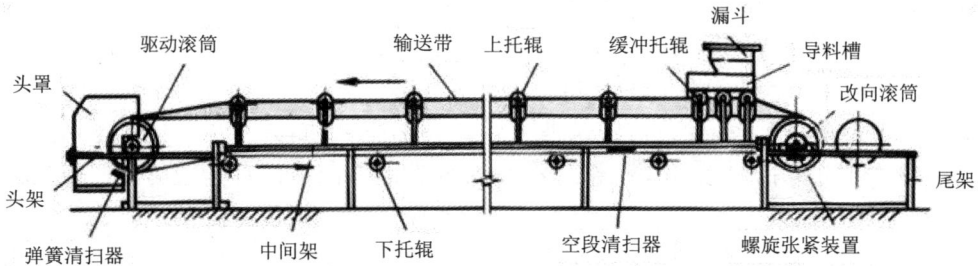

图 9-6　带式输送机的结构图

1) 输送带

输送带传递牵引力和承载被运货物，要求具有较高的强度、较好的耐磨性和较小的伸长率等。

2) 支承托辊

支承托辊的作用是支承输送带和被运物料的重量，减少输送带的垂度，使其能够稳定运行，包括上托辊、下托辊和缓冲托辊。托辊的维修或更换费用是带式输送机营运费用的重要组成部分。为了减少托辊对输送带的运动阻力，必须注意托辊两端滚动轴承的密封和润滑，以保证托辊转动灵活和延长使用寿命。

3) 驱动装置

驱动装置的作用是将动力(牵引力)传给滚筒及输送带，使其能承载并运行。

通用固定式和功率较小的带式输送机一般采用单滚筒驱动，即电动机通过减速器和联轴器带动一个驱动滚筒运转。电动机一般采用封闭式笼型电动机，当功率较大时，可配以液力耦合器或粉末联轴器，使启动平稳。

长距离和生产率高的带式输送机可采用多滚筒驱动，大功率电动机可采用绕线式电动机，便于调控，使长距离带式输送机平稳启动。

4) 改向装置

改向装置用于改变输送方向，有改向滚筒(如图 9-6 所示)和改向托辊组两种。改向滚筒适用于带式输送机的平行托辊区段；改向托辊组是若干沿所需半径弧线布置的支承托辊。改向装置用在输送带弯曲的曲率半径较大处，或用在槽形托辊区段，使输送带在改向处仍能保持槽形的横断面。

5) 制动装置

在倾斜布置的输送机中，为防止其停车时，输送货物在重力作用下发生倒转情况，需装设制动装置。制动装置有滚柱逆止器、带式逆止器、电磁瓦块式或液压电磁制动器。

6) 张紧装置

张紧装置可使输送带保持必要的初张力，保证输送带与支承托辊之间有足够的摩擦力。其主要结构形式有螺旋式(如图 9-6 所示)、小车重锤式和垂直重锤式 3 种。

7) 装载装置

装载装置的作用是对输送带均匀装载，防止物料在装载时落在输送机外面，并尽量减少物料对输送带的冲击和磨损。物料在下滑到输送带上时，应保持尽可能小的法向分速度(相对于带面)和尽量接近带速的切向分速度。

8) 卸载装置

带式输送机可在输送机端部卸料，也可在中间卸料。前者物料直接从滚筒处抛卸，后者可采用自动分拣装置、卸载挡板或卸载小车。

9) 清扫装置

清扫装置用于清扫黏附在输送带上的物料。常用的清扫装置有弹簧清扫器(如图 9-6 所示)和犁形刮板。

9.2.2　链式输送机

1. 链式输送机的概念与特点

链式输送机是利用链条牵引、承载，或由链条上安装的板条、金属网带、辊道等承载物料的输送机，如图 9-7 所示。

图 9-7　链式输送机

链式输送机的主要功能元件是输送链，输送链既有传递动力的功能，又有承载能力。由于输送链链条的结构可以千变万化，所以链式输送机在各种苛刻的工作环境和使用要求下皆适用。

链式输送机具有以下特点：

1) 输送物品的多样性

链式输送机几乎可以输送所有类型的物品，例如，散料，如面粉、水泥、灰粉、煤炭和矿石等；小件物品，如电子元器件、机械零件、罐装和瓶装物品等；大件货物，如整件家电、各种整机、各种箱装件货等。以物品重量来说，小到几克的电子元器件，大到 10 吨以上的拣货均可用链条来输送。

2) 苛刻输送环境的适应性

链式输送机几乎可在各种苛刻环境下正常工作，低温、高温、多粉尘、有毒介质、有腐蚀介质以及粗暴装载等各种工况都可适应。因此，在低温的冷库、高温的烘干线、粗暴装载的林场、多粉尘的水泥厂以及设备涂装线均可使用链式输送机。

3) 输送物品流向的任意性

链式输送机不仅可以实现水平、垂直和倾斜输送，还可以根据工厂的环境条件，不需多机组合，即可进行起伏迂回的输送；不仅可以实现直线输送，还可以进行环形输送，使输送物品的流向有最大的任意性。

4) 具有运载准确和稳定性

链式输送机是通过驱动链轮与链条啮合使链条实现运行的，所以不像带传动那样会存在弹性滑动，能保证链式输送机输送速度的正确、稳定且精确同步。因此，在自动化生产过程中常利用这一特点来控制生产流水线的节拍。

5) 寿命长、效率高

输送机的寿命与效率取决于输送元件。链式输送机的输送元件是输送链条，输送链条的组成元件虽然会采用各种性能的材料来制造，但主要还是采用金属材料。即使是采用多种材料制成的链条在设计与制造时，也要求达到整体与部件性能的和谐与合理，再加上链条与链轮是啮合传动，链条铰链内部的摩擦阻力较小，所以链式输送机具有寿命长、效率高的特点。

2. 链式输送机的主要类型

按照输送形式，链式输送机主要分为以下 4 类：

(1) 悬挂链式输送机。整个机组是架设在空中的，输送的物品借吊具与滑架在空间立体范围内运行。

(2) 承托链式输送机。整个机组架设在地面上，输送的物品放置在输送链条上，以操作者适应的高度运行，可以沿输送线做多工位操作。

(3) 刮板链式输送机。被输送的块状、粒状或粉末状物料放置在料槽内，通过输送链条刮送，有较高的自动化程度。

(4) 链式提升机。在输送链条上配置众多的料斗、托盘或托架，主要用来在垂直方向上提升物料。

3. 链式输送机的构成

链式输送机的工作原理是用绕过若干链轮的无端链条作牵引构件，由驱动链轮通过齿轮与链节的啮合将圆周牵引力传递给链条，在链条上或一定的工作构件上输送货物。

链式输送机品种繁多，有些结构还比较复杂，但基本上由原动机、驱动装置、线体和张紧装置等部件组成。

1) 原动机

原动机是输送机的动力来源，一般都采用交流电动机根据需要可以采用普通的交流异步电动机或交流调速电动机。可调速的电动机有变极式的小范围内的有级调速电动机，也有无级调速的变频、滑差交流电动机。虽然可调速电动机的成本较高，但驱动装置的结构比较简单。

2) 驱动装置

驱动装置又称为驱动站。通过驱动装置将电动机与输送机头轴连接起来。驱动装置的组成取决于要实现的功能，通常驱动装置可实现以下功能：

(1) 降低速度。由于驱动电动机的转速相对于输送链条运行速度要高得多，所以链式输送机必须有减速机构。减速机构通常有带传动、链传动、齿轮传动、蜗杆传动和履带驱动机构等。

(2) 机械调速。输送链条的运行速度如果需要在一定范围内变动，虽然可通过电动机调速来实现，但由于单纯用电动机调速会有电机转速低输出转矩小的弊病，所以在驱动装置中常设置机械调速装置，如机械无级变速机与变速箱等。

(3) 安全保护。链式输送机在工作过程中要求有安全保护与紧急制动的功能，安全保护设备与制动设备大都设置在驱动站的高速运行部分。

3) 线体

链式输送机的线体是直接实现输送功能的关键部件。它主要由输送链条、附件、链轮、头轴、尾轴、轨道、支架等部分组成。

设计线体时一定要注意输送链条与传动链条的区别，尽管两者在结构上有时可能很相似，但在功能上仍然是有差别的。输送链条需要具备承载物品以及在轨道上运行的功能，所以，正确分析输送链条的受力情况及其力流(即物料重力传送到输送的支承轨道上所流经的路程)分布是很重要的，设计线体时应遵循力流路线最短与力流路线所经过的各零件尽可能等强度的原则。

4) 张紧装置

张紧装置用来拉紧尾轴，其作用如下：

(1) 保持输送链条在一定的张紧状态下运行，消除因链条松弛使链式输送机运行时出现跳动、振动和异常噪声等现象。

(2) 当输送链条因磨损而伸长时，通过张紧装置补偿，保持链条的预紧度。张紧装置有重锤张紧与弹簧张紧两种方式，张紧装置应安装于链式输送机线路中张力最小的部位。

5) 电控装置

电控装置对单台链式输送机来说，其主要功能是控制驱动装置，使链条按要求的规律运行。但在由输送机组成的生产自动线，如积放式悬挂输送线、带移行器等转向装置的承托式链条输送线中，它的功能就要广泛得多。除了控制输送机速度，还需完成双(多)机驱动的同步、信号采集、信号传递、故障诊断等，使链条自动生产线满足生产工艺要求的各种功能。

9.2.3 辊子输送机

1. 辊子输送机的概念与特点

辊子输送机是由一系列以一定的间距排列的辊子组成的，用于输送成件货物或托盘货物的连续输送设备。

辊子输送机是一种用途十分广泛的连续输送设备，特别是由辊子输送机组成的生产线和装配线越来越广泛地应用于机械加工、冶金、建材、军事工业、化工、医药、轻工、食品、邮电以及仓库和物资分配中心等各个行业。辊子输送机是各个行业提高生产率、减轻劳动强度和组成自动化生产线的必备设备。

辊子输送机沿水平或较小的倾斜角输送平直底部的成件物品，如板、棒、管、型材、托盘、箱类容器及平底、直棱的各类物件。它具有结构简单、运行可靠、维护方便、经济、节能等优点，同时与生产工艺过程有良好的相容性和配套性。其主要特点如下：

(1) 布置灵活，易于分段与连接，根据现场需要可形成直线、圆弧、水平、倾斜、分支、合流等区段以及辅助装置，组成开式、闭式、平面、立体等各种形式的输送线路。

(2) 功能形式多样，可以按重力式、动力式、积放式等多种输送方式输送或积存物品，能够在输送过程中升降、移动、翻转物品，并结合辅助装置，按直角、平行、上下等方式实现物品在辊子输送机之间或辊子输送机与其他输送设备之间的转运。

(3) 便于和工艺设备衔接配套，衔接方式简易紧凑，有时可以直接作为工艺设备的物料输入和输出段。辊子间的空隙部位便于布置各种装置和设备。

(4) 物品输送平稳，停靠精确，便于对输送过程中的物品进行加工、装配、试验、分拣、包装等各种工艺性操作，对输送过程易于实现自动控制。

2. 辊子输送机的主要类型

辊子输送机可按输送方式、辊子形式和辊子支承方式等进行分类。

1) 按输送方式

辊子输送机按输送方式可分为无动力式、动力式和积放式辊子输送机。

(1) 无动力式辊子输送机。无动力式辊子输送机自身无驱动装置，辊子转动呈被动状态，物品依靠人力、重力或外部推拉装置移动。按输送机的布置方式，可将它分为水平和倾斜两种。

① 水平无动力式辊子输送机：依靠人力或外部推拉装置移动。人力推动用于物品重量小、输送距离短、工作不频繁的场合。

② 倾斜无动力式辊子输送机：依靠物品重力做重力式输送。其结构简单，经济实用，但不易控制物品运行状态，物品之间易发生撞击，不宜输送易碎物品。该方式适用于工序间短距离输送及重力式高架仓库的输送。

(2) 动力式辊子输送机。动力式辊子输送机本身有驱动装置，辊子转动呈主动状态，可以严格控制物品运行状态，按规定的速度精确、平稳、可靠地输送物品，便于实现输送过程的自动控制。动力式辊子输送机按传动方式分为链传动、带传动和齿轮传动3种类型。

① 链传动辊子输送机：承载能力大，通用性好，布置方便，对环境适应性强，可在经

常接触油、水及温度较高的地方工作，是最常用的一种动力式辊子输送机。但在多尘环境中工作时链条容易磨损，高速运行时噪声较大。链传动分单链传动和双链传动。单链传动的结构布置紧凑，它适用于轻载、低速、持续运行的场合。双链传动适用于载荷较大，速度较高，起、制动比较频繁的场合。

② 带传动辊子输送机：运转平稳，噪声小，对环境污染少，允许高速运行，但不适宜在接触油污的地方工作。带传动分为平带传动、V 型带传动、O 型带传动。平带传动的承载能力较大，V 型带传动次之，O 型带传动最小。V 型带或 O 型带传动均适宜于辊子输送机圆弧段，O 型带传动布置较为灵活。

③ 齿轮传动辊子输送机：承载能力较大，传动精度高，使用寿命长，对环境适应性强，适用于重载、运行精度较高、启制动频繁、经常逆转的场合。

(3) 积放式辊子输送机。积放式辊子输送机除具有一般动力式辊子输送机的输送性能外，还允许在驱动照常运行的情况下物品在辊子输送机上停止和积存，而运行阻力无明显增加，适用于辊子输送机线路中需要物品暂时停留和积存的区段。常用的积放式辊子输送机有限力式和触点控制式两种类型。

① 限力式辊子输送机：辊子内部有轴向摩擦片或径向摩擦环，一般输送情况下它们起传递力矩的作用。当物品受阻停止和积放时，因运行阻力矩超过限定的辊子力矩，结果使摩擦片(环)打滑，辊子与驱动装置间处于柔性连接状态。辊子的阻力矩略高于正常输送时运行阻力矩。

② 触点控制式辊子输送机：一般为带传动，当需要物品停止和积存时，停止器动作，通过物品对触点的作用，控制机械或气动系统，使辊子和传动系统脱离。积存状态下物品间挤压力很小，需要时还可使物品保持一定距离。该方式适于输送和积存易碎、怕压物品，其结构比较复杂。

2) 按辊子形式

辊子输送机按辊子形式可分为圆柱形、圆锥形和轮形辊子输送机。

(1) 圆柱形辊子输送机。圆柱形辊子输送机通用性好，可以输送具有平直底部的各类物品，如板、棒、管、托盘、箱类容器及有平底和直棱的工件。并且它允许物品的宽度在较大范围内变动，一般作用在辊子输送机线路的直线段，也可以用作圆弧段。但物品在圆柱形辊子输送机圆弧段上运行时存在滑动和错位现象。为改善这种情况，多做双列布置。

(2) 圆锥形辊子输送机。圆锥形辊子输送机用于辊子输送机线路圆弧段，多与圆柱形辊子输送机直线段配套使用。这样可以避免物品在圆弧段运行时发生滑动和错位现象，保持正常方位。其制造成本高于圆柱形辊子输送机。

(3) 轮形辊子输送机。轮形辊子输送机自重轻，运行阻力小，分边辊和多辊两类。

① 边辊输送机：辊子沿机架两侧布置，输送机中间部位可布置其他设备，适用于输送底部刚性较大的物品。无轮缘的边辊输送机要求物件宽大于轮间宽度，必要时设置水平导向装置。有轮缘的边辊输送机具有导向作用，但对物品宽度尺寸有严格限制，多用于专用生产线，输送一定规格的箱、托盘及工件。

② 多辊输送机：结构轻便，可以用于辊子输送机线段的直线段和圆弧段。它适用于输送板、箱、托盘等平底物品。

3）按辊子支承方式

辊子输送机按辊子支承方式可分为定轴式和转轴式辊子输送机。

(1) 定轴式辊子输送机。其辊子绕定轴旋转，其辊子转动部分自重轻，运行阻力小，辊子与机架整体装配性好，它是通用的辊子支承形式。

(2) 转轴式辊子输送机。其辊子连轴旋转，转轴支承在两端固定的轴承座内。转轴式辊子输送机便于安装、调整、拆卸，多用于重载和运转精度要求高的场合，其造价比定轴式辊子输送机高。

9.2.4　垂直输送机

1. 垂直输送机的概念与特点

垂直输送机可以连续地垂直输送物料，使不同高度上的连续输送机保持不间断的物料输送。可以理解为：垂直输送机是把不同楼层间的输送机系统连接成一个更大的连续的输送机系统的重要设备。其主要特点如下：

(1) 结构紧凑，占地面积小，便于工艺布置。

(2) 可实现货物在不同楼层间的连续输送。

(3) 安全可靠，易于维护，运行费用低廉，有效降低输送成本。

(4) 货品可向上输送，也可向下输送。

垂直输送机广泛适用于冶金、煤炭、建材、粮食、机械、医药、食品等行业。它能够用于粉状、颗粒状物料的垂直提升作业，也可用于托盘或包装货品在不同楼层的换层作业。

2. 垂直输送机的主要类型

从作业形式上看，垂直输送机主要分为往复式和连续式两种类型。

1）往复式垂直输送机

往复式垂直输送机又称为垂直升降机，主要通过提升机实现货物的垂直输送，用于多个楼层之间的托盘或包装货物搬运。往复式垂直输送机根据货物的出入口方向可分为 Z 形、E 形、C 形与 F 形，如图 9-8 所示。

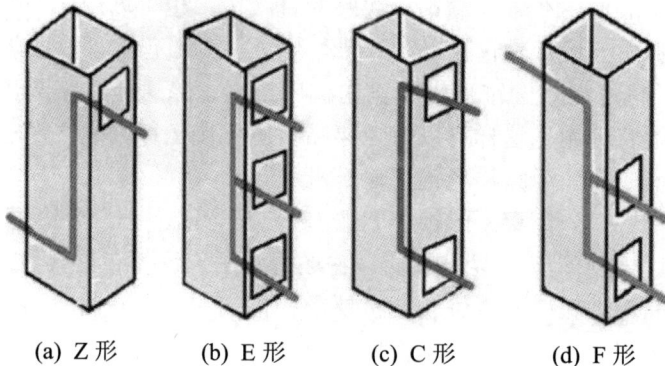

(a) Z 形　　(b) E 形　　(c) C 形　　(d) F 形

图 9-8　往复式垂直输送机的类型

2）连续式垂直输送机

连续式垂直输送机又称为垂直螺旋输送机(如图 9-9 所示)，主要是通过螺旋实现货品的上升或下降运动。它按照螺旋的形式可分为平面输送型和叶片旋进型两种形式。

图 9-9   垂直螺旋输送机

平面输送型垂直螺旋输送机主要是基于带式、链式或辊子输送机，在结构设计时按照螺旋形式进行构造，以实现输送时的螺旋上升或下降。平面输送型垂直螺旋输送机可用于单件包装货物的连续垂直输送。

叶片旋进型垂直螺旋输送机(如图 9-10 所示)是利用旋转的螺旋叶片，将被输送的物料沿固定的机壳内推移而进行输送工作。它主要是利用叶片旋转产生的向前的推力进行输送，可实现水平、垂直、倾斜多角度的输送，主要用于输送粉状、粒状和小块状物料，如水泥、煤粉、粮食、化肥、灰渣和砂子等。

图 9-10   叶片旋进型垂直螺旋输送机

9.3   自动分拣装置

自动分拣装置主要根据用户的要求、场地情况，对货品按用户、地名、品名等进行自动分拣连续作业。它是物流中心进行货品输送分拣的关键设备之一，通过应用分拣系统可实现物流中心准确、快捷的工作。

自动分拣装置按照其分拣机构的结构可分为不同的类型，下面介绍常见的几种类型。

1. 挡板式分拣机

挡板式分拣机(如图 9-11 所示)是利用一个挡板(挡臂)挡住在输送机上向前移动的商品，将商品引导到一侧的滑道排出。挡板的另一种形式是挡板一端作为支点，可进行旋转。挡板动作时，像一堵墙挡住商品向前移动，利用输送机对商品的摩擦力推动，使商品沿着挡板表面移动，从主输送机上排出至滑道。平时挡板处于主输送机一侧，可让商品继续前移，如果挡板进行横向移动或旋转，则商品就会排向滑道。

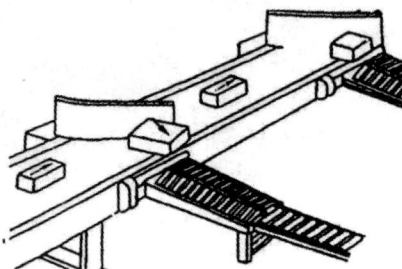

图 9-11　挡板式分拣机

挡板式分拣机的挡板一般安装在输送机的两侧，和输送机的上平面不接触，即使在操作时也只接触商品而不触及输送机的输送表面，因此它对大多数形式的输送机都适用。挡板本身也有不同形式，如直线型、曲线型，也有的在挡板工作面上装有滚筒或光滑的塑料材料，以减小摩擦阻力。

2. 滑块式分拣机

滑块式分拣机(如图 9-12 所示)是一种特殊形式的条板输送机。该输送机的表面用金属条板或管子构成，其排列如竹席状，而在每个条板或管子上有一枚用硬质材料制成的导向滑块，它能沿条板进行横向滑动。平时滑块停止在输送机的侧边，滑块的下部有销子与条板下的导向杆联结，并通过计算机对其控制，当被分拣的货物到达指定道口时，控制器使导向滑块有序地自动向输送机的对面一侧滑动，把货物推入分拣道口，从而将商品引出主输送机。这种方式是将商品从侧向逐渐推出，并不冲击商品，所以商品不容易损伤，它对分拣商品的形状和大小适用范围较广，是目前国内外企业应用的一种新型高速分拣机。

图 9-12　滑块式分拣机

3. 浮出式分拣机

浮出式分拣机是把商品从主输送机上托起，从而将商品引导出主输送机的一种结构形式。从引离主输送机的方向看，一种是引出方向与主输送机的输送方向构成直角，另一种是它们呈一定夹角(通常是 30°～45°)。一般情况下，前者比后者工作效率低，且对商品容易产生较大的冲击力。

浮出式分拣机主要有胶带浮出式和辊筒浮出式两种形式。

1) 胶带浮出式分拣机

这种分拣结构用于辊筒式主输送机上，将有动力驱动的两条或多条皮带或单个链条横向安装在主输送辊筒之间的下方。当分拣机结构接收到启动指令时，皮带或链条向上提升，接触商品底部把商品托起，并将其向主输送机一侧移出，如图 9-13(a)所示。

2) 辊筒浮出式分拣机

这种分拣机构用于辊筒式或链条式主输送机上，将一个或数个有动力的斜向辊筒安装在主输送机表面下方。当分拣机构启动时，斜向辊筒向上浮起，接触商品底部，将商品斜向移出主输送机。有一种辊筒浮出式分拣机是采用一排能向左或向右旋转的辊筒，可将商品向左或向右排出，如图 9-13(b)所示。

(a) 胶带浮出式分拣机

(b) 辊筒浮出式分拣机

图 9-13　浮出式分拣机

4．倾斜式分拣机

倾斜式分拣机主要包含条板倾斜式分拣机和翻盘式分拣机。

1) 条板倾斜式分拣机

这是一种特殊的条板输送机。商品装载在输送机的条板上，当商品被输送到需要分拣的位置时，条板的一端自动升起，使条板倾斜，从而将商品移离主输送机。商品占用的条板数随不同商品的长度而定，经占用的条板如同一个单元，同时倾斜，因此，这种分拣机对商品的长度在一定范围内不受限制。

2) 翻盘式分拣机

翻盘式分拣机(如图 9-14 所示)由一系列的盘子组成，盘子为铰接式结构，向左或向右倾斜。装载商品的盘子上行到一定位置时，盘子倾斜，将商品翻到旁边的滑道中，为减轻商品倾倒时的冲击力，有的分拣机能控制商品以抛物线轨迹倾倒出商品。这种分拣机对分拣商品的形状和大小无特殊要求，但以不超出盘子为限。对于长形商品可以跨越两只盘子放置，倾倒时两只盘子同时倾斜。这种分拣机常采用环状连续输送，其占地面积较小，又由于是水平循环，使用时可以分成数段，每段设一个分拣信号输入装置，以便商品输入，而分拣出的商品在同一滑道排出，这样就可提高分拣能力。

图 9-14   翻盘式分拣机

5. 托盘式分拣机

托盘式分拣机是一种应用十分广泛的机型，它主要由托盘小车、驱动装置、牵引装置等组成。其中托盘小车形式多种多样，有平托盘小车、交叉带式托盘小车等。

传统的平托盘小车通过倾翻盘面，利用重力卸载货物，其结构简单，但存在上货位置不稳、卸货时间过长的缺点，从而造成高速分拣时不稳定以及格口宽度尺寸过大。

交叉带式托盘小车的特点是取消了传统的盘面倾翻、利用重力卸落货物的结构，而在车体下设置了一条可以双向运转的短传送带(又称为交叉带)，用它来承接上货机，并由牵引链牵引运行到格口，再由交叉带运送，将货物强制卸落到左侧或右侧的格口中，是当前配送中心广泛采用的一种高速分拣装置。交叉带式托盘分拣机如图 9-15 所示。

图 9-15　交叉带式托盘分拣机

6. 悬挂式分拣机

悬挂式分拣机(如图 9-16 所示)是用牵引链(或钢丝绳)作牵引件的分拣设备，按照有无支线可分为固定悬挂和推式悬挂两种机型。前者用于分拣、输送货物，只有主输送线路、吊具和牵引链是连接在一起的；后者除主输送线路以外，还具备储存支线，并有分拣、储存、输送货物等多种功能。

图 9-16　悬挂式分拣机

固定悬挂式分拣机主要由吊挂小车、输送轨道、驱动装置、张紧装置、编码装置、夹钳等组成。分拣时，货物吊夹在吊挂小车的夹钳中，通过编码装置控制，由夹钳释放机构将货物卸落到指定的搬运小车或分拣滑道上。

推式悬挂分拣机具有线路布置灵活、允许线路爬升等优点，普遍用于货物分拣和储存业务。

悬挂式分拣机具有悬挂在空中，利用空间进行作业的特点，它适合于分拣箱类、袋类货物，对包装物形状要求不高，分拣货物重量大，一般可达 100 kg 以上，但该机需要专用场地。

7. 滚柱式分拣机

滚柱式分拣机是用于对货物输送、存储与分路的分拣设备，按处理货物流程需要，可以布置成水平形式，也可以和提升机联合使用构成立体仓库。

滚柱式分拣机中滚柱机的每组滚柱(一般由 3～4 个滚柱组成，与货物宽度或长度相当)均各自具有独立的动力，可以根据货物的存放和分路要求，由计算机控制各组滚柱的转动或停止。在货物输送过程中需要积放、分路的位置均设置有光电传感器进行检测。当货物输送到需分路的位置时，光电传感器给出检测信号，由计算机控制货物下面的那组滚柱停止转动，并控制推进器开始动作，将货物推入相应支路，实现货物的分拣工作。

滚柱式分拣机适用于包装良好、底面平整的箱装货物，其分拣能力高但结构较复杂，价格也较高。

8. 分拣机器人

分拣机器人(如图 9-17 所示)是指利用机器人(搬运机械臂)，基于视觉、触觉等智能控制系统，可以将来自输送线上的货品拣出，置于托盘或另一条输送线上，实现高速分拣的目的；也可以将货架上或托盘上的货品拣出后置于输送带上，实现供包分拣的功能。

图 9-17　分拣机器人

9.4　智能分拣输送设备系统的适用条件与选用原则

1. 适用条件

自 20 世纪 50 年代以来，分拣输送系统在西方发达国家投入使用，成为发达国家先进物流中心、配送中心或流通中心所必需的设施条件之一。随着科技的不断发展与进步，其自动化、智能化程度越来越高。但是，由于智能分拣输送设备系统要求使用者必须具备一定的技术与经济条件，因此，也有大部分的物流中心、配送中心或流通中心不使用智能分拣输送设备系统。在引进和建设智能分拣输送设备系统时需要考虑以下因素：

1) 一次性投资巨大

智能分拣输送设备系统需要短则 40～50 m、长则 150～200 m 的机械传输线，还有配套的机电一体化控制系统、计算机网络及通信系统等，这一系统不仅占地面积大，动辄 2 万平方米以上，而且智能分拣输送设备系统一般都建在自动化立体仓库中，这样就要建 3～4 层楼高的立体仓库，库内需要配备各种自动化的搬运设施，丝毫不亚于建立一个现代化工厂所需的硬件投资。这种巨额的前期投入需要 10～20 年才能收回，如果没有可靠的货源作保证，企业很难在短期内回收成本，因此这种系统大都由大型生产企业或大型专业物流公司投资。

2) 对商品外包装要求高

智能分拣输送设备系统一般适用于分拣底部平坦且具有刚性的包装规则的商品。袋装、包装底部柔软且凹凸不平和包装容易变形、易破损、超长、超薄以及超重、超高、不能倾覆的商品均不能使用普通的自动分拣机进行分拣。因此，为了使大部分商品都能用机械进行智能分拣，可以采取两条措施：一是推行标准化包装，使大部分商品的包装符合国际标准；二是根据所分拣的商品统一的包装特性定制特定的分拣机。但要让所有商品的供应商都执行统一的包装标准是很困难的，定制分拣机又会使硬件成本上升，并且越是特别定制的分拣机通用性就越差。因此，根据经营商品的包装情况来确定是否建或建什么样的智能分拣输送设备系统。

2. 选用原则

分拣作业是配送中心的核心作业环节之一，高效率地完成分拣作业需要多个因素配合，因此，智能分拣输送设备系统作为分拣作业的硬件基础，就要很好地与其他影响因素匹配。选用时要遵循以下原则：

1) 适应性原则

在选用智能分拣输送设备系统时应考虑到作业对象和作业流程的要求。首先，对于分拣的货物要有必要的物理、化学特性要求，一般货物都必须满足底部平坦且具有刚性的条件。在进行作业时要充分考虑到分拣货物的物理、化学性质及其外部形状、重量、包装等特性的千差万别，必须根据这些基本特性来选择分拣设备，这样才能保证货物在分拣过程中不受损失，保证配送作业的安全。同时，还要考虑作业要求，主要是分拣的数量、频率以及种类等。

2) 系统性原则

智能分拣输送设备系统需要一个与之相适应的外部条件，如计算机信息系统、作业环境、配套设施等。分拣系统是一个复杂的多元系统，各种子系统需要协调配合才能使整个系统正常工作。

3) 经济性原则

智能分拣输送设备系统的造价一般都比较高昂，因此，目前主要应用在电商、医药、烟草等行业，而且智能分拣输送设备系统占地面积较大，在选用分拣设备时，要做好技术经济分析，尽量达到经济合理的要求。

9.5   我国智能分拣输送设备系统的发展趋势

随着我国电商的快速发展和相关应用技术的不断成熟，对电商快递自动化系统装备的需求集中爆发。预计未来，我国对以交叉带式分拣机为主的高速智能分拣系统需求量将大幅上升，智能分拣输送设备系统市场前景广阔。结合技术发展与市场应用，未来智能分拣输送设备系统主要有 4 个发展方向。

1. 技术向智能化、数字物联化方向发展

机器视觉识别与信息技术及深度学习技术的不断升级，可以更加智能、高效地采集物流系统数据，让高速智能分拣成为可能。以交叉带式分拣机为代表的分拣装备随着新技术的迭代趋于成熟，同时物联网技术及 5G 技术的发展，实现了物流设备系统远程监控与维护，大大提升了自动输送分拣系统的可用性、利用率及运维效率。云平台的诞生催生了大数据，为"互联网+""智能+"和机器深度学习的发展提供了基础，大幅提升了设备运作效率，并为设备智能化提供了发展基础。

大数据塑造了从销售前端到运营预测的一切可能性，如预测性运输模型，并可实现机器学习，随着在自动化装备各个流程中安装了更多传感器，因此有机会将整个系统连接到 IT 网络，从而提供产品移动与作业的可见性，并启用预防性维护等功能。工业物联网网络将很快成为高效仓库管理的重要组成部分，并将提供智能仓库所依赖的连接和数据。智能化和数字物联化技术能够提高物流分拣装备的自动化程度、运行效率和准确率，是物流分拣装备技术的发展方向。

2. 产品向标准化、模块平台化方向发展

智能分拣输送设备系统是一种集光、机、电、信息技术为一体的现代化装备，它包含了存储系统、零拣系统、复核打包系统、集合单系统、路径分拣系统、机器视觉识别系统、人机交互系统、信息管理系统等。物流分拣设备受制于客户需求、场地限制等因素，目前以定制化为主，要求在定制化基础上保证产品质量，同时实现大批量生产，这必须通过产品的标准化、模块化来实现。产品的标准化、模块化、平台化是实现大规模制造的基础，可实现降本增效，可以更好地保证产品品质的稳定。

3. 应用向产业化、细分化方向发展

由于不同行业对智能分拣输送设备的需求存在较大差异，因此物流设备企业需要熟悉不同行业的客户特点、业务流程特点、工艺要求和技术特点，熟悉客户所处行业和现代物流技术发展的最新趋势，客观分析客户自身的经济条件和管理水平，提供最为适合的系统，从而更好地满足客户的个性化需求。

从我国快递企业的自动化物流系统需求及业务发展来看，当前分拨中心及网点级的分拣系统从客户应用角度而言，只是解决了以卸车为起点的小件分拣业务需求，其他如大件

分拣的需求同样旺盛，但受限于大件自动分拣技术的瓶颈而尚未产生爆发性增长，因而未来自动分拣系统的应用需求将随着客户需求与业务形态变化向细分化方向发展，即小件分拣和大件分拣两大类别，同时朝向以传统输送分拣设备为主的自动化分拣系统和以智能AGV、机器人设备为主的柔性分拣系统两大方向发展。

4. 系统向无人化方向发展

人口红利的消失与用工成本的上升，将逐步推动各个行业向无人化发展。随着智能技术、机器人技术、无线通信技术、大数据云平台、类人仿真技术、传感技术、微型控制技术、5G 技术等新兴技术的不断发展和突破，催生了黑灯工厂、无人仓的产生。随着自动装卸技术、自动多件分离技术、自动装袋换袋技术、六面高速物品信息自动识别技术、超级电容技术等取得突破，集合系统低功耗技术、免维护技术，包括智能分拣输送设备系统在内的仓配中心、分拨中心将整体向无人化方向发展。

习　　题

1. 简述智能分拣输送设备系统的工作原理及其基本构成。
2. 简述输送机的类型及特征。
3. 简述智能分拣输送设备的类型及其应用。
4. 举例讨论智能分拣输送设备系统在物流业中的应用现状。

第 10 章

智能物流中的智能计算技术

案例导入

G7 与 E6 完成合并

2022 年 6 月 7 日，G7 物联(G7)与易流科技(E6)宣布，已于 2022 年第 1 季度完成合并，并已完成首阶段业务整合，至此"北 G7、南易流"的圈内行话成为历史。

G7 和 E6 是货运行业物联网技术与软件服务领域的代表企业。双方均以物联网技术和软件为核心，向大型货主、大型物流企业和数以万计的货运经营者提供服务。在本次合并前，G7 和 E6 服务了行业中 80%以上的大型货主和大型物流企业，服务了近 3 万家中小货运经营者，帮助他们提升效率、增加收入。双方基于核心能力，分别探索和实践差异化的发展方向。G7 不仅将产品从订阅服务拓展到交易服务，还逐步覆盖广泛的货运经营者客户群体，在煤炭、水泥、钢铁等生产物流领域确立了领先优势。E6 专注于提供软件订阅服务，深耕大型货主与大型物流企业，在快速消费品、零售、食品、冷链等消费物流领域成为行业龙头。合并后，公司将优化供应链和服务网络，降低采购与运营支出，向客户提供更具成本竞争力的优质服务。本次合并，是培育具有国际竞争力现代物流企业过程中两股智能物流力量的融合，是物流科技企业在供给侧主动整合、合力拓荒新领域的一次有益的尝试。

双方经过首阶段业务整合后，至少还要经历 3 个融合发展阶段。

一是 1+1>2 阶段。G7 与 E6 坚持在物联网、数据、算法、软件等方面进行技术投入，持续加强各自的技术优势和竞争壁垒，成为行业中少有的具备 IoT SaaS 能力的企业。双方除了有 IT 基础优势，还有 G7 的交易服务和运力池、E6 货主的视角和透明供应链，其优势叠加，内部对标补强，对外集成提供"软硬一体、全链贯通"的解决方案，助力客户实现数字化运营、精益化管理。用数据为企业赋值，为行业赋能，降本增效。

二是 1+1=1+ 阶段。双方合并后成为行业中唯一具备完整 IoT SaaS 能力的技术公司。这个"+"是在协同后的一种有效融合，就是要打破原有组织形式，催生出新的产品和组织形态。物流科技来源于物流，服务于物流。面对千亿级的庞大市场，新的公司一方面要研发出类似"改变世界集装箱"的硬件拳头产品，另一方面基于数据提供端到端的智慧物流解决方案，助力于行业降本增效，推动商品增值、组织变革和生态发展，形成以数字化物流为基础设施和关键要素的跨界融合新模式。

三是 6×7＞42 阶段。"×"的力量来源于数字化供应链、商业模式的创新和资本的力量。G7 与 E6 发力于供应链，聚焦产业链，助力实体经济，满足人民高品质生活的需求。双方收集更多的可用数据，发挥数据的放大、倍增作用，改变生产关系，用数据创造利润，重塑团队，推进产业数字化及数字产业化，把握新一轮科技革命和产业变革的新机遇。同时，创新商业模式，服务于更广大的用户群体，连接货主、物流公司、司机和保险公司，培育数字化物流新生态，吸引不同的物种、种群聚集形成群落。

10.1　大数据技术

10.1.1　大数据概述

1. 大数据的概念

自 20 世纪 90 年代以来，随着计算机技术，尤其是互联网和移动通信技术的发展，人们能够获取的数据呈爆炸式增长，"大数据"的概念应运而生。大数据是继云计算、互联网之后，信息技术产业的又一项重大革新技术，它让人们的生活发生了新的变化。

大数据是指在一定时间范围内无法用常规软件工具进行捕捉、管理和处理的数据集合，是需要新处理模式才能具有更强的决策力、洞察发现力和流程优化能力的海量、高增长率和多样化的信息资产。

对于大数据，可以从资源、技术和应用 3 个层面来理解。资源层面，大数据具有体量大、结构多样、时效性等特征的数据资源；技术层面，处理大数据需采用新型计算架构和智能算法等技术；应用层面，大数据的应用强调将新的理念应用于辅助决策、发现新的知识，更强调在线闭环的业务流程优化。因此，大数据不仅"大"，而且"新"，是新资源、新技术和新应用的综合体。

2. 大数据的特征

大数据具有 4 个特征，即数据量大(Volume)、处理速度快(Velocity)、数据类型多(Variety)和价值密度低(Value)，这些特征简称为"4V"。

(1) 数据量大。数据量大是大数据的首要特征。当前企业为提高整个企业决策效率所需利用的数据数量庞大，并且正在以前所未有的速度持续增加，数据量从原有 TB 级发展到 PB 级甚至 ZB 级。据统计，全球 2024 年已生成 159.2 ZB 数据，2028 年将增加一倍以上，达到 384.6 ZB，复合增长率为 24.4%。

(2) 处理速度快。大数据的第二个特征是处理速度快。数据产生、处理和分析的速度在不断地加快，很多数据产生的数据快到让传统系统无法捕获、存储和分析，如视频监控、语音通话和 RFID 传感器等持续的数据流。

(3) 数据类型多。大数据的第三个特征就是数据类型多。随着无线感知设备、监控设备、智能设备以及社交协作技术的应用，企业中的数据也变得更加复杂，不仅包含传统关系型数据，还包含 Web 日志、网页、搜索索引、帖子、电子邮件、文档、传感器数据、音频、视频等原始、半结构化和非结构化数据。传统系统很难存储和执行必要的分析以理解这些数据的内容，因为很多信息不适合传统的数据库技术。

(4) 价值密度低。由于数据产生量巨大且数据产生速度非常快，必然会形成各种有效数据和无效数据错杂的状态，因此数据价值的密度大大降低。以视频为例，在不间断的监控过程中，可能有用的数据只有 2 s。所以，如何结合业务逻辑并通过强大的机器算法来挖掘数据价值，是大数据时代最需要解决的问题。

另外，大数据管理还需要重点关注安全和隐私问题(特别是收集的数据涉及个人时，通常会出现一些伦理、法律或保密方面的问题)等。

10.1.2　大数据技术概述

大数据技术是指从各种各样的数据中，快速获得有价值信息的能力。大数据技术主要包括数据采集技术、数据预处理技术、分布式处理技术和数据存储技术。

1. 数据采集技术

数据采集技术指的是首先对数据源进行抽取(Extract)、转换(Transform)和加载(Load)，然后再经过数据清洗，最终按照预先定义好的数据模型，将数据加载到数据仓库中。由于采集的数据种类错综复杂，所以对于这种不同种类的数据，必须通过抽取技术从原始数据中抽取出所需要的数据，这里可以丢弃一些不重要的字段。而且数据源头的数据采集机制可能不完善以及存在误差，因此对于抽取后的数据必须进行数据清洗，以便将那些不正确的数据进行过滤和剔除。同时针对不同的应用场景，所用的数据分析模型或者数据仓库系统可能不同，因此还需要对数据进行转换操作，将数据转换成不同的数据格式。

2. 数据预处理技术

采集到的原始数据通常来自多个异构数据源，数据在准确性、完整性和一致性等方面存在着多种多样的问题。在数据分析和数据挖掘之前，首先要做的就是对数据进行预处理，处理数据中的"脏数据"，从而提高数据分析的准确性和有效性。"脏数据"的主要表现形式为数据缺失、数据重复、数据错误和数据不可用等。数据预处理有多种方法，如数据清洗、数据集成、数据规范化、数据离散化和数据规约等。

3. 分布式处理技术

分布式处理技术可以将不同地点、具有不同功能、拥有不同数据的多台计算机通过通信网络连接起来，在控制系统的统一管理与控制下，协调完成信息处理任务。

MapReduce 是 Google 公司提出的一种云计算的核心计算模式，是一种分布式运算技术，也是简化的分布式编程模式。MapReduce 能自动完成计算任务的并行化处理，自动划分计算数据和计算任务，在集群节点上自动分配和执行任务以及收集计算结果，将数据分布存储、数据通信、容错处理等并行计算涉及的很多系统底层的复杂细节交由系统负责处理，大大减少了软件开发人员的负担。MapReduce 将复杂的运行于大规模集群上的并行计算过程高度地抽象为 Map(映射)和 Reduce(规约)两个计算过程。

4. 数据存储技术

数据存储技术指的是用存储器把采集到的数据存储起来，建立相应的数据库，并进行管理和调用。该技术主要解决大数据的可存储、可表示、可处理、可靠性及有效传输等几个关键问题。

10.1.3　大数据技术在物流中的应用

1. 大数据技术赋能智能物流信息化变革

在"互联网+"发展时代背景下，各行各业都在加速信息化变革。作为传统劳动密集型的物流产业，由于缺乏相应技术，相比于其他技术型产业而言，其信息化转型进程较缓。随着大数据技术的成熟与广泛应用，使得传统物流产业信息化速度加快。大数据技术涵盖了物流产业链的各环节，包括生产制造、库存分析、销售分析及消费者行为分析等。大数据技术的应用为智慧物流发展提供了基础技术保障，通过对物流商品信息化、信息处理电子化、数据存储数据库化及物流信息传输标准化，使得智慧物流产业更加互联、先进以及智能。大数据技术为物流产业带来的变革主要体现在 3 个方面。

1) 加速了智能物流产业链的互联互通

在技术赋能下，智能物流供应链中所有的参与企业都可实现信息连接，并将静态、单一的货物运输过程转变为动态数据，供应链的不同节点间可以有效互动，加深彼此的业务联系，打破了传统物流产业链各节点单一活动的问题。同时，大数据技术加深了智能物流终端消费者与智能物流产业链上游企业的联系，基于大数据的挖掘与处理技术，可依据消费者需求进行前端产品开发，在节约整个产业链服务时间的前提下，提升服务质量，进而形成消费者、供应商及物流企业等多主体存在的互联生态。

更为先进的大数据技术改变了传统物流的运作方式，由数字化、电子化及自动化的物流信息处理取代了传统物流的人工劳作，依靠 GPS、传感器及 RFID 标签等技术实现了多场景应用，其效率更高。

大数据技术包括数据挖掘、分析与自我学习过程，不仅可基于不同场景数据模拟不同服务结果，还可通过海量数据分析深挖消费者潜在需求，拓展智能物流产业链的利润空间。同时，大数据的自我学习和修正功能有助于物流企业更好地应对突发事件，加速其响应速度，可以避免或消除更多风险。

2) 智能物流发展的内在驱动经济要素

随着中国电子商务产业的快速发展，市场对物流服务需求不断增多。虽然物流市场规模不断提升，但由于受到市场竞争及劳动力成本等因素的影响，中国物流企业的利润空间被极度压缩，行业利润两极分化明显，产业头部效应显现。在此影响下，物流产业朝着资源整合和产业优化及协同方向发展的趋势明显，传统物流企业进行智慧化转型势在必行。

同时，电子商务产业规模的持续增长，使得消费者对物流产业服务的碎片化及配送过程中的去中心化需求日益增强，而传统物流服务模式较为单一，若要满足消费者的个性化及柔性化物流服务需求，则经济成本较高。从社会经济发展角度来看，中国产业结构调整也为智能物流发展提供了良好环境。一方面，高质量经济发展和产业结构调整战略，使得中国社会经济结构转向信息化发展。与之相关的物流企业需要通过信息化转型实现更为精准的库存控制，以满足大众对小批量和多批次物流服务需求。另一方面，随着中国"互联网+"战略的深入实施以及近年来对基础设施建设的持续投资，与智能物流发展相匹配的基础设施不断增多，与智能物流发展需求不谋而合。由此，物流产业进行智能化转型符合企业的经济利益和市场发展需求。

3) 智能物流产业升级的内在驱动力

当前，大数据技术已经成为智能物流发展的基础与根基，在整个智能物流产业链体系中起到关键性支撑作用。在大数据技术赋能下，智能物流产业链各环节均得以实现质的提升，为物流产业提供了一条新的提质增效路径。例如，在智能物流终端配送环节中，大数据技术使得物流配送管理环节更具有系统性、集成性与规范性，技术赋能使得物流配送各环节无缝连接，不仅能提升物流配送效率，同时也能减少物流配送过程中存在的包裹及货物损坏问题。在分拣过程中，大数据技术可同时处理多组数据，并对货物进行多元化分拣，通过电子标签识别等技术进行自动分拣。在仓储过程中，智能物流通过识别货物上的 RFID 标签，可以精准管理每个仓库内的货物，并制订科学合理的仓储方案。在配货与配送过程中，智能物流可以自动识别货物信息，并将其上传到物流配送系统，系统自动完成收货的同时更新相关数据。

平台企业的出现与发展加速了物流企业与消费者之间的信息流通，降低了物流信息交换的门槛，更多的物流信息在交易双方间流通，使得人们获取信息的方式更为便捷，物流企业与消费者之间的互动机会更多。此外，物流平台出台的一系列规则将有利于企业与消费者双方交易的达成，保障消费者与用户的权益，促进物流交易的良性循环。

基于互联网与大数据的发展背景，物流平台企业得以出现，物流平台企业可通过信息数字技术的使用，为用户提供更好的服务。一方面，大数据强化了物流平台企业的信息沟通能力，为交易双方提供了互动的机会，加快了物流信息流通，减少了物流信息交换成本，为新型物流商业模式的出现创造了条件；另一方面，通过对物流平台企业数据技术的管理，有利于保护消费者与其他用户的权益，促进消费群体的壮大。

2. 大数据技术在物流领域的应用

大数据技术在物流领域的应用主要体现在物流决策、物流智能预警、物流中心选址、仓库储位优化和动态路径规划等方面。

1) 物流决策

在物流决策中，大数据技术主要应用于竞争环境的分析与决策、物流的供给与需求匹配、物流资源的配置与优化等。在竞争环境的分析中，为了达到利益的最大化，需要与合适的物流或电商等企业合作，对竞争对手进行全面的分析，预测其行为和动向，从而了解在某个区域或在某个特殊时期应该选择的合作伙伴。在物流的供给与需求匹配方面，需要分析特定时期、特定区域的物流供给与需求情况，从而进行合理的配送管理。供需情况也需要采用大数据技术，从大量的半结构化网络数据或企业已有的结构化数据（即二维表类型的数据)中获得。物流资源的配置与优化主要涉及运输资源、存储资源等。

物流市场有很强的动态性和随机性，需要实时分析市场变化情况，从海量的数据中提取出当前的物流需求信息，同时对已配置和将要配置的资源进行优化，从而实现对物流资源的合理利用。

2) 物流智能预警

物流业务具有突发性、随机性、不均衡性等特点。通过大数据分析，可以有效了解消费者偏好，预判消费者的消费可能，提前做好货品调配，合理规划物流路线方案等，从而提高物流高峰期间物流的运送效率。

3) 物流中心选址

物流中心选址问题要求物流企业在充分考虑到自身的经营特点、商品特点和交通状况等因素的基础上，使配送成本达到最小。针对这一问题，可以利用大数据模型来解决，主要模型为精确重心法、加权评分法、鲍摩-瓦尔夫模型和多级多设施选址模型。

4) 仓库储位优化

合理地安排商品储存位置，对于仓库利用率和搬运分拣的效率有着极为重要的意义。对于商品数量多、出货频率快的物流中心，储位优化就意味着工作效率和效益提升。哪些货物放在一起可以提高分拣率，哪些货物储存的时间较短，都可以通过大数据的关联模式法分析出商品数据间的相互关系来合理地安排仓库位置。

5) 动态路径规划

物流企业运用大数据来分析商品的特性和规格、客户的不同需求等问题，从而用最快的速度对这些影响配送计划的因素作出反应(例如选择哪种运输方案、哪种运输线路等)，制订最合理的配送线路，路径优化是节约物流企业成本的一个重要大数据分析应用。而且，企业还可以通过配送过程中实时产生的数据，快速地分析出配送路线的交通状况，精确分析配送整个过程的信息，使物流的配送管理智能化。

10.2　区 块 链 技 术

10.2.1　区块链技术概述

1. 区块链的概念

区块链是一个由多方参与共同维护的可持续增长的分布式数据库，它结合了分布式存储、点对点传输、共识机制、密码学等技术，通过不断增大的数据块链(Blocks)记录交易和信息，确保数据的安全和透明性。和传统上采用 ACID(Atomicity Consistency Isolation Durability，原子性、一致性、隔离性、持久性)原则的数据库不同，区块链使用的是最终一致性原则，在确保所有数据节点在经过一段时间消除信息延迟所带来的负面影响后，最终同步后的结果能够达到一致的状态。区块链更适用于需要建立公开、透明、诚信且参与主体众多的环境。因为只要间隔相同的时间就会生成新区块的数据，所以区块链中的每一个部分都完全记录了从创建起所有时间内生成的所有数据。

2. 区块链的网络形式

区块链的网络形式主要有分布式、集中式和去中心式 3 种。

图 10-1(a)是分布式网络，图 10-1(b)是集中式网络。区块链系统中节点和节点间信任的构建是通过数字信息手段，而不是通过建立一个第三方来集中处理。前者由于数据在各节点都有完整备份，任何一个节点的数据丢失都不会有任何影响；而后者不能失去重要节点。但在信息变换较激烈频繁时，前者由于要同步的数据较多，容易产生较长时间的延迟，在某些情况下是非常不利的，相比之下集中式网络的抗变换性更强。目前大部分的区块链都属于图 10-1(c)的情况，一方面是由于上述因素，另一方面是碍于科技水平限制，分布式网络需要的智能合约要足够智能，目前难以实现。

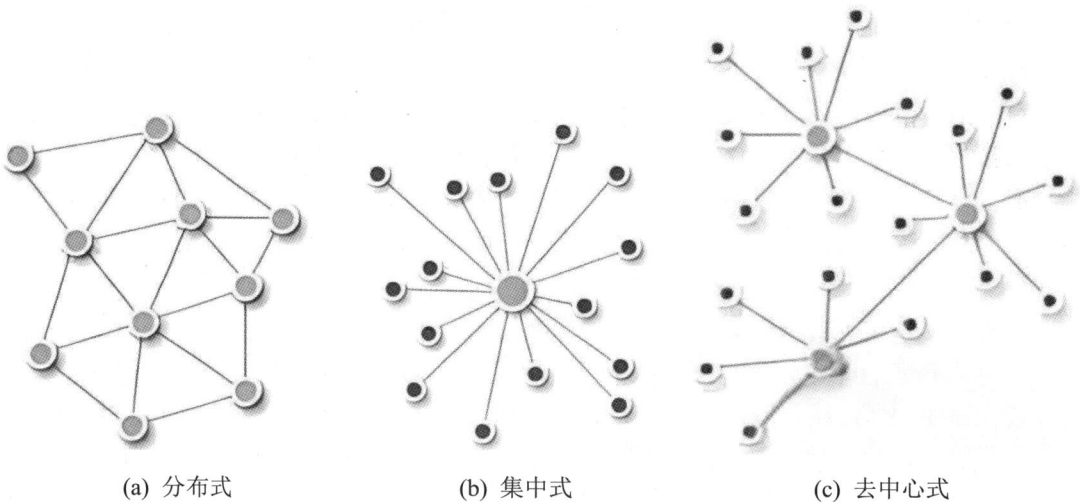

(a) 分布式   (b) 集中式   (c) 去中心式

图 10-1   分布式、集中式和去中心式网络

区块链网络中的数据加密原理属于非对称密码学，在加密和解密的过程中同时使用公钥和私钥。非对称密码学的应用确保了在区块链网络中每个节点的关键信息被隐藏，信息安全的同时还能通过公钥确保交易过程足够透明。而理论上，这个过程依然由智能合约实现，所以绝对公平。区块链使用了分布式的技术，通过设定智能合约可以冻结出现数据异常的一个或者几个区块或者账户，从而保证了异常数据不扩散到全部数据库。

3. 区块链的特征

区块链主要具有去中心化、安全透明和可验证等特征。

1) 去中心化

区块链网络通常由数量众多的节点组成，系统内部不需要一个中心机构来维系这个系统的运行。根据不同的需求会由一部分节点或者全部节点承担账本数据维护工作，少量节点的离线或者功能丧失并不会影响整体系统的运行。在区块链中，各个节点遵守一套基于密码算法的记账交易规则，通过分布式存储和算力，共同维护全网的数据，避免了传统中心化机构对数据进行管理带来的高成本、易欺诈、缺乏透明、滥用权限等问题。普通用户之间的交易也不需要第三方机构介入，直接点对点进行交易互动即可。

2) 安全透明

在区块链中，账本是会分发给整个网络中的所有参与者，账本的校对、历史信息等对于账本的持有者而言，都是安全、不可篡改、透明、公开的。

3) 可验证

区块链采用时间戳技术为数据信息扩展时间维度，保证其数据信息存储及交换的可验证，并且其智能合约确保数据结果不可逆。区块链还利用了哈希算法的单向性和抗冲突性，确保了每一条数据都不可篡改，一旦有篡改还可以迅速定位，从而提高了供应链系统数据的可靠性和可信度。

10.2.2　利用区块链和物联网提升企业供应链绩效

企业供应链需满足多个目标，比如提升客户体验、盈利目标和对多变环境的韧性等。为了确保可持续的供应链，企业需要确保其生产和运输系统是安全和环保的，原材料来自可持续的采购方，工厂工人得到合理的薪资。区块链、物联网和分析技术为企业的供应链管理带来了效率的提升，不仅能提高客户满意度和更快实现盈利目标，并使供应链在环境和利益相关者方面更具弹性和可持续性。

物联网和区块链技术相融合的分析能力能帮助企业供应链实现多个目标，即通过增加物联网跟踪功能、记录交易数据、对不同来源的数据进行标准化和对齐、开发预测性和说明性分析 4 个方面的举措来提高企业供应链绩效。

1. 增加物联网跟踪功能

企业为其供应链配备物联网功能，从而具备跟踪单个部件和成品库存的能力。简单来说，物联网指的是机器使用传感器自动收集数据，如温度、压力、GPS 位置和条码扫描，并自动上传这些数据的能力。物联网使组织能够从其供应链的不同阶段收集新类型的数据。例如，这种设备可以跟踪包装食品的生产过程，从原料的来源到生产、运输和零售，包括库存状况、生产和物流设施的工作条件。

2. 记录交易数据

企业应该在区块链上记录来自物联网设备的交易数据。通过捕获详细的分散数据，并验证交易记录的真实性，企业可以利用这些数据来确保可持续采购，改善供应链合同的执行，并获得更好的融资。由于基于区块链的系统可以以分散的方式实现，因此它不需要在信息技术系统上进行大量投资，也不需要昂贵的第三方认证。

3. 对不同来源的数据进行标准化和对齐

企业应对不同来源的数据进行标准化和对齐，这对于在供应链中使用从物联网设备收集的数据是必要的。假设一家公司在履行中心使用温度传感器记录每小时的存储温度，库存扫描仪则跟踪库存进出配送中心的库存周转率，公司需要将这些数据表排列在一起，以了解什么单位的库存在什么温度下储存了多长时间。

4. 开发预测性和说明性分析

配送中心的温度数据可以用来预测食品多久会成熟或变质。这个预测模型可以用来指导库存规划和设计即将变质食品的促销活动。这样做将提高盈利能力，减少食物浪费。

农业科技组织利用物联网技术追踪番茄生产的可追溯数据，将成熟番茄的味道与生长条件联系起来进行预测分析，使得该公司能够根据不同客户群体的需求种植不同类型的番茄。

一家名为 Dibiz 的企业是一个区块链平台，用于可持续采购棕榈油。在该平台上，个体农民的数据可以通过其平台向其供应链的所有成员显示，从而使经销商和加工厂能够根据实时的水果收获情况优化取货路线，从而降低了物流成本，使农民和磨坊受益。此外，它提高了水果的质量，从而提高了(从数量上来说)采油率，减少了森林砍伐的风险，为农民带来了更高的回报。

10.2.3   区块链技术在智能物流中的应用

1. 区块链在产品溯源中的应用

在物流中，区块链集中应用于产品的溯源、供应链金融和重要数据共享，也用于药品、艺术品、收藏品、奢侈品等的溯源防伪。

区块链数据库的更新与维护主要由分布式账本机制决定，也就是去中心化的实现，并非由传统的单一中枢进行。但事实上，不论是去中心化还是集中式的信息系统模式区别都不是很大。最终的信息交换是点对点的方式，完成的单向的信息传递是从某一起点到其他所有节点，和物流信息的传递概念相通，可以说区块链对于物流上的信息传递而言非常便利。

当区块链应用于物流时，作为一种特殊账本所记录的数据都具有不可逆的特点。因而记录的不论是信息流还是资金流抑或是最传统的物流，使用区块链都能获得一个完整的记录。物流交易中，如果一场交易参与的公司只有两三家，使用传统的系统和加入区块链的系统几乎没有很大区别。但如果参与交易的公司较多，这使得交易者在同一次交易中容易产生获得的信息不对称，从而发生信任危机。区块链则不同，分布式账本使每个交易参与者都能及时发出有效反馈。

理论上，区块链可以算得上是一种特殊的数据库模块，因此与智能物流理论一起看，不难发现区块链可以作为物联网和大数据分析间的润滑油。结构上，物联网收集到的信息可以临时储存在一条区块链中，而不同的区块链链条则化身为大数据，可以直接用来建立库分析。从这个角度来看，区块链和智能物流的运行机制是能够完全契合的。

区块链在农产品物流中的应用主要表现在可追溯性。目前农产品的溯源防伪问题就可以通过区块链的时间戳功能与分布式账本的溯源应用有效解决。例如，将区块链技术应用于猪肉制品的追踪。在这个案例中，国际零售商沃尔玛与 IBM 公司和清华大学合作共同开发了一个在完整供应链周期中用来追踪猪肉制品的流动信息的私有数据库。通过将猪来源的农场和猪肉加工的工厂进行标示，并将猪肉流通的时间节点和猪肉加工的工艺进行记录，就能够保证系统在猪肉溯源防伪行为上的有效，对不同地区的生产加工流通环节进行信息整合、甄别，以便达到最终的评估效果。

2. 区块链技术赋能物流企业

利用区块链的去中心化、分布式账本、非对称性加密、可追溯和不可篡改等技术特性可降低企业间数据共享的门槛和建立信任的成本，提高企业间物流信息及其数据的共享性，提升整个物流产业的运行效率及服务能力，实现科技的产业协同和价值赋能，助力物流发展。

1) 去中心化有助于维护公平有效的物流市场环境

区块链技术的去中心化特征意味着在智能物流产业中，各个参与者的身份平等，信息全程公开透明，有助于维护公平的市场环境，同时降低信息交换成本。在智慧物流平台化的过程中，供应商、物流企业与用户形成智慧物流交易体系，彼此之间的信息交互遵循严格的规则，容易造成信息壁垒。而在区块链技术下的智慧物流体系中，供应商、客户、物流供应链以及政府等第三方监督机构基于区块链信息平台，构建了一个完整的物流生态体系，各方获取信息的渠道以及信息内容完全一致，并且遵循共识机制，交易机制透明，减少人为干预，更易于实现公平交易，改进物流市场不规范、松散的局面，并有利于减少物流过程中的矛盾，建立良好的市场环境。

2) 分布式账本技术促进物流信息共享

区块链系统本质属于一种分布式账本，具有开放、透明的特征，允许多个主体在同一共识机制下加入，共同维护系统安全，并且共享数据信息。在区块链信息平台中，各个主体如用户、生产企业、物流企业以及政府监管部门等第三方机构可以实现数据共享。分布式仓储以区块链技术为底层技术，通过设置节点管理、存储管理、用户管理以及业务管理等功能，不仅能够存储巨大的数据信息量，也能够对仓储信息进行实时化更新和挖掘，提高物流环节管理效率。各方遵守智能合约，将数据传输到系统中，共同维护系统运行，同时共享信息资源，实现多对多的信息交互，有利于降低信息交流的成本。

3) 非对称性加密有助于保障信息交互安全

区块链使用的是公钥与私钥相结合的密码学技术，各方获取数据需要通过特定的公钥或私钥，具体的交易信息只有持有私钥的用户才能看到，而拥有公钥者在区块链信息平台上可以看到相关信息，一方面有助于保护消费者隐私，另一方面也保证了数据的安全性。在智能物流模式中应用非对称性加密技术，将数据存储于分布式仓储平台，如果数据发生变更就可以看到记录，便于数据追查和责任认定。此外，现代信息的存储多是中心化存储，存储于中心服务器，一旦服务器崩溃或者停止运营很可能会导致数据丢失。而区块链技术下的分布式仓储将数据存储于各个节点，就算出现泄露或攻击事件，也只是碎片数据，不是完整信息，进一步保证了安全性。

4) 可追溯和不可篡改有助于降低信用成本

可追溯特征是指已上传的数据可以被永久记录，方便信息核查以及新老数据的调用和对比，而该技术的不可篡改是指已经上传的数据是无法被修改的，这就保证了数据的真实性。如果上传的数据出现问题或者后期有新的变动，就需要在新的节点进行重新记录，便于事后核查。这种信息保护机制有助于保障区块链上各方获取的信息的真实性，从而降低企业之间沟通合作的信用成本。可以说，区块链技术构建了一种新型的信任机制。例如，融资困难的中小物流企业可以依赖链上信誉较高的核心企业的信用，通过区块链信息平台确认其融资需求，促使银行同意提供贷款。

10.3　云　计　算

10.3.1　云计算概述

云计算是继大型计算机、个人计算机和互联网之后的第四次信息化改革，是在计算机处理器、虚拟技术、通信和存储技术高速发展，软件向服务转变，互联网全球化的趋势下必然出现的一种技术。云计算的社会化、集约化和专业化，使数据共享、信息共享加速走向服务共享，使计算服务共享、存储服务共享、公共交互服务共享等普及大众，惠及全民。

云计算提供了一种软件服务化、资源虚拟化、系统透明化的全新商业服务模式。云计算服务是云计算中心的外在实现。使用云计算服务不需要前期的投入，用户按照需求租用服务，使用安全可靠、快速便捷。云计算的服务是按层次进行划分的，可分为以下3层服务。

1. 基础设施即服务(Infrastructure as a Service，IaaS)

基础设施即服务是指以虚拟计算、存储、网络和数据库等虚拟硬件资源作为服务，提供给用户单行的基础设施，如亚马逊云计算服务(Amazon Web Services，AWS)的简单存储服务(Simple Storage Service，S3)和弹性计算云服务(Elastic Compute Cloud，EC2)，世纪互联蓝云也提供 IaaS 服务。

2. 平台即服务(Platform as a Service，PaaS)

平台即服务是指把软件开发、测试、部署和运行环境提供给用户，用户根据不同的需要通过开发语言和工具(Java、Python 等)来部署工作。例如，Google 的 APP Engine 为用户提供了 IDE(Integrated Development Environment，集成开发环境)、Account(账户)、Mail(邮件)等服务的开发平台，Amazon 提供了 HadoopSimpleDB、SQS(Simple Queue Service，消息队列服务)等服务的分布式开发平台。

3. 软件即服务(Software as a Service，SaaS)

软件即服务是一种将软件部署在云端服务器上，通过互联网向用户提供应用软件服务的模式。用户通常通过订阅的方式，按需支付服务费用，而无须购买、安装和运维软件及相关硬件。SaaS 具有使用方便、部署周期短、风险低、多重租赁性和自定制性等特点。

云计算由应用层、平台层、资源层、用户访问层和管理层5个主要部分构成，用户可通过系统访问界面，并根据自身需求选择各种虚拟化产品及服务。

2008 年，IBM 在北京和无锡成立了 IBM 大中华区云计算中心。同年，广东电子工业研究院投资 2 亿元建立云计算平台。2009 年，成都云计算中心成立，标志着国内首个规模化、实用化、商业化的超级云计算中心成功建立。2010 年，国内一些主要城市也相继成立了云计算中心，比如北京的"祥云工程"、上海的"云海计划"等。面对前景广阔的云计算市场，国内三大电信运营商中国移动、中国电信和中国联通以及华为、中兴、腾讯、百度等企业积极参与投资建设自己的云计算中心。

　　云计算本身不是一种全新的网络技术，它的核心在于实现资源的规模化配置，用户可以对计算、存储、网络等底层物理资源按需进行弹性配置，按使用量付费。比如，传统模式下，一家企业需要自行购买服务器、数据库、存储器等底层资源，这些资源部署成本高且要付出不菲的运维费用。而且企业在部署 IT 资源时，很难对需求进行预测，为了满足需求很容易出现"买多不买少"的情况，导致资源冗余。

　　按照需求层级不同，云服务分为 IaaS、PaaS 和 SaaS，分别对应底层基础设施的租用、软件大平台的租用和应用软件的租用。三者的区别在于，IaaS 层与 PaaS 层入局门槛高、市场集中度高，SasS 层相对较弱，与此同时，IaaS 层更具备规模效应，也更容易趋同化。互联网巨头往往拥有海量的 IT 基础设施，形成较高的资本壁垒。

　　按照服务方式不同，云计算分为公有云和私有云，以及后来延伸出的混合云和专属云。公有云和私有云的核心区别在于数据中心的主导权。公有云的数据中心一般由云服务供应商提供，而私有云服务方式下，数据中心一般为企业自建或私有云厂商承建并运营。混合云是指企业的不同 IT 系统分别使用私有云和公有云架构。公有云的优势在于价格优惠，更适合中小企业以及创新企业，私有云的优势主要体现在安全性高、自主可控，更适合对数据安全更敏感的大中型企业。

　　IaaS 层偏基础设施；PaaS 层重平台生态；SaaS 层则指向应用，更偏向 C 端用户(个人用户、消费者)场景。PaaS 平台将会成为云计算生态博弈的焦点，这主要是由于 SaaS 应用更多依附于 PaaS 平台。以微软、腾讯云、百度云、华为云、浪潮云等为代表的云厂商，多采用从 SaaS 层自上而下的发展路径。微软是最典型的代表，它从 Office 等终端具体服务切入，利用产品的生态性与集成性，转向存储、计算和网络基础设施，进而实现 SaaS 服务与 IaaS、PaaS 相互导流。以亚马逊 AWS、阿里云为代表的云平台采用从 IaaS 层向 SaaS 层自下而上的发展路径，他们都选择完全自研云计算操作系统，典型的便是阿里的"飞天"。亚马逊 AWS 和阿里云的核心区别在于云计算生态是否完全自主可控。

　　云计算市场逐渐由为客户提供资源的服务商转向为生态圈参与者提供资源的服务商。从服务方式来看，选择"公—私"还是"私—公"，取决于云服务厂商的定位及角色。市场发展初期，云计算市场较依赖客户资源。在这一基础上，华为云代表传统的 ICT(Information and Communication Technology，信息与通信技术)企业，其优势在于庞大的企业资源；电信天翼云代表第三方 IDC(Internet Data Center，互联网数据中心)企业，其优势在于政务资源；阿里云代表互联网巨头企业，其优势在于生态圈内的企业资源。

10.3.2　物流云服务

　　物流 SaaS 系统以"互联网平台＋移动互联网平台"为载体，将货主、第三方物流公司、承运商、车队、司机和收货人连接在一起，从订单的导入开始，到调度、追踪、异常管理、对账，实现物流的全流程管理，提升了管理效率与物流产业信息化水平，最终完成对物流行业的改造升级。其盈利模式包括常见的按照订单收费、按照账号收费、按照用户收费、"基础免费＋功能收费"、增值服务收入(如保险团购、油卡、代收货款服务费、代收信息服务费等)，还可能延伸至委托管理收费、增值金融收费等。

1. 物流 SaaS 服务的优势

物流 SaaS 服务的优势主要体现在 3 个方面。

1) 提升效率

从货主到承运商的订单协调、端到端的可视化、运输过程中的异常预警和管理、回单的电子化甚至无纸化管理，以及在线对账结账、真实有效的实时 KPI(Key Performance Indicator，关键绩效指标)管理考核，都可以通过信息化手段实现，提高了单个企业的日常运输管理水平，实现了透明化管理，从而达到效率的提升。

2) 降低成本

互联网给行业带来了程序的去中间化，即在某一流程或系统中，减少中间环节或中介，使信息、服务或产品直接从生产源头传递给最终用户。但在运输行业，如果把中间层去掉，则管理成本、风险成本、资金成本都可能会上升，客户的满意度可能会下降，这是因为运输行业的中间层提供了价值服务。如果要去掉中间层，就需要把中间层带来的价值补上，如物流公司中间的垫资成本、货主与各个物流运输公司的管理成本等。物流 SaaS 服务正好可以弥补一些中间层价值，这是从货主、第三方物流公司、车队、司机到收货方的纵向协同。而横向协同，特别是货主与货主的横向协同带来了集约化，可为货主降低成本。货主与货主之间可以在线路互补、时间互补和货物类型互补 3 个方面进行协同。

3) 增加商业机会

物流 SaaS 服务基于高可信度的真实数据和信用体系，为在线网络平台中的企业创造更多的商业机会。物流 SaaS 服务化是物流信息服务发展的必然趋势，特别是云端化、系统化以及网络化布局之后，SaaS 更是诸多平台型物流企业的标配，是其连接上下游、增强竞争力的重要手段与必备武器。物流平台可以通过扩大服务范围与服务内容吸引用户，如"TMS + 物流云""TMS + 车货匹配""TMS + 招标""TMS + WMS"等，实现跨界融合。

2. 物流 SaaS 服务商

下面介绍几个典型的物流 SaaS 服务商。

1) 社区型运输管理平台——oTMS

oTMS 是社区型运输管理平台，其数据传输方式从传统的线性串行数据传输转换成网状并行的数据广播，这样在物流运输社区里的货主、物流公司、分包商(专线公司)、司机及收货人等社区成员可以单点更新数据，并实时共享给社区里的所有成员，实现数据和信息的透明化与实时化，而为了达到这个目的首先要进行数据的标准化。通过数据的标准化、透明化、实时更新及实时共享，oTMS 打通了物流运输链条里的各个环节。

oTMS 开创性地采用了"SaaS 平台 + 移动 APP"模式，将货运环节中的货主、第三方物流公司、运输公司、司机和收货方集成在一个平台上，打造了一个基于核心流程、平衡、多赢的生态系统，构建了一个社区型的复杂网络。

2) 唯智物流链云平台

唯智是国内物流信息化服务商中产品线比较全的一家服务商。其产品包括 OMS(Order Management System，订单管理系统)、WMS、TMS、LFCS(Logistics Financial Control System，

物流财务控制系统)、ROS(Route Optimize System，配送路径优化系统)以及 56 Linked(物流链云平台)。唯智物流链云平台是提供给中小企业的 SaaS TMS 系统，可以实现订单管理、承运商管理、调度配车、车辆管理、回单签收、KPI 考核、在途跟踪和费用结算的功能。SaaS TMS 系统还有"快速找车"的功能，即可以快速搜索附近等待任务的车辆，可以向选定的司机发出订单需求，然后司机通过 APP 报价，物流企业再根据报价选择司机。另外，56 Linked 手机 APP 可实现定位跟踪、接收消息、竞价投标、提货扫描、运抵确认、定位签收和回单上传等各作业的执行和填报。

3) 易流 e-TMS

易流以运输全链条信息透明为切入点，通过易流云、e-TMS 等业务模式，提供运输过程透明管理的供应链物流服务。

易流"SaaS 1.0"侧重于人、车、货、仓等物流要素的时空、状态等物理信息的透明，以数据采集终端设备为基础，实时采集车辆位置、车况、货物状态和运输节点信息等关键信息，分析处理后，再以契合物流管理的方式进行可视化展示。

易流"SaaS 2.0"更侧重于物流单据流转、流程节点、业务网络节点等业务逻辑信息的透明，尤其是业务运营信息的透明。它将货主订单在运输过程中的流转全程可视化，结合移动互联 APP 应用、GPS 等高精度设备的数据传输，完成全程运输可控。然后，易流基于易流云平台和 e-TMS 平台积累的大数据，可以进一步开展物流信用评估、物流金融服务等延伸数据增值服务。

10.4　人　工　智　能

10.4.1　人工智能在物流业的应用现状

人工智能是研究开发用于模拟、延伸和扩展人的智能的理论、方法、技术及应用系统的一门新的技术科学。简而言之，人工智能是指通过普通计算机程序来呈现人类智能的技术。人工智能技术的发展将彻底改变人类的生产和生活，一些重复性的工作、简单的脑力工作(如数据整理校对录入、车辆自动驾驶、设备无人控制等)，将会被人工智能技术替代。人工智能将对各个行业带来巨大的变革，甚至被认为是继蒸汽机革命、电力革命、信息革命之后的第四次科技革命。

由于中国物流业在互联网经济的催动下发展较快，在成本不断攀升但效率提升缓慢的背景下，物流业最迫切的需求是降本增效，而人工智能技术及相关软硬件产品的加入能够在运输、仓储、配送、客服等环节有效降低物流企业的人力成本，提高人员及设备的工作效率。人工智能在物流各环节的应用分布方面，智能仓储与智能运输占比较大，两者占据了八成以上的份额；智能配送的落地环境尚不成熟，现阶段规模较小，但未来想象空间极大；智能客服的应用场景较为单一，在各环节中占比最小。

OpenAI 于 2024 年 9 月发布的推理模型在部分逻辑领域拥有超过人类专家的推理能力，

并且尤其擅长完成涉及大规模变量的复杂任务。未来，这类后训练扩展定律范式下运算性能更为强大的推理模型可更有效地处理物流网络这一复杂系统，通过对海量数据的精准运算实现大范围物流活动的路径优化与风险控制。

作为物流行业转型升级的新动能，人工智能进入物流领域的时间尽管相对较短，但发展环境非常有利。近年来，物流行业发展基础和整体环境发生了显著变化，新兴技术广泛应用、包裹数量爆发式增长、用户体验持续升级等因素对物流企业的运作思路、商业模式、作业方式提出了新需求与新挑战。

政策层面，国务院等政府相关部门纷纷出台物流相关政策及规划，鼓励企业利用人工智能技术及产品降低物流成本，提升物流效率。经济层面，一方面全国物流业总收入始终处于稳定增长状态，另一方面物流总费用依然居高不下，企业亟须进一步控制物流成本，"人工智能＋物流"既能满足城市居民对提升即时物流服务效率的需求，又可拓宽快递快运的服务边界以惠及农村居民。

目前，在物流行业实现应用的人工智能技术主要以深度学习、计算机视觉、自动驾驶及自然语言理解为主。

(1) 深度学习的核心是通过构建神经网络，从大量的数据中自动学习特征和规律，这种自动特征提取的能力使它在处理物流活动中产生的数据时具有显著优势。深度学习既是实现路径规划、智能调度等功能的核心技术，也是推动计算机视觉、自动驾驶、自然语言理解等其他技术发展进化的训练方式。物流领域中，深度学习在运输路径规划、运力资源优化、配送智能调度等场景中发挥着至关重要的作用。

(2) 计算机视觉通过对采集的图片或视频进行处理以获得相应场景的信息。计算机视觉是现阶段物流领域应用最广泛的人工智能技术之一，智能仓储机器人、无人配送车、无人配送机等智能设备都以视觉技术为基础，以实现识别、导航、避障等功能。此外，计算机视觉还能实现运单识别、体积测量、装载率测定、分拣行为检测等多项功能。

(3) 自动驾驶技术通过"高精度传感器＋深度学习"的方式实现车辆对周围环境中障碍物的探测，然后识别判断并进行动作决策。无人驾驶技术的优势主要有两方面：一方面，无人驾驶技术可提高物流效率，无人驾驶车辆能够 24 h 不间断工作，不受疲劳和分心的影响，大大提高物流运输的连续性和稳定性。此外，通过先进的传感器和计算机视觉技术，无人驾驶车辆能够实时感知周围环境，进行精准决策和规划，确保运输过程的安全和可靠。另一方面，无人驾驶技术可降低物流成本，减少人工驾驶的需求，从而降低人力成本。同时，通过优化行驶路线和速度，无人驾驶车辆能够提高运输效率，降低燃油消耗，也可达到降低物流成本的目的。

(4) 自然语言理解主要是指用电子计算机模拟人的语言进行交流沟通，使计算机能理解和运用人类社会的自然语言，实现人机之间的自然语言通信。自然语言理解主要用于物流企业，尤其是快递快运企业的智能客服系统，该技术能有效降低企业客服环节的人工成本。

10.4.2   人工智能技术赋能物流

"人工智能＋物流"指的是基于人工智能技术(机器学习、深度学习、计算机视觉、自动驾驶等)的软硬件产品及服务(无人卡车、无人机/无人车、智能调度系统等)在物流活动各环节(运输、仓储、配送、客服等)中的实际落地应用。

人工智能在物流中的应用方向可以大致分为两种：一是以 AI 技术赋能的如无人卡车、AMR(Autonomous Mobile Robot，自主移动机器人)、无人配送车、无人机、客服机器人等智能设备代替部分人工；二是通过计算机视觉、机器学习、运筹优化等技术或算法驱动如车队管理系统、仓储现场管理系统、设备调度系统、订单分配系统等软件系统提高人工效率。目前，人工智能在物流领域还处于探索之中，但从已经取得的成果来看，"人工智能 + 物流"的确能够为物流企业降本增效，其应用主要在智能配送和智能物流客服两个方面。

1. 智能配送

2022 年，受国际形势动荡和疫情多发影响，我国物流业复苏态势受到严峻挑战。无人车、无人机等配送方式成为解决传统物流行业"最后一公里"难题的关键。酒店、餐饮业火热的送餐机器人、末端配送的无人物流小车等无人化的智能应用在更多场景落地。根据《无人配送"车"的身份与上路安全》报告指出，从存量市场综合来看，无人配送市场空间可达到 7500 亿元。随着外卖、新零售以及快递末端市场的进一步扩大，预计 2030 年无人配送市场可达到万亿级。2022 年，京东、美团等互联网巨头以及毫末智行、白犀牛等无人驾驶公司安排各自的无人配送车相继奔赴上海，缓解了疫情之下的"最后一公里"和"最后 100 米"的痛点。

1) 无人机

无人机起源于军事领域，早期的发展驱动力是为了减少飞行员伤亡以及应对极端情况，近年来消费级无人机市场也异常火爆。最早将无人机引入物流领域的是亚马逊于 2013 年提出的 Prime Air 业务，国内以顺丰、京东为代表的快递与电商巨头也纷纷跟进，推出物流无人机战略。

以无人机为代表的无人配送已经成为物流配送的大趋势，低空经济发展蓄势待发。人工智能技术在配送无人机领域的应用原理与自动驾驶并无本质上的差异，主要区别有两点：一是无人机搭载的传感器种类更为繁杂，环境感知算法对数据融合技术的要求更高；二是无人机配送中可选择的路径明显多于车辆，路径上的海拔、地貌、气候等客观约束条件都会对无人机的配送行为产生影响。此外，出于安全考虑，路径规划还需要尽量避开人群聚集区与关键设施，因此配送无人机的路径规划算法更加复杂。

近 10 年来，快递、电商巨头以及无人机产品技术供应商通过大量的试验与测试不断打磨提升物流无人机的技术稳定度，探索科学的运营模式。截至 2023 年年底，全国无人机运营企业达 1.9 万多家，年产值达 1520 亿元，注册无人机达 126.7 万架，量产无人机超过 1000 款。自 2024 年以来，低空经济成为最热门赛道，快递配送作为低空无人机的核心应用场景之一，吸引了各方的目光。以顺丰为例，仅在大湾区，顺丰丰翼无人机日均配送量已达 2 万单，跨城物流提频提速，平均 3 h 可送达。

2) 无人驾驶

据新战略低速无人驾驶产业研究所统计，2024 年中国低速无人驾驶行业销售规模已达 123 亿元，同比增长 45%。主要场景应用的各类无人驾驶车辆销售数量约 3.3 万台，同比增长 34%。同时，新战略低速无人驾驶产业研究所预测，到 2030 年，销售数量或达 9.5 万台，销售规模有望突破 410 亿元。从技术角度出发，无人卡车上的自动驾驶技术与无人驾驶汽车的技术相同，其系统架构同样是由感知层、决策层与执行层组成的，感知载体也都以摄像头、激光雷达、毫米波雷达、超声波雷达等传感器为主。但由于城市路况的复杂程度和不确定因素，使得无人驾驶汽车面临诸多挑战。而物流领域，港口、物流园区、高速公路等道路运输主要场景的封闭性较高，运输路线相对较为固定，测试数据的获取与积累也更容易。目前国内布局无人配送运营的企业大致可以分为以下 3 类：

(1) 京东、美团等自带物流配送业务(即场景)的互联网巨头公司，采用"软件自研 + 硬件采购 + 自运营"的方式推进。

(2) 从自动驾驶技术切入特定场景的初创公司，如白犀牛，这类企业多从无人驾驶技术研发和特定场景应用出发，期望在低速载物场景实现自动驾驶技术的商业化。

(3) 有主机厂及 TIER1(车厂一级供应商)背景的企业，如毫末智行、东风，这类企业有传统汽车制造业基础，可从底盘、车辆供应角度切入市场。

目前，国内人工智能赋能物流运输的主要形式是基于计算机视觉技术与 AIoT(人工智能物联网)技术，在车队管理系统中实现车辆行驶状况、司机驾驶行为、货物装载情况的实时感知功能，使系统在车辆出现行程延误、线路异常和司机危险行为(瞌睡、看手机、超速、车道偏离等)时进行风险报警、干预和取证判责，并最终达到提升车队管理效率，减少运输安全事故的目的。无人卡车在物流运输中的初步尝试，目前仍然存在技术稳定性有待验证、可测试路段较少、国内甩挂运输份额较小等诸多问题尚未解决，无人卡车距离大规模商业化应用尚需时日。

3) 无人配送车

无人配送车是应用在快递快运配送与即时物流配送中的低速自动驾驶无人车，其核心技术架构与汽车自动驾驶系统基本一致，都是由环境感知、车辆定位、路径规划决策、车辆控制、车辆执行等模块组成的。由于无人配送车的运行环境里有着大量的非机动车与行人，路面复杂程度要高于机动车道，因此对于超声波雷达、广角摄像头等近距离传感器的依赖度更高，环境感知算法的侧重点与汽车、卡车等机动车自动驾驶系统也有所不同。但在人口、车辆密集的城市环境中，无人配送车无疑是比无人驾驶乘用车更加适合自动驾驶技术落地的载体，首要原因是无人配送车的体积小，车速低，出现事故的风险与造成人身伤害甚至死亡的概率较低。

2. 智能物流客服

物流领域的智能客服特指以智能语音和 NLP(Natural Language Processing，自然语言处理)技术为代表的客服机器人。从服务类型上可以分为以语音导航、业务识别、智能派单、座席辅助为主的语音智能客服和以文字查询、业务识别为主的文字智能客服，两者分别服务于电话呼入和客户端、小程序等终端入口。因云呼叫中心逐渐替代传统呼叫中心业务，市场中供智能客服发展的基础环境逐渐完善，智能客服市场发展平稳向上，服务内容从面向消费者的前台形式向面向管理的中后台形式拓展，未来市场有望基于语音人机交互形式的拓展而打开新的想象空间。例如，瑞典的金融科技公司 Klarna 在 2024 年 2 月底推出了 AI 助手，其上线一个月后接管了三分之二的客服聊天，重复咨询量下降了 25%。可见，在事务性、结构性任务集中的服务范畴，人工智能可帮助减少人工错误，提高物流订单服务处理的准确性和处理速度。此外，无人机与无人车技术相比人工配送方式，在时效性、灵活性、可达性、安全性、精准性等方面存在优化的可能。未来，更加智能的多模态模型与智能机器人可以适配大部分物流场景与环节，通过实现物流行业的智能升级进一步优化用户体验与提升服务满意度，这将成为物流行业创新优化的核心驱动力。

　　智能客服机器人涉及机器学习、大数据、自然语言处理、语义分析和理解等多项人工智能技术。智能客服机器人拥有丰富的业务场景，回答内容更智能；具备机器学习能力，越使用越聪明，会不断提升回复的质量；辅助人工客服快速搜索答案，提升客服效率；通过 AI 语义检索引擎搜索匹配答案，准确解答用户问题；通过消息过滤筛选出意向用户，并快速转接人工客服，把握商机。智能客服机器人还能根据语义判断，对无法解答的问题可随时快捷触发人工服务，提升机器人至人工的流转效率，升级客户体验。

习　　题

1. 简述大数据技术的特征。
2. 简述区块链技术在智能物流系统中起到的作用。
3. 讨论大数据和云技术之间的关系。
4. 讨论人工智能如何赋能现代物流。

参 考 文 献

[1] 朱长征，朱云桦，方静. 物流信息技术[M]. 2 版. 北京：清华大学出版社，2020.

[2] 刘丙午，李俊韬，朱杰，等. 现代物流信息技术及应用[M]. 北京：机械工业出版社，2013.

[3] 汪传雷. 物流运输与包装[M]. 合肥：合肥工业大学出版社，2013.

[4] 陈子侠，彭建良. 物流技术与物流装备[M]. 北京：中国人民大学出版社，2010.

[5] 唐四元，马静. 现代物流技术与装备[M]. 4 版. 北京：清华大学出版社，2022.

[6] 刘源，李庆民. 现代物流技术与装备[M]. 北京：中国物资出版社，2009.

[7] 魏学将，王猛，张庆英，等. 智慧物流概论[M]. 北京：机械工业出版社，2020.

[8] 霍艳芳，齐二石. 智慧物流与智慧供应链[M]. 北京：清华大学出版社，2020.

[9] 彭宏春. 智能物流技术[M]. 北京：机械工业出版社，2021.

[10] 王汉新. 物流信息管理[M]. 3 版. 北京：北京大学出版社，2021.

[11] 刘潇潇，成志平，程兆兆. 物流信息技术与应用[M]. 北京：中国人民大学出版社，2022.

[12] 邹霞. 智能物流设施与设备[M]. 北京：电子工业出版社，2020.

[13] 陈文. 物流信息技术[M]. 北京：北京理工大学出版社，2011.

[14] 范珍，管亚风，谢佳佳，等. 智能仓储与配送[M]. 北京：电子工业出版社，2021.

[15] 张成海，张铎，赵守香. 条码技术与应用：本科分册[M]. 北京：清华大学出版社，2010.

[16] 白世贞，张鑫瑜，刘金芳. 现代物流信息技术与应用实践[M]. 北京：科学出版社，2019.

[17] 郑少峰，张春英. 现代物流信息管理与技术[M]. 2 版. 北京：机械工业出版社，2022.

[18] 彭力. 无线射频识别(RFID)技术基础[M]. 北京：北京航空航天大学出版社，2012.

[19] 王雅蕾，黄莉，黄蘋，等. 物流设施设备[M]. 北京：电子工业出版社，2021.

[20] 徐绍铨，张华海，杨志强，等. GPS 测量原理及应用[M]. 3 版. 武汉：武汉大学出版社，2008.

[21] 张博强，姚万军，孙朋，等. 智能物流装备与专用车辆技术[M]. 北京：冶金工业出版社，2021.

[22] 杨扬，郭东军. 物流系统规划与设计[M]. 2 版. 北京：电子工业出版社，2020.

[23] 陈德良. 物流系统规划与设计[M]. 2 版. 北京：机械工业出版社，2023.

[24] 徐博凡，程苏全. AGV 小车的现状与发展及应用的意义[J]. 大东方，2016(4)：248.

[25] 吕吟雪，周穆新，王超驹，等. AGV 小车在物流运输行业中的应用研究[J]. 机电信息，2020，620(14)：43-45.

[26]　李洪奎. 仓储管理[M]. 北京：机械工业出版社，2007.

[27]　周兴建，张北平. 现代仓储管理与实务[M]. 北京：北京大学出版社，2012.

[28]　郭铁桥，郑海明，花广如. 物料输送设备[M]. 北京：中国电力出版社，2018.

[29]　吴春涛. 快递企业分拨中心分拣作业管理与优化：以顺丰宜昌分拨中心为例[J]. 中国市场，2016(19)，19-22.

[30]　张力，翟龙真，贾惠侨，等. 基于提高分拣效率的快递面单优化设计研究[J]. 工业工程，2016(02)，105-111.

[31]　金跃跃，刘昌祺，刘康. 现代化智能物流装备与技术[M]. 北京：化学工业出版社，2020.

[32]　陶元芳，卫良保. 叉车构造与设计[M]. 北京：机械工业出版社，2010.

[33]　罗毅，王清娟. 物流装卸搬运设备与技术[M]. 北京：机械工业出版社，2008.

[34]　王耀斌，简晓春. 物流装卸机械[M]. 北京：人民交通出版社，2003.

[35]　林志翔，阮林栋. 一种图像识别技术在车型自动识别中的应用[J]. 现代涂料与涂装，2020(23)，52-54.

[36]　张翼英，张茜，西莎，等. 智能物流[M]. 北京：中国水利水电出版社，2012.

[37]　李蔚田，神会存. 智能物流[M]. 北京：北京大学出版社，2013.

[38]　姚宏宇，田溯宁. 云计算：大数据时代的系统工程[M]. 北京：电子工业出版社，2013.

[39]　李俊韬，等. 智能物流系统实务[M]. 北京：机械工业出版社，2013.

[40]　焦维新. 北斗卫星导航系统[M]. 北京：知识产权出版社，2015.

[41]　高同庆. 综合性物流园区的信息化建设[M]. 西安：西北工业大学出版社，2013.

[42]　蒋祖星，孟初阳. 物流设施与设备[M]. 3版. 北京：机械工业出版社，2009.

[43]　徐颖秦，熊伟丽，杜天旭，等. 物联网技术及应用[M]. 2版. 北京：机械工业出版社，2020.

[44]　王喜富，苏树平，秦予阳. 物联网与现代物流[M]. 北京：电子工业出版社，2013.

[45]　尼克·维亚斯，阿尔乔斯佳·贝耶，巴斯卡尔·克里希纳马查里. 区块链供应链：构建智慧物流新范式[M]. 晏明峰译. 北京：中国人民大学出版社，2022.

[46]　毛德操. 区块链技术[M]. 杭州：浙江大学出版社，2019.

[47]　林子雨. 大数据技术原理与应用：概念、存储、处理、分析与应用[M]. 3版. 北京：人民邮电出版社，2021.

[48]　王鹏，黄焱，安俊秀，等. 云计算与大数据技术[M]. 北京：人民邮电出版社，2014.

[49]　郎为民. 大话云计算[M]. 北京：人民邮电出版社，2012.

[50]　张玉宏. 深度学习与TensorFlow实践[M]. 北京：电子工业出版社，2021.

[51]　周兴建，冷凯君，熊文杰，等. 现代仓储管理与实务[M]. 3版. 北京：北京大学出版社，2021.

[52]　阮喜珍，刘晶璟. 智慧仓储配送运营[M]. 武汉：华中科技大学出版社，2023.

[53]　操露. 智慧仓储实务：规划、建设与运营[M]. 北京：机械工业出版社，2023.

[54]　李芏巍. 大数据在智能物流中的应用[M]. 北京：电子工业出版社，2021.